# Vademecum

*Der sprachlich-technische Leitfaden*
*der «Neuen Zürcher Zeitung»*

D1726617

**Neue Zürcher Zeitung**

9., überarbeitete Auflage 2006

© 2005 Neue Zürcher Zeitung, Zürich

ISBN 978-3-03823-338-1

www.nzz-libro.ch

NZZ Libro ist ein Imprint der Neuen Zürcher Zeitung

# Inhaltsverzeichnis

# Sprache ist nie Selbstzweck

In einer Zeit, in der die geschriebene Sprache immer stärker an die gesprochene angelehnt wird, Fremdsprachen wie das Englische mit aller Macht Einzug in den deutschen Sprachschatz halten und neue Medien wie das Internet oder mobile Nachrichtendienste freiere Kommunikationsformen ermöglichen, verwischen sich die Grenzen zwischen dem sprachlich-grammatikalisch Erlaubten und dessen freier Interpretation. Bewährtes wird verdrängt, Neuschöpfungen werden durch die schlichte Macht ihrer faktischen Benutzerzahl zum neuen Standard definiert. Sprache entwickelt sich, bildet gesellschaftliche Veränderungen und Realitäten ab. Das schafft Unsicherheiten und – wie die anhaltende Kontroverse um die Reform der deutschen Rechtschreibung belegt – auch einen wachsenden Bedarf an Orientierung.

Wer immer mit der deutschen Sprache intensiv zu tun hat, ist daher darauf angewiesen, sich bei Unsicherheiten und Zweifelsfällen Klarheit verschaffen zu können. Diesem Ziel und Zweck dient seit seiner ersten Auflage von 1971 das sogenannte «Vademecum» der «Neuen Zürcher Zeitung». Der Leitfaden, der vor 35 Jahren vom damaligen Chefkorrektor der NZZ, Walter Heuer, zusammengestellt wurde, fasst die im Unternehmen NZZ geltenden Regeln für die Handhabung all jener sprachlichen Zweifelsfälle zusammen, die entweder vom Duden nicht erfasst sind oder aber als Sonderfälle helvetischer Prägung von der NZZ und ihren Redaktionen bewusst anders behandelt werden. In seiner nunmehr achten Auflage setzt das NZZ-«Vademecum» inzwischen auch über die Landesgrenzen hinweg Standards, fanden doch viele der von der NZZ seit Jahren gepflegten Schreibweisen auch Aufnahme in die überarbeitete Version der deutschen Sprachreform.

Die Sprache eines Medienprodukts, sei es eine Zeitung, das Internet oder das Fernsehen, ist nie Selbstzweck, sie dient der Analyse, der Kommentierung und der Vermittlung von Informationen an die Leserschaft. Entsprechend hat die NZZ immer eine pragmatische Haltung eingenommen, wenn es darum ging, sich sprachlichen Veränderungen anzupassen. Begriffliche und grammatikalische Neuerungen wurden und werden behutsam in den eigenen Gebrauch dann aufgenommen, wenn sie der Verständlichkeit dienen und einem breiten Nutzerkreis geläufig sind. Sinngemäss Logisches aber wird die NZZ auch weiterhin vor einer zu starren Normierung nach technisch-grammatikalischen Kriterien schützen, vor allem dann, wenn diese dem Sprachempfinden und dem Sprachverständnis – und damit der Qualität der Informationsleistung – abträglich sind.

Das «Vademecum» richtet sich in erster Linie an die Mitarbeiterinnen und Mitarbeiter im Unternehmen NZZ, die mit Schreiben, der Textgestaltung und der Textbearbeitung intensiv zu tun haben. Es soll darüber hinaus aber auch all jenen

Menschen dienen, denen die sprachliche Genauigkeit beim Schreiben, Lesen und Sprechen nicht egal ist, weil sie um die Bedeutung einer präzisen Sprache für kluges Denken und sorgsames Handeln wissen.

*Markus Spillmann*
*Chefredaktor «Neue Zürcher Zeitung»*
*Vorsitzender der Geschäftsleitung NZZ AG*

# Aus dem Vorwort zur ersten Ausgabe

Das vorliegende *«Vademecum»* hat ein Vorbild: das *«Style Book for Writers and Editors»** der «New York Times». So wie es sich bei der grossen amerikanischen Zeitung als notwendig erwiesen hat, all die orthographischen, grammatischen und typographischen Zweifelsfälle zu klären und zu regeln, denen Autoren und Redaktoren täglich begegnen, ebenso müssen bei einem Blatt wie der «Neuen Zürcher Zeitung», an dessen Herstellung so viele Köpfe und Hände beteiligt sind, einheitliche Richtlinien bestehen. Solche Richtlinien und Einzelvorschriften, die fortlaufend den Bedürfnissen des Tages angepasst und ergänzt werden, kennen wir zwar seit Jahren; doch sind sie verzettelt in einer Sammlung von Merkblättern, in einer Kartei der Einzelentscheide und in den Protokollen unserer sporadisch stattfindenden Sprachkolloquien. Sie haben zudem den weiteren Nachteil, nur dem kleinen Kreis der internen Mitarbeiter zugänglich zu sein.

Das «Vademecum» soll diese Nachteile beheben. Es vereinigt alle zurzeit gültigen hauseigenen Regeln und Weisungen und kann einem weiteren Kreis unserer Mitarbeiter abgegeben werden.

Massgebend für Rechtschreibung und Grammatik in unserem Blatt ist grundsätzlich der Duden. Doch gestatten wir uns, von den dort festgelegten Normen abzuweichen oder sie zu ergänzen, wo unser Empfinden, wo schweizerischer Sprach- und Schreibgebrauch dies nahe legen. Solche Abweichungen sind im «Alphabetischen Verzeichnis der Schwierigkeiten, Zweifelsfälle und Sonderregelungen» festgehalten.

Tausend Kleinigkeiten geben der Zeitung ihr Gesicht. Jede dieser Einzelheiten mag, für sich allein genommen, unbedeutend erscheinen, «but a publication that capitalizes the word on one page and lower-cases it on another may lead the careful reader to believe that such untidiness extends to larger matters». So begründet das erwähnte «Style Book» seine Existenz. Und eben darum geht es auch hier: Sauberkeit und Genauigkeit in sprachlichen und typographischen Dingen stärken das Vertrauen des Lesers in den Inhalt des Blattes.

*Walter Heuer, Chefkorrektor NZZ †*

---

* Dieses 124-seitige Werk wurde später von der «New York Times» herausgegeben unter dem Titel «Manual of Style and Usage».

# Zur neunten Ausgabe

«Nicht alle in zeitungsinternen Diskussionen aufgestellten Regelungen werden von eherner Gültigkeit sein. Wir werden sie von Zeit zu Zeit, dem sich wandelnden Sprachgefühl folgend, revidieren müssen», schrieb 1971 der damalige NZZ-Chefredaktor Fred Luchsinger in seinem Geleittext zur ersten Ausgabe des «Vademecums». Diese Feststellung hat nichts an Gültigkeit verloren. Auch nach dem Druck der Erstausgabe wurde innerhalb des Hauses immer wieder über diese Regelungen diskutiert. Sie wurden, wenn nötig, revidiert, ergänzt oder gestrichen. Diese Veränderungen, die in Briefen, auf Notizzetteln, mündlich oder seit einigen Jahren per E-Mail Mitarbeiterinnen und Mitarbeitern von Redaktion und Verlag zur Kenntnis gebracht wurden, sind in der vorliegenden Neuausgabe vereint wiederzufinden.

Die Technik der Druckvorstufe ist seit Jahrzehnten einem enormen Wandel unterworfen und damit auch die Art und Weise, wie Zeitung gemacht wird. Während früher die sorgfältig redigierten Manuskripte vom typographisch geschulten Maschinensetzer Zeile um Zeile und später über lochbandgesteuerte Setzmaschinen gesetzt worden waren, konnten diese Texte im Verlaufe der siebziger Jahre auf elektronischem Wege erfasst und anschliessend auf Film belichtet werden. Seit einigen Jahren ist es selbstverständlich, dass bereits die Autorinnen und Autoren ihre Artikel am Computer schreiben und diese – wie die Fotografen das Bildmaterial – digital der Redaktion und dem Verlag übermitteln. Von den redigierenden sowie von weiteren an der Satzproduktion beteiligten Personen werden nebst ausgezeichneten Sprachkenntnissen nun auch Grundkenntnisse der Typographie erwartet, beispielsweise wann, wo und warum ein Festabstand zu erfassen ist und dergleichen mehr. Der überarbeitete Leitfaden soll auch da als Hilfe dienen.

Die Rechtschreibreform wurde nach dem Inkrafttreten am 1. August 1998 von den meisten Druckhäusern übernommen. Die NZZ beobachtete die Einführung der Reform kritisch und beschloss erst nach einiger Zeit, die neuen Regeln ab dem 15. Mai 2000 in einer als sinnvoll erachteten Form anzuwenden. Die anhaltende Kritik an der Reform veranlasste die für das Regelwerk verantwortlichen politischen Gremien, einen Rat für deutsche Rechtschreibung zu schaffen, der sich ab Dezember 2004 zunächst mit den strittigsten Fällen des Regelwerks befasste und der dann im Februar 2006 einen angepassten Regeltext vorlegte. Das so erneuerte und seit 1. August 2006 in Deutschland, in Österreich und in der Schweiz verbindliche Regelwerk lässt jetzt Schreibmöglichkeiten zu, die mit der von der NZZ seit Mai 2000 angewendeten Praxis zum grössten Teil übereinstimmen. Der Anpassung dieser Regeln an den internen Gebrauch ist im «Vademecum» ein eigenes Kapitel gewidmet.

*Stephan Dové, Leiter Korrektorat*

.

# Alphabetisches Verzeichnis
# der Schwierigkeiten, Zweifelsfälle und Sonderregelungen

Im alphabetischen Verzeichnis und in anderen Teilen des «Vademecums» wird mit der Abkürzung He (Kurzform für «Heuer») auf Stellen hingewiesen, die im «Richtigen Deutsch» von Walter Heuer, Max Flückiger und Peter Gallmann nachgelesen werden können. Weitere verschiedene Sachgebiete sind zum Teil tabellarisch zusammengefasst, beispielsweise *Ländernamen mit Hauptstädten und Währungen*. Und ab Seite 121 sind die Regeln zu lesen, nach denen die Rechtschreibreform Stand 2006 in der NZZ angewendet wird.

## A

**Aatal** (Tal)
**Aathal** (Gemeinde)
**Abdallah II.:** König von Jordanien; nicht Abdullah II.

**abgelehnt/angenommen:** Bei Abstimmungsresultaten müssen die *Nein-Stimmen voranstehen,* wenn die Vorlage *abgelehnt* wurde: mit 3428 Nein gegen 2138 Ja abgelehnt; mit 28 681 gegen 19 394 Stimmen verworfen. *Falsch:* mit 2138 Ja gegen 3428 Nein abgelehnt (denn man kann nicht mit Ja ablehnen). Umgekehrt müssen die *Ja-Stimmen voranstehen* bei *Annahme* der Vorlage: mit 412 Ja gegen 121 Nein angenommen. Faustregel: *Die höhere Zahl geht voraus.* (Eine Ausnahme hievon bilden Formulierungen wie: mit 61 gegen 118 Stimmen unterlegen.) (Siehe auch: *Ja und Nein bei Abstimmungen.*)

[1] **Abkürzungen:** Von der Leserschaft kann nicht erwartet werden, dass ihr jede Abkürzung geläufig ist. «Die Gewerkschaftsdelegation, so der Leiter auf der Seite von GBI, CMV, LFSA und SMUV, habe ‹dem Diktat des VBChI›, der einen neuen GAV nur mit dem Dreistufenmodell unterzeichnen wolle, zustimmen müs-

sen...», mit diesem Satz dürfte niemand zufrieden sein, wenn nicht vorher in ausgeschriebener Form mit anschliessender Abkürzung auf die Bedeutung derselben aufmerksam gemacht worden ist.

Abkürzungen dürfen dem ausgeschriebenen Namen auch dann in Klammern nachgestellt werden, wenn die Abkürzung später im Text nicht mehr erscheint. Im Übrigen gelten die *«Richtlinien für Abkürzungen».* Für die Abkürzungen der *Währungseinheiten* siehe das Kapitel *«Ländernamen und ihre Ableitungen, Hauptstädte und Währungen».*

Die Abkürzung *v.* für «von» (als Adelsprädikat) ist am Satzanfang wegzulassen: Weizsäcker sah sich genötigt... Aber: Richard v. (oder Richard von) Weizsäcker sah sich genötigt...

*Andere einfache Abkürzungen* erhalten am Satzanfang einen grossen *Anfangsbuchstaben: Vgl., Cf., Ebd.* Bei Verweisen in Klammern am Schluss eines Satzes ist zu unterscheiden: Grossschreibung bei der einfachen Abkürzung dann, wenn der Satzschlusspunkt *vor,* Kleinschreibung aber, wenn er *nach* dem Klammervermerk steht.

*Mehrteilige Abkürzungen,* wie *d. h., d. i., m. a. W., m. E., u. W., z. B.,* sind am Anfang des Satzes *nicht gestattet* und deshalb *auszusetzen:* Das heisst...Das ist...Mit anderen Worten...Meines Erachtens...Unseres Wissens...Zum Beispiel... Allgemein gilt, dass *unnötige* Abkürzungen zu *vermeiden* sind. (Siehe auch *Deklination von Abkürzungen.*)

[2] **Abkürzungen:** Abkürzung AG in Firmennamen – Schreibung des dazugehörenden Verbs: Gewöhnlich sind Abkürzungen in Firmenbezeichnungen wie AG, GmbH, KG usw. Appositionen. Zahl und Geschlecht der Firmenbezeichnung richten sich nicht nach AG, sondern nach dem Grundwort des Firmennamens. Also «ein Brief an das Euro-Kreditinstitut AG». Ebenso «die Centralschweizerischen Kraftwerke AG». Entsprechend haben wir die Verben anzupassen. Also «die CKW setzen mehr Strom ab». – In unserer Zeitung hat vor allem im Wirtschaftsbereich die Gesellschaftsform in Firmenbezeichnungen eine nachdrücklich grössere Bedeutung. Sie bildet das Grundwort des Firmennamens, und dessen Kasus und Numerus sind bestimmend auch für das folgende Verb. Deshalb heisst es in der NZZ: «Ein Brief an die Euro-Kreditinstitut AG.» – «Die Centralschweizerische Kraftwerke AG erhöhte ihr Aktienkapital.» Steht aber beim Firmennamen keine Gesellschaftsform, dann richten sich Zahl und Geschlecht nach dem Grundwort der Firmenbezeichnung. «Ein Brief an das Euro-Kreditinstitut.» – «Die Centralschweizerischen Kraftwerke erhöhten kürzlich ihr Aktienkapital.»

Wir verzichten bei den Abkürzungen S. A. und S. p. A. auf das Spatium und den Punkt. Also: SA und SpA. In Ausnahmefällen sowie in Inseraten wird die Abkürzung mit Punkten toleriert. – Weitere Abkürzungen: Corp., Ges. mbH, GmbH, Inc., Ltd., Plc, S. à r. l. (französisch für GmbH), S. a r. l. (italienisch für GmbH).

**Ableitungen von Ortsnamen:** siehe *Murten, Olten, Zürcher Ortsnamen.*

**Abstimmungen:** siehe *abgelehnt/angenommen.*

**Académie française**

**Accessoire,** das; -s, -s

**achtgeben**

**ausser acht lassen**

**in acht nehmen**

**achtziger Jahre / Achtzigerjahre:** Für die Zeitangaben achtziger Jahre (das Jahrzehnt von 80 bis 89 betreffend), Achtzigerjahre (die Lebensjahre von 80 bis 89), dreissiger Jahre, Dreissigerjahre usw. verwenden wir im Textteil unserer Zeitung keine Ziffern mehr. Von dieser Regelung nicht betroffen sind Wendungen wie 68er Generation (aber: die geburtenstarken sechziger Jahrgänge), die 2006er Modelle, 27-jährig, 4,5-prozentig und dergleichen mehr.

**à contrecœur,** nicht «contre cœur». Besser wäre «widerwillig».

**Act** ist entgegen Duden mit dem weiblichen Artikel zu setzen: *die* Mutual Security Act, *die* Sarbanes-Oxley Act.

**Action directe:** französische Terrororganisation.

**Ad-Dauha** (nicht *Doha*): Hauptstadt Katars. Das Hocharabische kennt keinen Vokal «o», und der in «Dauha» steckende (mittlere) arabische Buchstabe ist ein Konsonant, ein «waw» – transkribiert mit «au». Der Kürze wegen (z. B. in Titeln) ist es zulässig, wenn man einfach «Dauha» schreibt.

**Affäre,** die; -, -n

**à fonds perdu:** A-fonds-perdu-Beiträge.

**Afrikaaner:** in Südafrika geborene Weisse niederländischer Abstammung (Buren). Sprache: Afrikaans. Die in den Lexika noch zu findenden Nebenformen *Afrikaander* und *Afrikander* sind zu vermeiden.

**Afrolook,** der; -s, -s

**Aftershave,** das; -, -s

**Agenturen, Pressedienste:** Die in Klammern den Meldungen vorangesetzten oder folgenden Initialen von Agenturen und Pressediensten werden in Kleinbuchstaben, ohne Punkt und kursiv gesetzt: *(sda), (upi), (afp), (dpa), (epd)* usw. Kommen solche Abkürzungen ausnahmsweise im laufenden Text vor, so sind sie normal in Grossbuchstaben zu setzen: Nach einer Meldung der AFP aus Rouen...

**agrimonetär,** nicht agromonetär. Der Ausdruck ist in der EU-Terminologie gebräuchlich.

**Aide-Mémoire,** das; -, - (ohne Plural-s).

**Aids:** Acquired immune deficiency syndrome = erworbene Fehlfunktion des Immunsystems; Zusammensetzungen kuppeln: Aids-Fälle, Aidsverseucht. – Ausnahmen: die Aidskranken, aidskrank.

**Airbus,** der; -, -se

**Airbus A320:** Der Hersteller verwendet die Schreibweise «Airbus A400 M»; dieselbe Schreibweise – also ohne Divis zwischen A und der numerischen Typenbezeichnung – wird zur Mehrheit auch für die zivilen Maschinen verwendet. Um unterschiedliche Schreibweisen in der NZZ zu verhindern, sind alle Typenbezeichnungen nach dem Muster des Airbus-Transportflugzeugs zu schreiben – also: Airbus A320, Airbus A340, Airbus A400 M usw.; der A320.

**Akali Dal,** der: Partei der gemässigten Sikhs im Punjab.

**Akkusativ:** Es gibt einige Verben, die fälschlicherweise oft mit dem Nominativ statt mit dem Akkusativ verbunden werden; dazu gehören *bilden, bedeuten, darstellen, geben.* Richtig ist: Dieses Dokument bildet ein*en* integrierend*en* Bestandteil einer Aktenreihe... Die Lenkwaffe bedeutet ei*nen* Fortschritt gegenüber der Kanone. Die Statue stellt ein*en* Sämann dar. Ein*en* besser*en* Vorschlag gab es nicht. Besonders wenn das Akkusativobjekt vorausgeht, steht im Manuskript oft fälschlicherweise der Nominativ: «Der angerichtete Schaden bezeichnete der Sprecher als gering» (statt: De*n* angerichtete*n* Schaden...). «Der hohe Überschuss der Gesamtrechnung hatte selbst der grösste Optimist nicht erwartet» (statt: De*n* hohe*n* Überschuss...).

**aktuell:** Das Wort wird oft fälschlich im Sinn des englischen *actual/actually* (= tatsächlich, wirklich, gegenwärtig) oder des französischen *actuel* (gegenwärtig) gebraucht: die aktuelle Stärke der englischen Flotte (statt richtig: die derzeitige Stärke); der aktuelle Überschuss (statt: der tatsächliche Überschuss); was aktuell vereinbart wurde, war nicht zu erfahren (statt: was in Wirklichkeit vereinbart wurde); der aktuelle Präsident (statt: der gegenwärtige Präsident). Aktuell ist richtig im Sinne von zeitnah, zeitgemäss, gegenwartsnah, gegenwartsbezogen, bedeutsam für die unmittel-

13

bare Gegenwart («Überlegungen zu aktuellen politischen Problemen») und im Bereich Mode und Wirtschaft von ganz neu, modisch, up to date («Farbige Hosenträger sind heute aktuell»).

[1] **Akzente:** Bei französischen, italienischen und spanischen Eigennamen wird die Schreibweise mit den üblichen Akzenten übernommen. Auf die Verwendung der Akzente in anderen Sprachen wird verzichtet, bzw. sie liegt in der Verantwortung des einzelnen Redaktionsmitglieds.

[2] **Akzente:** Im Französischen wird beim grossgeschriebenen Anfangsbuchstaben kein Akzent gesetzt: Emile, Etat, Evénement, Ilot.
Hingegen behalten in Grossbuchstaben geschriebene Wörter alle Akzente: ÉMILE, ÉTAT, ÉVÉNEMENT, ÎLOT, THÉÂTRE.

[3] **Akzente:** Zu den Schreibweisen von spanischen Namen mit Akzenten einige Beispiele:

| | |
|---|---|
| Alarcón | Alemán |
| Andrés | Aragón |
| Arzú | Asunción |
| Benítez | Bogotá |
| Bolívar | Calderón |
| Cárdenas | Castañeda |
| Castaño | César |
| Chávez | (aber: Chaves) |
| Colón | Cristóbal |
| Cuauhtémoc | De la Rúa |
| Díaz | Echeverría |
| Fabián | Fermín |
| Fernández | (aber: Fernandes) |
| Frías | García |
| Garzón | Gómez |
| González | (aber: Gonzales) |
| Gutiérrez | Guzmán |
| Héctor | Hernández |
| Hipólito | Joaquín |
| José | Juárez |
| Lavín | Lázaro |
| León | López |
| Málaga | María |
| Márquez | Martí |
| Martín | Martínez |
| Medellín | Mejía |
| Menéndez | Moisés |
| Montalbán | Muñoz |
| Nicolás | Pérez |
| Perón | Popocatépetl |
| Quintín | Ramírez |
| Rincón | Rodríguez |
| Rubén | Saá |
| Sánchez | Santafé |
| Sebastián | (San Sebastián) |
| Vázquez | Velásquez |
| Velázquez | |

**à la [manière] française:** Das Adjektiv immer in der weiblichen Form.

**«Al-Ahram»:** ägyptische Zeitung.

**Alb:** Wir schreiben *Alb, Albdruck, Albdrücken, Albtraum.*

**Albisgütli** (aber: *Üetliberg*)

**Al-Fatah:** arabische politische Organisation.

**al-Jazira** (nicht El-Dschasira): arabischer Fernsehender. (Siehe auch *Transkription arabischer Namen und Ausdrücke.*)

**Alleanza Nazionale (AN), die:** italienische Partei.

**Alpine Kombination,** Alpine Skimeisterschaften, Internationale Alpine Skirennen. In Gelegenheitsbildungen wird das Adjektiv jedoch klein geschrieben (z. B.: in den alpinen Disziplinen).

**Alptransit:** siehe *neue Eisenbahn-Alpentransversale.*

**Alptraum:** siehe *Alb.*

**Altbundeskanzler;** auch mit Bindestrich: [der] Alt-Bundeskanzler, [der] Alt-Bundesrat oder Altbundesrat,

[der] Alt-Bundespräsident, [der] Alt-Vizepräsident.

**alt Bundesrat:** Diese (schweizerische) Schreibweise von alt im Sinne von «gewesener» darf nur zusammen mit dem Namen, im Singular und ohne Pronomen bzw. Artikel verwendet werden, also *nicht* der alt Bundesrat, sondern alt Bundesrat Joseph Deiss. (Aber: Der Altbundesrat erwähnte in seiner Rede...) (Siehe auch *Altbundeskanzler.*)

**Alternative:** Die strenge Auffassung, wonach «Alternative» nur für «Wahl zwischen zwei Möglichkeiten» stehen kann, lässt sich nicht mehr aufrechterhalten. Der Bedeutungswandel ist so weit anzuerkennen, dass «Alternative» auch für «Alternativvorschlag», also für einen zweiten Vorschlag, eine zweite Möglichkeit, stehen kann: «Zu diesem Entwurf gibt es keine Alternative»; «Die französische Alternative zum britischen Vorschlag wäre...» Die Bedeutung von «alter» (= der andere von zweien) verbietet indessen den Gebrauch des Ausdrucks «Alternative» überall dort, wo von *mehr als zwei* Möglichkeiten die Rede ist. Auch wenn Duden dies toleriert, ist falsch: «In der Vernehmlassung werden *vier verschiedene Alternativen* zu prüfen sein.»

**Alte Welt / Neue Welt:** Alte Welt = Europa, Neue Welt = Amerika (aber: alter Kontinent, neuer Kontinent).

**Aluminum:** amerikanische Nebenform zum englischen Aluminium (z. B. Kaiser Aluminum).

**Américaine,** die; -, -s: Bahnradrennen für Zweiermannschaften mit beliebiger Ablösung.

**amerikanische Sechste Flotte:** siehe ³ *Titel.*

**an den Folgen einer Operation gestorben:** Ärzte nehmen berechtigt Anstoss an dieser Formulierung, die (in den meisten Fällen völlig zu Unrecht) den Chirurgen die Schuld am Tode des Patienten zuschiebt. Mit «nach einer Operation gestorben» wird man dem Tatbestand gerecht.

**Andere,** der/die/das: In der Bedeutung «Mitmensch», «Gegenüber», «Gegenspieler» oder «der/die/das Andersartige» akzeptieren wir (vor allem in psychologischen und philosophischen Texten) die Grossschreibung in Analogie zu «der Einzelne» oder auch «der Nächste», «der Erste», «der Letzte». Dies gilt ebenfalls für «das (ganz) Andere» im Sinn von «das Aussermenschliche, Übersinnliche, Göttliche».

**Andrea:** weiblicher *und* männlicher Vorname.

**Anfang/anfangs:** «anfangs» verwenden wir nur als Adverb (= anfänglich, zuerst: «...anfangs hatte er einige Mühe»). Vor einer Zeitangabe jedoch: Anfang Juni (nicht anfangs Juni), Anfang der Woche (nicht anfangs der Woche), Anfang 2007 (nicht anfangs 2007).

**Anführungszeichen:** Die Anführungszeichen sind wie die Auszeichnungen in Artikeln sparsam zu verwenden. Neue Begriffe können während einer kurzen Einführungszeit mit Anführungszeichen verdeutlicht werden. Namen von *Gebäuden, Vereinen* u. ä. können auch angeführt werden, wenn eine nähere Bezeichnung wie Hotel, Café, Zunfthaus, Verein, Klub, Zunft usw. dabeisteht: im renovierten Hotel «Eden», im renovierten Hotel Eden, der Musikverein «Harmonie», der Musikverein Harmonie. Fehlt dage-

gen die nähere Bezeichnung, so muss der Name in Anführungszeichen gesetzt werden: der Wirt zu den «Drei Linden», der Jahresausflug der «Harmonie».
*Schiffsnamen* werden immer angeführt: das Kreuzfahrtschiff «Achille Lauro». Kategorienbezeichnungen wie MS oder SS gelten nicht als Bestandteil des Namens und stehen ausserhalb der Anführung. (Vgl. auch *Schiffsnamen*.)
*Zeitungs-, Werk- und Veranstaltungstitel* sind im laufenden Text anzuführen: die «Schaffhauser Nachrichten» schreiben . . ., Gotthelfs «Käserei in der Vehfreude», ein Vortrag über «Das Atom und unsere Zukunft», die Ausstellung «Neue Briefmarken». – Ist der Werktitel kursiv gesetzt, können die Anführungszeichen wegfallen. Nicht angeführt werden Werktitel in Fussnoten und Literaturangaben sowie in der Rubrik Elektronische Medien und in Radio- und Fernsehprogrammen. Ebenfalls nicht angeführt werden die Namen von Kinos, Radio- und Fernsehsendern. (Vgl. auch *Kupplungen, mehrfache*.)
Speziell betonte Ausdrücke, auch im Sinne von «sogenannt», können ebenfalls in Anführungszeichen gesetzt werden, unabhängig davon, ob der Ausdruck mit sogenannt verstärkt wird oder nicht: Mit dem «Gautschen» wurden sie von den während ihrer 4-jährigen Lehrzeit begangenen Sünden reingewaschen. Oder: Mit dem sogenannten «Gautschen» wurden sie von den während ihrer 4-jährigen Lehrzeit begangenen Sünden reingewaschen.
**angefangen bei:** nicht angefangen von.

**Angloamerikaner,** der; -s, -: ein aus England stammender Amerikaner.
**Anglo-Amerikaner** (entgegen Duden mit Bindestrich): Einwohner eines der angelsächsischen Länder; Sammelname für Engländer und Amerikaner.
**angloamerikanisch, anglo-amerikanisch:** Entgegen Duden halten wir an der unterschiedlichen Schreibweise fest. Ein angloamerikanisches Treffen ist ein Treffen der Angloamerikaner, während bei einem anglo-amerikanischen Treffen sich Engländer und Amerikaner sehen.
**Anleihe,** die: Im wirtschaftlichen Sinne verwenden wir diese weibliche Form (nicht *das* Anleihen). Entsprechend die Zusammensetzungen: Anleihegläubiger, Anleihekonditionen, Anleihebegebung (nicht Anleihensgläubiger u. a.).
**anno** ist einheitlich klein zu schreiben: anno 1928.
**anscheinend/scheinbar:** Immer wieder wird «scheinbar» geschrieben, wo es «anscheinend» heissen müsste: «*Scheinbar* gibt es auch im Parteiapparat solche Tendenzen.» *Anscheinend* heisst: allem Anschein nach, wahrscheinlich, offenbar. *Scheinbar* dagegen heisst: dem nicht der Wirklichkeit entsprechenden Scheine nach. Man weiss, dass es nur so scheint, tatsächlich aber nicht so ist. – Eselsbrücke: Wo man *offenbar* setzen kann, ist scheinbar falsch.
**ansonst/ansonsten:** Dieses Adverb bzw. diese Konjunktion hat umgangssprachlichen Charakter. Wir verwenden dafür *im Übrigen, im andern Falle, anderenfalls, sonst*.
**anstelle / an die Stelle:** Die Zusammenschreibung ist nur bei der *Präposition*

möglich, also wenn *anstelle* für *anstatt* oder *statt* steht. Dies ist in der Regel nicht der Fall in der häufigen Verbindung mit dem Verb *treten;* hier behält das Substantiv seine ursprüngliche Bedeutung, und der Artikel ist unerlässlich. Also nicht . . . das *anstelle* der gesetzlichen Regelung treten soll . . ., sondern: *an die Stelle.*

**Anti-Terror-Einheit**

**Anti-Terror-Gipfel**

**Anzug:** Im Grossen Rat von Basel-Stadt ist ein Anzug das, was in andern Parlamenten *Motion* genannt wird.

**Ä, Ö, Ü:** Deutschsprachige *Personennamen* werden nach Manuskript gesetzt. – Schweizerische *Ortsbezeichnungen* werden entsprechend den postalischen Reglementen mit Ae, Oe, Ue gesetzt (einzige Ausnahme: *Üetliberg*).

**Apéritif** der; -s, -s

**Appenzell Ausserrhoden,** abgekürzt: AR (bei Ortsnamen), A.-Rh.

**Appenzell Innerrhoden,** abgekürzt: AI (bei Ortsnamen), I.-Rh.

**Apposition nach «von»:** Wenn dem Namen ein «von» vorausgeht, steht die Apposition oft fälschlich im Genitiv statt im Dativ: ein naher Verwandter von Generaloberst Dietl, *des* ehemaligen Oberbefehlshaber*s* (statt richtig: *dem* ehemaligen Oberbefehlshaber); in den Händen von Dr. Kurt Weigelt, *des* letzten Aufsichtsratsvorsitzenden der Lufthansa (richtig: *dem* letzten).

**Après-Ski,** das; -. Die frühere Unterscheidung von *das* Après-Ski (Freizeitaktivitäten nach dem Skilaufen) und *der* Après-Ski (sportlich-elegante Bekleidung) wird fallengelassen.

**arabische Namen:** siehe *Transkription arabischer Namen und Ausdrücke.*

**«Arbeiderbladet»:** Vor diesem norwegischen Zeitungsnamen darf nie der Artikel stehen, da dieser in der Endung enthalten ist. Also nicht «wie *das* ‹Arbeiderbladet› am Wochenende meldete . . .», genau gleich bei der Zeitung *«Svenska Dagbladet».*

**armeeeigen**

**Armee-Einheit**

**Art déco,** die oder das

**Aschkenasim, aschkenasisch:** Bezeichnung der Juden aus Mittel- und Osteuropa. Nicht A*sh*kenasim oder A*s*kenasim.

**Asien-Krise:** Zusammensetzungen mit geographischen Namen werden oft mit Bindestrich geschrieben.

**atlantische Allianz, atlantische Gemeinschaft, atlantisches Bündnis:** andere Bezeichnungen für Nato (Nordatlantikpakt-Organisation).

**Attribute zweiten Grades in Eigennamen:** Attributive Adjektive und Partizipien, die nicht vor dem ersten Substantiv des Eigennamens stehen, können *klein* oder *gross geschrieben* werden: Bank für *I*nternationalen Zahlungsausgleich, Institut für *D*eutsche Sprache, Kap der *G*uten Hoffnung, Kommission für *a*uswärtige Angelegenheiten usw. (Siehe auch He 1170.)

**Aufarbeitung, Aufarbeitungsanlage, Wiederaufarbeitung:** Wenn von der chemischen Behandlung von *bestrahlten Brennelementen* (englisch «reprocessing») die Rede ist, dann wird in Fachkreisen heute das Wort Aufarbeitung verwendet und nicht mehr Aufbereitung. Als Aufbereitung gilt eine «Behandlung von Rohstoffen zur Abscheidung unerwünschter Bestandteile», so zum Beispiel bei Erzen oder bei Wasser.

# Transkription arabischer Namen und Ausdrücke

**Gross- und Kleinschreibung:** Bei Namen sind – ausser dem Artikel *al-* – alle Bestandteile gross zu schreiben: *Hafez al-Asad, Wadi Halfa, Jihad al-Islami.* Unübersetzte arabische Ausdrücke (Termini technici) werden klein geschrieben: Araber tragen eine *jelaba.* Mohammed ruft zu einem *jihad* (zu einem heiligen Krieg) auf. Der schiitische Islam stützt sich auf das Prinzip des *ijtihad* (Interpretation). Die islamische Welt ist das *dar al-islam* (Heim des Friedens).

**Artikel al-** (*el-* gibt es in der NZZ nicht): Der Artikel al- wird grundsätzlich *klein* geschrieben, ausser am Satzanfang oder in zwischen Anführungszeichen gesetzten Namen von Zeitungen: «Al-Ahram» usw.
*Alliteration:* Das *l-* des Artikels wird dem Anfangskonsonanten des darauf folgenden Wortes angeglichen, wenn bei der Bildung dieses Konsonanten die Zungenspitze im Spiel ist. Nach dem Vorbild der Sonne, wo dies der Fall ist *(as-sonne),* heissen diese Buchstaben auf Arabisch Sonnenbuchstaben: *huruf ash-shams,* und weiter sind dies, wie mit der Zunge nachprüfbar: *-d, -dh, -n, -r, -s, -sh, -t, -th, -z.* (*th* und *dh* stehen für stimmloses und stimmhaftes englischen *th; s* und *z* stehen für stimmloses und stimmhaftes *s, sh* steht für deutsches *sch.*)
*Achtung:* Unter den vielen arabischen Wörtern gibt es auch das Wort *Al,* das für sich steht und nicht mit Bindestrich mit einem anderen Wort verbunden ist. Es befindet sich zum Beispiel in Namen wie Scheich *Mohammed bin Mubarak Al Khalifa* oder Scheich *Hassan bin Jassim Al Thani,* hat mit dem Artikel *al-* gar nichts zu tun, bedeutet *Familie* (Thani) und braucht nicht mit Bindestrich oder Minuskel versehen zu werden.

**Unterschiede zwischen englischer und französischer Transkription:** Gemäss den Gepflogenheiten der Geographie und Kartographie transkribiert die NZZ Namen in vormals unter britischer Souveränität stehenden Ländern englisch, Namen in vormals unter französischer Souveränität stehenden Ländern dagegen französisch. Die Letzteren sind, was die arabische Welt angeht, *Syrien, Libanon, Tunesien, Algerien, Marokko* und *Mauretanien.*
Bei den *Vokalen* gibt es den einzigen Unterschied, dass der arabische Vokal für «u» englisch mit «u», französisch aber mit «ou» transkribiert wird.
Bei den *Konsonanten* gibt es den einzigen Unterschied, dass der arabische Konsonant, der dem deutschen «sch» entspricht, englisch mit «sh», französisch dagegen mit «ch» transkribiert wird (z. B. der syrische Aussenminister Charea bzw. Farouk ach-Charea oder Chebaa-Höfe). Das deutsche «sch» gibt es in Transkriptionen der NZZ nicht.
*Merke:* Ob englisch oder französisch transkribiert – das deutsche «j» ist immer «y», das deutsche «dsch» ist immer «j», und deutsches «ch» ist immer «kh».

**Aufbereitung:** vgl. *Aufarbeitung, Aufarbeitungsanlage, Wiederaufarbeitung.*

**aufgrund**

**aufwendig**

**Aufzählungen:** Wir verwenden verschiedene Möglichkeiten, um Aufzählungen hervorzuheben, und zwar in der *9-Punkt-Grundschrift* eingezogen mit stumpfem Beginn oder dann eingezogen mit Alinea oder eingezogen mit Strichen oder auch mit Ordnungszahlen; in durchschossener *8-Punkt-Schrift (8/9)* eingezogen mit stumpfem Beginn oder eingezogen mit Alinea oder dann eingezogen mit Strichen. Folgen auf einen *Doppelpunkt* mehrere Abschnitte, so beginnen sie mit *grossem* Buchstaben, wenn es sich um ganze, mit Punkt geschlossene Sätze handelt. Sind es aber nur Satzbruchstücke, die mit Komma oder Strichpunkt schliessen, so werden sie, auch nach Ordnungszahlen, mit *kleinem* Buchstaben begonnen. Als typographisch gut gilt folgende Darstellungsweise:

«Das RBS-System weist folgende Eigenschaften auf:

gute Wirkung gegen tiefliegende Flugzeuge;

einfache Aufstellung und schnelle Gefechtsbereitschaft;

Miliztauglichkeit dank einfacher Bedienung;

günstige Beschaffungskosten, wodurch eine grosse Anzahl beschafft werden kann.

Um gegen besonders schnell fliegende Ziele eine bessere Wirkung zu erzielen, können...»

(Siehe auch *Einzug im Text.*)

**aus aller Herren Ländern:** Bitte das Dativ-*n* nicht vergessen; aus aller Herren Länder*n*. Ebenso in Wendungen mit poetisch versetzter Wortfolge: aus der Zeiten Hintergründe*n*, mit unseres Nachbarn Kinder*n*. (Siehe auch He 1774.)

**«Auschwitz-Lüge»**

**Ausfuhrverbot nach Venezuela:** Ein Attribut (sei dies eine Präposition oder ein Adjektiv) bezieht sich bei einer Zusammensetzung formal auf das Grundwort des Kompositums oder auf den Gesamtbegriff, nicht aber auf das Bestimmungswort allein (siehe auch *Nukleare Planungsgruppe* und *reitende Artilleriekaserne, Seilbahnprojekt auf den Pilatus* sowie He 1761 ff.). Der Text hätte geändert werden müssen in «Verbot der Ausfuhr nach Venezuela». Bestimmte Fügungen dieser Art aber werden nicht mehr als Fehler empfunden und sind nicht zu beanstanden, nämlich jene Fälle, in denen das Adjektiv inhaltlich eigentlich zum ersten Bestandteil der Zusammensetzung gehört, dabei jedoch auch zum zusammengesetzten Wort passt, das nur noch als geschlossene Einheit empfunden wird. Als korrekt anzusehen sind beispielsweise: die deutsche Sprachwissenschaft, das reformierte Pfarrhaus.

**Aussenpolitische Kommission:** Sowohl die Aussenpolitische Kommission als auch die Staatspolitische Kommission des Ständerates wie des Nationalrates sind feste Institutionen. Das Adjektiv ist deshalb gross zu schreiben.

**Australian Open,** das; - -, - - (Tennisturnier)

**Auswärtige Amt,** das (in Berlin)

**Auszeichnungen:** Auszeichnungen werden überwiegend verwendet, um wichtige Textpassagen hervorzuheben und um eine Lesehilfe zu geben. Auszeichnungen im Textteil werden mit *kursiver* Schrift und im Inseratebereich mit **halbfetter** Schrift dargestellt. Damit die gewünschte Funktion der Auszeichnung erhalten bleiben kann, sollten zu viele Auszeichnungen hintereinander vermieden werden. Die Satzzeichen werden auch am Ende eines ausgezeichneten Textteils in der Auszeichnungsschrift gesetzt. Wird ein gemischt gesetzter Textteil von Klammern oder von Anführungszeichen eingeschlossen, so werden *beide* Klammern und *beide* Anführungszeichen aus der Grundschrift gesetzt.

**Autobahn/Autostrasse:** In der Schweiz steht das A von «A 1» für Autobahn oder Autostrasse. (A1 ohne Zwischenraum ist ein genormter Papierbogen der Grösse 594×841 mm.) Die Bezeichnung Autobahn A 1 ist deshalb ein Pleonasmus. Richtig: die A 1 oder die Autobahn 1. Zwischen A und 1 steht ein fester Wortzwischenraum (Viertelgeviert), damit die Kurzbezeichnung A 1 am Zeilenende nicht auseinandergerissen wird. Durchkupplung bei Zusammensetzungen: die A-1-Varianten. – Gemäss Sprachregelung des Bundes wird eine in Betrieb stehende Autobahn in der Abkürzung zwar mit «A» bezeichnet, während der Bauphase, bis zur Verkehrsfreigabe, ist die Abkürzung «N» (für Nationalstrasse) ebenfalls korrekt.

# B

**B2B-Titel**

**Baath-Partei:** Alle Zusammensetzungen mit *Baath* sind zu kuppeln.

**Badgastein,** nicht *Bad Gastein.*

**Baedeker,** nicht *Bädeker, Bädecker* oder *Baedecker.*

**Bahnhof- und Stationsnamen:** Zweiteilige Bahnhof- und Stationsnamen werden zum Teil mit, zum Teil ohne Bindestrich geschrieben. Haben zwei Ortschaften eine gemeinsame Bahnstation, so wird gekuppelt: Herrliberg-Feldmeilen, Killwangen-Spreitenbach, Arth-Goldau. Gibt es in einer Ortschaft mehrere Bahnhöfe oder Stationen, so wird die nähere Bezeichnung (die auch ein Ortsname sein kann) ohne Bindestrich neben den eigentlichen Namen gestellt: Zürich Oerlikon, Olten Hammer, Interlaken Ost, Solothurn HB (in deutschen und österreichischen Namen jedoch Hbf. statt HB). (Siehe auch: *Ortsnamen.*)

**Banca di Roma,** die

**Banco di Milano,** der

**Banco do Brasil,** der

**Bandwürmer:** Die berüchtigten «Bandwürmer», also lange bzw. überlange Sätze, sind mit einem Semikolon oder einem Punkt zu unterteilen bzw. neu zu formulieren.

**Bangladesh:** Die Bewohner dieses Staates heissen: der Bangale, des Bangalen, die Bangalen; Eigenschaftswort: bangalisch; aber: das Bengali (als Sprache). (Siehe auch: *Bengale.*)

**Bank für Internationalen Zahlungsausgleich (BIZ)**

**Bankier/Banquier:** Der mit eigenem Kapital haftende Privatbankier wird

Banquier geschrieben, Noten- und Investmentbankiers werden Notenbanker und Investmentbanker genannt (Singular und Plural [sowie Notenbank und Investmentbank; dagegen: Investment Banking]). Alle übrigen Bankiers sind Bankiers oder auf niedrigeren Ebenen Bankangestellte.

**Banquier privé:** geschützter Titel.

**-bar:** Das Suffix -bar, an einen Verbalstamm gehängt, ist nur richtig, wenn es sich um ein *transitives* Verb handelt; denn in solchen Zusammensetzungen bedeutet es, dass die im Verb ausgedrückte Handlung vollzogen *werden* kann: *tragbar* (= kann getragen werden), *lieferbar* (= kann geliefert werden), *ansprechbar* (= kann angesprochen werden). Diese Bedeutung schliesst den Gebrauch bei *intransitiven* Verben aus: Es gibt beispielsweise keine *unverjährbaren* Kriegsverbrechen (sie *werden* nicht verjährt). In einzelnen Fällen haben sich an sich falsche Wortbildungen eingebürgert, die aber zu vermeiden sind: *unentrinnbar, unsinkbar, unverzichtbar, unwandelbar.*

**Barentssee:** nach dem Forscher Barents.

**Barock,** der; - und -s (nach Manuskript)

**Basar,** der; -s, -e

**Basel-Landschaft, Baselland:** Die amtliche Form heisst *Basel-Landschaft.* Im Text sind auch die Formen *Baselland* und *Baselbiet* gestattet. Adjektiv: basellandschaftlich.

**Basel-Stadt:** Dieser Name wird in der amtlichen Schreibweise gesetzt. Adjektiv: baselstädtisch.

**Bauersame,** nicht Bauer*n*same; übrigens eher veraltet.

**bayrisch/bayerisch:** In unserem Blatt ist, von Namen abgesehen, einheitlich die Form *bayrisch* zu verwenden. In Eigennamen ist nach Manuskript *Bayrisch* oder *Bayerisch* zu setzen. Eine dritte Form, bairisch, kommt nur in der Sprachwissenschaft vor. Das Gebiet der bairischen Mundart deckt sich aber nicht mit dem Gebiet des Staates Bayern.

**Beautyfarm,** die; -, -en

**befassen:** Das transitive «befassen» heisst: berühren, anfassen. Daneben gibt es das reflexive «sich befassen». Dieses «befassen» darf nicht transitiv oder passivisch verwendet werden. Man soll also nicht «den Nationalrat mit der Universitätsreform befassen» oder «den Bundesrat mit der Flüchtlingsfrage befassen», so wenig wie das «mit dem Fall X befasste Obergericht» zu dulden ist.

**Befriedigung/Befriedung:** «Die Wahl hat eine innenpolitische Befriedigung gebracht» ist zweifellos falsch; es handelt sich um eine innenpolitische *Befriedung.*

**behende**

**beinhaltet, Beinhaltung:** Das Verb ist zu ersetzen durch *enthält, schliesst ein, umfasst, impliziert* und dergleichen. Das Nomen ist zu vermeiden.

**Belcanto,** der; -s: Gesangsstil mit besonderer Klangschönheit.

**Beleuchtender Bericht:** Grossschreibung als Namensbegriff.

**belgisches Erstes Armeekorps:** siehe [3] *Titel.*

**Belle Epoque,** die; - - (Epoque ohne Accent aigu)

**Benchmark,** der; -s, -s: Im Sinne von Messlatte, Massstab, mit dem Leistungen verglichen werden.

**Benelux:** alle Verbindungen kuppeln.

**Bengale,** der; -n, -n: Angehöriger eines indischen Volksstammes. Sprache:

das Bengali (wird sowohl im indischen Westbengalen als auch in Bangladesh gesprochen).

**Bentonit,** der; -s, -e (nicht Betonit): Baustoff, Ton mit starkem Quellungsvermögen.

**Bergnamen, französische:** Mehrgliedrige französische Bergnamen sind durchzukuppeln: Mont-Cenis, Mont-Soleil, Aiguilles-de-Baulmes, Dents-du-Midi, Creux-du-Van, Haute-Cime, Rochers-de-Naye, Grand-Combin. Als Ausnahme hat sich im Deutschen die Zusammenschreibung *Montblanc* durchgesetzt. Aber, da das Wort Mont nicht Bestandteil des eigentlichen Namens ist: *Mont Ventoux.*

**Bermuda** (entgegen Duden und Brockhaus ohne Plural-s): Im Atlantik gelegene und zu den britischen Kronkolonien gehörende Inselgruppe (Hauptstadt: Hamilton). «Diesen Beschluss hat Blair während seiner Ferien auf Bermuda gefasst.»

**Bermuda-Inseln**

**Bermudas,** die (Plural). Nach der Inselgruppe Bermuda genannte, beinahe knielange Hose.

**Bermuda-Shorts**

**Bernina:** Der Bernina ist – trotz J. C. Heers «König *der* Bernina» – männlichen Geschlechts.

**Bet:** Das in vielen *israelischen* Ortsnamen vorkommende *Bet* (= Haus), oft auch *Beit, Beth, Beeit* oder *Beith* geschrieben, ist einheitlich zu setzen: Bet Oren, Bet Guvrin, Bet Schearim. Ausnahmen nur bei alteingebürgerten Namen wie Bethlehem.
Aber die *palästinensische* Ortschaft Beit Jala.

**betrauen/betreuen:** Diese beiden Verben werden oft verwechselt. *Betreuen* ist eine Ableitung von *treu* und heisst: jemanden oder etwas in Obhut haben, für jemanden oder etwas (treu) sorgen. Der Pfarrer betreut seine Gemeinde, die Mutter ihre Kinder, der Beamte sein Ressort usw. *Betrauen* dagegen heisst: jemandem eine Aufgabe (voll Vertrauen auf sachgemässe Erledigung) überbinden, anvertrauen. Man betraut jemanden *mit* etwas: Isabel Hagen wird mit einer heiklen Mission betraut, der Sekretär des Verbandes mit der Führung des Protokolls, der Ausschuss mit der Lösung eines Problems.
Falsch ist also: Dieser Eindruck mag daher rühren, dass man mit der Titelrolle Pierre Brasseur *betreut* hat. Die *Betreuung* mit den schwierigen Planungsaufgaben traf den soeben von langem Auslandaufenthalt Zurückgekehrten nicht unvorbereitet.

**bewegte/bewog:** Das Verb bewegen hat starke Konjugation, wenn es im Sinn von «veranlassen» gebraucht wird: Der unfreundliche Empfang *bewog* (nicht *bewegte*) ihn zur sofortigen Abreise. Sein Verhalten hat mich zur Änderung meiner Pläne *bewogen* (nicht *bewegt*).

**Biathlon,** das; -s, -s: Kombination von Skilanglauf und Schiessen.

**Big Band**

**«Big Bang»,** der; - -s, - -s: Urknall.

**Big Four**

**bildliche Ausdrücke** sollten einigermassen stimmen. «Andere als monetäre *Hebel* dürften nicht einfach *abgelehnt* werden, weil sie schwierig *durchzuführen* seien...»; «...die härtesten Nüsse, die einfach auf die lange Bank geschoben werden», sind Beispiele für falsche Bilder.

**Billett**

**Bindestrich in Zusammensetzungen:**
Eindeutigkeit und optimale Lesbarkeit entscheiden über das Setzen oder das Weglassen eines Bindestrichs. Titel wie *Streikende bei der Alitalia* müssen verdeutlicht werden: *Streik-Ende bei der Alitalia*. Ebenso Wörter wie *Bettenden* (Bett-Enden), *Querschiffenden* (Querschiff-Enden) u. ä. Auch an sich eindeutige, aber schwer durchschaubare Wortbilder wie *Alpingendarm, Donauauen, Duanrede* und *Nahosterdöl* müssen durch Bindestrich zerlegt werden: Alpin-Gendarm, Donau-Auen, Du-Anrede, Nahost-Erdöl. Im Normalfall gelte als Regel: Zusammensetzungen mit mehr als drei Wörtern sind zu kuppeln, wenn sie *unübersichtlich* sind.

Zusammensetzungen mit *fremdsprachigen Ausdrücken,* die noch nicht als eingebürgerte Fremdwörter gelten können, erhalten ebenfalls einen Bindestrich: Stagiaire-Abkommen, Collégien-Ausweis, Victory-Zeichen, Handicap-Rennen, Cup-Final.

*Personennamen* werden in der Regel durch Bindestrich mit dem angefügten Wort verbunden: Beethoven-Abend, Haller-Biografie, Theophrastus-Forschung, Kleider-Frey, Samen-Mauser. Ist die Erinnerung an den Namensträger jedoch verblasst, der Name selbst sozusagen zum Sachbegriff geworden, so wird die Fügung zusammengeschrieben: Röntgenschwester, Dieselmotor, Erlenmeyerkolben, Achillesferse, Tantalusqualen, Birchermüesli, Dufourkarte, Pestalozzidorf, Nobelpreis, Litfasssäule. (Siehe auch: *Kupplungen, mehrfache* und *Ortsnamen.*)

Der Bindestrich ersetzt nicht jede grammatikalische Verknüpfung.

*Frankensteins Besuch* ist kein «Frankenstein-Besuch»; der Vorwurf, dass eine Regierung foltern lasse, ist kein «Folter-Vorwurf».

**bis:** Als Zeichen für *bis* darf der Gedankenstrich verwendet werden, jedoch nur zwischen blossen Zahlen und nicht in der Wendung von ... bis.

Richtig:    300–400 Franken
            20.–30. August
            20. bis 30. August
            vom 20. bis [zum] 30. August
Falsch:     20. August–4. September
            vom 20.–30. August

In der Wendung «vom 1. bis [zum] 4. März» ist das «zum» *nicht* zwingend.

Nicht zu verwechseln: Fälle wie «ein Betrag von 200–300 Franken» sind nicht zu beanstanden, da dieses *von* zu *Betrag* gehört, nicht zu *bis.* Es könnte ja auch nur heissen: ein Betrag von 300 Franken. Nach *zwischen* darf nie *bis* stehen. Falsch ist demnach: *zwischen* 200 *bis* 300 Franken. Richtig: *zwischen* 200 *und* 300 Franken.

*Bis* kann zwischen zwei aufeinanderfolgenden Zahlen nur gebraucht werden, wenn Zwischenstufen möglich sind, sonst *oder:* Kinder im Alter von zwei *bis* drei Jahren; suche Vier- *bis* Fünfzimmerwohnung (auch 4–5-Zimmer-Wohnung); eine Ferienwohnung mit drei *oder* vier Betten.

Wenn nebeneinanderstehende Zahlen nicht miteinander verglichen werden können (z. B. bei Geburts- und Sterbedatum die Jahreszahl und die Tageszahl), ist vor und nach dem Zeichen für *bis* ein Wortkeil (oder ein Viertelgeviert) zu setzen: 1912 – 1993, 21. 7. 1912 – 5. 12. 1993; aber: 1912–1993, wenn die vollen Jahre von 1912 bis 1993 gemeint sind.

**bisher:** Dieses Adverb verweist auf einen zurückliegenden Zeitraum. Das damit verbundene Verb sollte daher immer in der Vergangenheit (Präteritum) oder der Vorgegenwart (Perfekt) stehen und nicht in der Gegenwart (Präsens). Also nicht: «*Bisher fehlen* dazu die Ideen.» Sondern: «*Bisher fehlten* dazu die Ideen.» Will man aber zum Ausdruck bringen, dass das Geschehen noch andauert, dann schreibt man «bis» in Verbindung mit einem die Gegenwart bezeichnenden Adverb der Zeit (Temporaladverb): *bis jetzt, bis heute* usw.: «*Bis heute* fehlen dazu Ideen.»

**Biskuit,** das; -s, -s

**bislang:** Wir ersetzen bislang generell durch *bisher, bis jetzt, bis anhin* usw.

**Blackout,** das; -s, -s

**Blue Chips** (Plural); erstklassige Wertpapiere. (Singular selten: der Blue Chip.)

**Blümlisalp:** Berg im Berner Oberland.

**Body-Art,** die; -

**Bodyguard,** der; -s, -s: Leibwächter.

**Bodyguard,** die; -, -s: Leibwache.

**Bodylotion,** die; -, -s

**Body-Painting,** das; -

**Board,** der: der Canadian Wheat Board (Kanadischer Weizenrat). Ausnahmen: das Federal Reserve Board (Direktorium der US-Notenbank), das Board of Trade (britisches Handelsministerium), das Currency Board. (Siehe auch [1] *Fed.*)

**Bohème, Bohémien**

**Böögg,** der; -s, -en

**Bolero,** der: Tanz *und* Jacke

**Borbón:** Juan Carlos de Borbón.

**Boskoop,** der; -s, - (Apfelsorte)

**Botschafter:** der *s*chweizerische Botschafter, der *a*merikanische Botschafter; die *s*chweizerische Botschaft.

**Bouquet,** das; -s, -s. So in Modeartikeln und beim Wein.

**Braindrain,** der; -s: Abwanderung von Wissenschaftern.

**Brainstorming,** das; -s

**brauchte/bräuchte:** Da der zweite Konjunktiv der schwachen Verben keinen Umlaut hat, sind die Formen «bräuchte», «bräuchtest» usw. (statt brauchte, brauchtest usw.) falsch. Oft ist zur Vermeidung von Missverständnissen die Form mit «würde» nötig. (Siehe auch *Konjunktiv mit* «*würde*».)

**Break-even-Point,** der; -, -s

**Breugel/Breughel/Bruegel/Brueghel:** niederländische Malerdynastie. Bitte beachten, dass es alle diese Schreibweisen gibt. Der eine hat sich so, der andere anders geschrieben und seine Bilder auch entsprechend signiert.

**britische Achte Armee:** siehe [3] *Titel.*

**Britische Inseln:** als Eigenname gross.

**Bubble Economy,** die; - -, - -ies: Wirtschaftszweig, der durch zu viele und zu hohe Investitionen zu hoch bewertet wird.

**Buffet,** das; -s, -s

**Buffett, Warren E.:** amerikanischer Milliardär und CEO von Berkshire Hathaway Inc.; nicht Buffet.

**Bukett,** das; -s, -s. So bei Blumen. Beim Wein *Bouquet.*

**bulgarische Namen:** Bei bulgarischen Namen lauten die Endungen -ew und -ow (statt -eff und -off), also Schelew, Dimitrow usw.

**Bundesstaat** = föderalistischer Staat mit Teil- oder Gliedstaaten. Die Schweiz ist ein Bundesstaat, bestehend aus Kantonen. Einzelne Staaten der USA oder der Republik Indien sind demnach keine Bundesstaaten, sondern Teil- oder Gliedstaaten.

**Bündnis 90 / Die Grünen, B. 90 / Grüne, Die Grünen, Grüne:** Alle Formen sind möglich. (Bündnis von Bürgerrechtsbewegungen der ehemaligen DDR, das sich im August 1990 mit den Grünen der BRD vereinte.)

**Bungee-Jumping,** das; -s.

**Bürgermeister:** Die in Agenturmeldungen gelegentlich vorkommende Übersetzung «Bürgermeister» für den welschschweizerischen «maire» oder «syndic» ist, da es in der Schweiz keine Bürgermeister mehr gibt, durch den entsprechenden deutschschweizerischen Titel «Gemeindepräsident» oder «Stadtpräsident» zu ersetzen.

**Business as usual:** Sprichwörtlich für «die Geschäfte gehen ihren Gang», «alles nimmt seinen gewohnten Lauf».

**Businessclass,** die; -

**Buyout,** das; -s, -s: Kurzform von Management-Buyout (Kauf einer Firma durch die Führung des Unternehmens.

**bye-bye!**

# C

**C statt K:** Neben der im Normalfall mit dem Buchstaben K üblichen Schreibweise ist nach der neueren chemischen Nomenklatur bei Wörtern wie Cadmium, Calcium, Calcit, Carbit, Carbonat, Cobalt usw. auch der Buchstabe C richtig (fachsprachlich sogar nur so).

**ca./circa** ist in Inseraten zu tolerieren, im Text aber auf etwa oder ungefähr zu ändern. Das Wort *zirka* ist nicht zu beanstanden.

**Cabriolet,** das; -s, -s

**Callcenter,** das; -s, -

**Calvin, Calvinismus**

**Campania:** Name einer Landschaft in Süditalien, umfassend die Provinzen Avellino, Benevento, Caserta, Neapel und Salerno. (Dagegen: La Campagna di Roma.)

**CanAm-Rennen:** CanAm-Lauf usw.; nicht Canam.

**Candlelight-Dinner,** das; -s, -

**Capitol,** in Washington; Genitiv: des Capitols. Aber: das Kapitol in Rom.

**Carabiniere,** der; Mehrzahl: die Carabinieri.

**Caritas, caritativ**

**Carrosserie** ist in Inseraten zu tolerieren. Im Text verwenden wir aber nur die Schreibweise *Karosserie*.

**Casa delle libertà,** italienische Regierungskoalition.

**Cäsar,** nicht Caesar.

**Cashdrain,** der; -s: Geldabfluss.

**Cashflow,** der; -s

**Cash-Karte**

**Cashmere,** der; -s, -s (Stoff), sonst: Kaschmir (Landschaft).

**Cash-System**

**Casino** ist in Inseraten zu tolerieren. Im Text nur Kasino.

# Chinesische Personennamen (Volksrepublik China)

**Einsilbiger Nach- und zweisilbiger Vorname:** Chinesische Namen bestehen aus einem Nach- und einem Vornamen, wobei der Nachname stets an erster Stelle steht. Nachnamen sind fast immer einsilbig, Vornamen meistens zwei-, manchmal aber auch nur einsilbig. Nach- und Vornamen werden immer voneinander getrennt und ohne Divis geschrieben, die zweisilbigen Vornamen bilden üblicherweise ein einziges Wort.

Richtig: Hua Guofeng (Hua ist der Nachname, Guofeng der Vorname)
*Falsch:* Hua Guo Feng, Guofeng Hua, Hua Guo-Feng
Richtig: Mo Huilan
*Falsch:* Mo Hui Lan, Huilan Mo, Hui-Lan

**Einsilbiger Nach- und Vorname:** Wo beide Namensteile einsilbig sind, können Nach- und Vorname von der äusseren Form her nicht unterschieden werden. Lediglich die Reihenfolge zeigt an, welches der Nach- und welches der Vorname ist.

Richtig: Chen Yun (Chen ist der Nach-, Yun der Vorname)
*Falsch:* Yun Chen, Chen-Yun, Chenyun, Yunchen

**Zweisilbiger Nach- und Vorname:** Sehr selten kommen im Chinesischen zweisilbige Nachnamen vor. Diese werden immer zusammengeschrieben. Nur drei dieser Nachnamen sind heute noch gebräuchlich, nämlich Sima, Ouyang und Dongguo.

Richtig: Sima Gusun (Sima ist der Nach-, Gusun der Vorname)
*Falsch:* Sima Gu Sun, Gusun Sima, Si Ma Gusun usw.

**Zweisilbiger Nachname, einsilbiger Vorname:** Viele Eltern mit zweisilbigen Nachnamen geben ihren Kindern nur einen einsilbigen Vornamen.

Richtig: Ouyang Xiu (Ouyang ist der Nach-, Xiu der Vorname)
*Falsch:* Ou Yang Xiu, Ou Yangxiu usw.

**Ausnahmen:** Ausnahmen von diesen Regeln werden dort gemacht, wo eine ältere Schreibweise aus historischen Gründen angezeigt ist.

Richtig: Sun Yat-sen (Sun ist der Nach-, Yat-sen der Vorname)
*Falsch:* Sun Yatsen
Richtig: Tschiang Kai-schek
*Falsch:* Tschiang Kaischek

Eine Ausnahme für sich macht der chinesischstämmige Schweizer Sportler Donghua Li. Er hat – was die Reihenfolge betrifft – seinen Namen eingedeutscht und den Vornamen an die erste Stelle gesetzt. Donghua ist also der Vorname und muss immer zusammengeschrieben werden, Li ist der Nachname.

**Cäsium-137 / Plutonium-239:** Um auf die ganz korrekte Schreibweise mit hochgestellter Zahl (z. B. $^{137}$Cs) verzichten zu können, verwenden wir die im englischen Wissenschaftsbereich übliche Form. Also nicht Plutonium 239 oder Uran 238, sondern Plutonium-239 oder Uran-238.

**Castelgandolfo**

**Castellammare di Stabia** (nicht Stabi*o*).

**ccm** ist überall, auch bei Motoren, durch cm$^3$ zu ersetzen.

**CD,** die; -, -[s] (Siehe auch *Deklination von Abkürzungen.*)

**CD-ROM**

**Center-Court,** der; -s, -s

**Centrodestra,** der; das (italienische) Mitte-Rechts-Bündnis, die Mitte-Rechts-Koalition (der Polo per le libertà [der Freiheitspol]).

**Centrosinistra,** der; das (italienische) Mitte-Links-Bündnis, die Mitte-Links-Koalition (der Ulivo [der Ölbaum]).

**Cervelat,** der; -s, -s (die Schreibweise ohne t wird oft in schweizerischen Fachzeitschriften angewendet).

**Chalon-sur-Saône,** aber Châlons-sur-Marne.

**Champfèr,** nicht Champfer oder Campfèr.

**Championat,** das; -s, -s (aber in französischer Schreibweise: der Champio*n*at du monde).

**Championship,** die; -, -s: Meisterschaft im Sport.

**charmant**

**Charme,** der; -s

**Chateaubriand:** gleiche Schreibweise für den Schriftsteller und das Fleischgericht. Aber *Châteaubriant,* Stadt in Frankreich.

**Chauffeur,** der; -s, -e

**Chebaa-Höfe:** Ob diese Bauernhäuser zu Libanon oder zu Syrien gehören, das ist umstritten. Hingegen ist sicher, dass die Höfe auf ehemals französischem Mandatsgebiet liegen und heute von Israel kontrolliert werden. Wir verwenden daher in unserem Blatt nicht die in Agenturmeldungen vorkommenden Bezeichnungen *Sheba-Farmen* und *Sheba-Höfe.* (Siehe auch *Transkription arabischer Namen und Ausdrücke.*)

**Check,** der; -s, -s

**Check-in,** das; -s, -s

**Check-out,** das; -s, -s

**Check-up,** der; -s, -s

**Chewinggum,** der; -s, -s

**chic:** Die deklinierten Formen sind nur eingedeutscht zu verwenden: schickes Kleid.

**Chief Executive Officer** (CEO)

**Chor,** der; -s, Chöre: von Sängern oder der Kirche.

**christlichdemokratisch** ist einheitlich ohne Bindestrich zu setzen: die Christlichdemokratische Volkspartei der Schweiz, die Christlichdemokratische Union (CDU), die Christlichdemokraten (in Italien); nicht Christdemokraten.

**CIA,** die: Central Intelligence Agency = amerikanischer Geheimdienst.

**Cisjordanien**

**Citibank:** Name der früheren First National City Bank. Die Holdinggesellschaft, der sie angehört, wird *Citicorp* genannt.

**Clip,** der; -s, -s: Schmuckstück; Kurzform für Videoclip.

**Clipper,** der; -s, -: auf Überseestrecken eingesetztes amerikanisches Langstreckenflugzeug.

**Code,** der; -s, -s; codieren, Codierung.

**Cognac,** der; -s, -s

# Cup

Zusammensetzungen mit «Cup» als *Bestimmungswort* in der Regel gekuppelt:

| | | |
|---|---|---|
| Cup-Final | Cup-Endspiel | *Cup-Endspiel-Teilnehmer* |
| Cup-Sieger | Cup-System | |

Zusammensetzungen mit «Cup» als *Grundwort* in der Regel zusammen, ausser die Zusammensetzung sei zu lang und unübersichtlich oder mehrfach gegliedert:

| | | |
|---|---|---|
| Weltcup | Kontinentalcup | *Kontinentalcup-Teilnehmer* |
| Europacup | Kanadacup | |
| Alpencup | Ski-Weltcup | |

Zusammensetzungen mit *Personennamen* werden gekuppelt:

| | | |
|---|---|---|
| Spengler-Cup | Ryder-Cup | *Spengler-Cup-Teilnehmer* |
| Davis-Cup | Stanley-Cup | |

Ebenfalls gekuppelt werden Zusammensetzungen mit *Abkürzungen:*

Uefa-Cup

Cup-Bezeichnungen, die eine rein englische Aussprache nahe legen, werden getrennt geschrieben:

| | | |
|---|---|---|
| Canada Cup | Spring Cup | *Canada-Cup-Teilnehmer* |
| Federation Cup | | |

Ebenfalls getrennt die englischen Bezeichnungen mit sächsischem Genitiv:

| | | |
|---|---|---|
| King's Cup | Admiral's Cup | *King's-Cup-Teilnehmer* |
| America's Cup | Women's World Cup | |

Auch die Sonderform der geographischen Ableitungen auf «-er» wird gemäss den Rechtschreibregeln getrennt geschrieben (siehe auch *Schweizergarde / Schweizer Kreuz*):

Schweizer Cup               *Schweizer-Cup-Teilnehmer*

In allen Fällen werden Bezeichnungen oder Zusammensetzungen mit «Cup»/ «-cup», wenn ihnen ein weiteres Wort folgt, mit diesem Wort durch Bindestrich verbunden, gegebenenfalls wird der ganze Begriff mit zwei Bindestrichen durchgekuppelt:

| | |
|---|---|
| Cup-Endspiel-Sieger | Alpencup-Austragung |
| Davis-Cup-Punkte | Uefa-Cup-Spiele |
| King's-Cup-Gewinner | Federation-Cup-Niederlage |
| Schweizer-Cup-Endspiel | |

Folgende *Sonderformen* sind zu beachten:

| | |
|---|---|
| Ski-Weltcup-Sieger | Leichtathletik-Weltcup-Gewinner |
| Ski-Weltcup-Rennen | |

**Col:** Französische Passnamen sind gemäss dem «Guide du Typographe» zu setzen. Sie sind also – im Gegensatz zu den Bergnamen (Mont-Tendre, Aiguille-du-Midi) – *nicht durchzukuppeln,* da das Wort Col nicht Bestandteil des eigentlichen Namens ist: *Col des Mosses, Col de la Forclaz.* Zudem ist zu beachten, dass *Col* nur in deutschen Texten gross geschrieben wird, in französischen dagegen klein. Also: über den Col de la Forclaz; aber: la cabane sur le col de la Forclaz.

**Collier,** das; -s, -s

**Comeback,** das; -s, -s

**Comédie-Française,** die: Nationaltheater in Paris.

**Comingout,** das; -s, -s

**Commonwealth,** das; -: alle Zusammensetzungen mit Bindestrich: Commonwealth-Länder, Commonwealth-Konferenz.

**Communiqué,** das; -s, -s

**Compact Disc,** die; - -, - -s

**Complet,** das; -s, -s

**Comptoir Suisse,** das; - -, -s -s

**Computerfachmann**

**Concierge,** der/die; -, -s; nicht Concièrge.

**Concours hippique,** der; - -, - -s

**contra:** Meier contra Müller. In Wortzusammensetzungen jedoch immer mit k: kontradiktorisch, Kontrabass.

**contre cœur:** siehe *à contrecœur.*

**Co-Pilot, Co-Präsident** u. ä.: vorläufig mit C, daneben aber: Koexistenz, Koedukation, Kooperation, Koproduktion, Koadjutor.

**Corned Beef,** das; - -

**Corsage,** die; -, -n

**Côte d'Ivoire:** Um den Abschnitt der Oberguinea-Küste, der Elfenbeinküste genannt wird, von der Selbstbezeichnung des Staats abzugrenzen, gebrauchen wir für Letztere Côte d'Ivoire. Schreibweise ist entgegen «Larousse» und «Petit Robert» ohne Divis.

**Countdown,** der; -, -s

**Country-Music,** die; -

**County:** England: *die* County = die Grafschaft (the County of Kent); USA: das County = *das* Verwaltungsgebiet (Orange County).

**Coup de Soleil:** Dieser Ausdruck wird in der Coiffeursprache verwendet. Man bezeichnet mit ihm die Aufhellung einiger Strähnen des Kopfhaares. Coup Soleil, Coupe de Soleil und andere Rechtschreibvarianten sind für diesen Begriff falsch und nicht zu tolerieren. Daneben gibt es den Haarschnitt *Coupe Soleil.*

**Coup d'Etat:** Staatsstreich.

**Coupe,** die; -, -s: Eisbecher (Coupegläser), Eisspeise (sportlicher Wettkampf und Auszeichnung siehe unter *Cup*).

**Coupé,** das; -s, -s

**Crap Sogn Gion:** Berg bei Flims.

**Credo,** das; -s, -s

**Crème,** die; -, -s; crème(farbig).

**Crêpe,** der; -, -s. Crêpe de Chine.

**Crescendo,** das; -s, -s/Crescendi

**Crossover,** das; -

**Crux,** die (nur Singular)

**Curriculum,** das; -s, Curricula

**Curriculum Vitae,** das; - -, Curricula -

# D

**dabeihaben:** Dieser umgangssprachliche Ausdruck für *bei sich haben, auf sich tragen, jemanden teilnehmen lassen* ist zu vermeiden.

**Dalai Lama,** der; - -[s], - -s (Siehe auch *Pantschen Lama.*)

**Damier,** der; -, -s

**dank:** Präposition mit Dativ: dank *dem* rechtzeitigen Eingreifen der Feuerwehr.

**Dar es Salaam**

**Datumhinweis NZZ:** Beim Verweis auf frühere Ausgaben der NZZ verwenden wir die *numerische Form* des Datums (NZZ 27. 3. 05). Der Verweis kann verdeutlicht werden, etwa (vgl. NZZ vom 27. 3. 05).

**Davos:** Davos Dorf, Davos Platz, Davos Glaris, Davos Frauenkirch, Davos Monstein usw. Nach der amtlichen Schreibweise *ohne Divis.*

**DB:** Deutsche Bahn oder Deutsche Bahn AG; in historischen Artikeln (Zeit vor 1994) auch Deutsche Bundesbahn.

**Début,** das; -s, -s. *Debütantin, debütieren.*

**Décharge,** die; -, -n

**Décolleté,** das; -s, -s

**De-Eskalation**

**Defaitismus,** der; -; Defaitist, der; -en, -en; defaitistisch

**Defilee,** das; -s, -s

**de iure**

**Déjeuner,** das; -s, -s

**Deklination von Abkürzungen:** Im *Genitiv Singular* wird bei Abkürzungen keine Deklinationsendung angehängt. – Beim Plural männlicher und sächlicher Abkürzungen schreiben wir kein Plural-s. Bei *weiblichen* Abkürzungen wird im *Plural* nur dann ein -s angehängt, wenn der Plural sonst nicht erkennbar wäre: Ich kaufe die CDs. Aber: Ich kaufe die drei CD.

**Deklination von Ländernamen:** siehe *Ländernamen und Städtenamen.*

**dekolletiert**

**Delcredere,** das; -, -

**Demarche,** die; -, -n

**Democratici di sinistra (DS)** (Mz.): italienische Partei.

**Den Haag:** Dieser Name ist, wie alle fremden Ortsnamen mit Artikel (La Brévine, Le Locle), in allen Fällen unverändert zu belassen: in Den Haag (nicht im Haag), nach Den Haag, er hat Den Haag verlassen. Aber: der Haager Gerichtshof.

**Departement/Département:** Im Sinne von *Verwaltungsabteilung* wird das Wort deutsch ausgesprochen und deshalb auch deutsch dekliniert: des Departement(e)s, die Departemente. Handelt es sich aber um den *französischen Verwaltungsbezirk,* so wird das Wort französisch ausgesprochen und geschrieben und erhält die französische Mehrzahlendung: die Départements; Genitiv: des Département.

**Dépendance,** die; -, -n (oder -s)

**Depot,** das; -s, -s

**deren/derer** (siehe auch He 1724):
1. derer = Demonstrativpronomen, *vorausweisend* auf etwas Folgendes (ersetzbar durch «derjenigen»): die Sorgen derer ohne feste Arbeit; erbarmt euch derer, die in Not sind; die Burg derer von Falkenstein.
2. deren = Demonstrativpronomen, *rückweisend:* Silvia begrüsst Barbara und deren Tochter; wir bedürfen deren nicht mehr.
3. deren = Relativpronomen, *im Nebensatz:* die Hilfe, *deren* (nicht derer) sie bedürfen; die Indizien, aufgrund de-

*ren* (nicht derer) die Arbeit zu erledigen ist.

**Dergue,** der; -. In Äthiopien der regierende Militär- oder Revolutionsrat.

**designen** ist beispielsweise durch *entwerfen* oder *gestalten* zu ersetzen. Hingegen kann *Design* statt zum Beispiel Entwurf toleriert werden.

**desinvestieren/Desinvestition:** In der heutigen Wirtschaftssprache das Gegenteil von investieren/Investition. Die kurzen Formen devestieren/Devestitur werden gebraucht in der Kirchen- und der Rechtssprache.

**Detail,** das; -s, -s

**Deutsche Bundesbank**

**deutsche Bundesliga**

**Deutscher Bundestag** ist offizieller Name, und das Adjektiv ist deshalb gross zu schreiben.

**deutschschweizerisch, deutsch-schweizerisch:** Entgegen Duden unterscheiden wir zwischen deutschschweizerisch (ohne Bindestrich für die deutschsprachige Schweiz betreffend) und deutsch-schweizerisch (zwischen Deutschland und der Schweiz, aus Deutschen und Schweizern bestehend). (Siehe auch *anglo-amerikanisch, anglo-amerikanisch.*)

**Deux-Pièces,** das; -, -

**Dezibel/Bel:** «Zählungseinheit einer dimensionslosen Dämpfungsgrösse», Mass für den Lärm, benannt nach dem amerikanischen Physiologen und Erfinder A. G. Bell. *Abkürzung* gemäss SEV-Richtlinien von 1965: Bel = B, Dezibel = dB.

**Dhahran:** Stadt in Saudiarabien.

**Dienstgrade von Beamten:** Die oft neben dem Titel von Beamten stehende Zahl ist in römischen Ziffern zu schreiben: Sektionschef I, Fachtechnischer Mitarbeiter II, Adjunkt IIa.

**«Dies»:** Das lateinische Substantiv «Dies» ist, damit es nicht als deutsches Pronomen missverstanden wird, immer in Anführungszeichen zu setzen, ausser es komme in lateinischen Wendungen vor wie: Dies academicus (vorlesungsfreier Tag an der Universität, an dem aus besonderem Anlass eine Feier vorgesehen ist oder Vorträge angesetzt sind).

**Diner,** das; -s, -s

**Dipl. Ing., Dipl.-Ing.:** Obwohl der an der ETH verliehene Titel *diplomierter Ingenieur* heisst, schreiben wir Titel und Abkürzung (Dipl. Ing.) gross. Deutsche Hochschulen verleihen den Titel *Diplomingenieur* (Dipl.-Ing.). Schreibweise mit bzw. ohne Bindestrich nach Manuskript.

**Diplomatisches Korps**

**Directrice,** die; -, -n (oder -s)

**Disengagement/Désengagement:** Im politischen Sinn ist die englische Form zu verwenden. In andern Bereichen ist auch das französische Désengagement (mit Akzent!) gestattet.

**Dissident,** der; -en, -en. Dieses Wort wird dekliniert wie ein *echtes Substantiv,* nicht wie ein substantiviertes Adjektiv, gleich wie das Wort *Student.*

**Dockarbeiter/Hafenarbeiter/Docker:** In Deutschland unterscheidet man streng zwischen Dockarbeitern und Hafenarbeitern. Man sollte deshalb nicht von Dockarbeitern sprechen, wenn von Güterumschlag die Rede ist. Güterumschlag besorgen Hafenarbeiter. Hingegen ist in England der Ausdruck *Docker* auch für die Hafenarbeiter geläufig.

**Doha:** siehe *Ad-Dauha.*

**Doktor:** Beim Gebrauch des Doktortitels ist Zurückhaltung zu üben. Beispielsweise sollte in Berichten das *Dr.* höchstens *einmal* vor einen sich wiederholenden Namen gesetzt werden. Bei Auszeichnung des Namens muss auch der voranstehende abgekürzte Titel kursiv gesetzt werden.

**Dokumentalist,** der; -en, -en: Berufsbezeichnung für Personen, die in einer Dokumentationsstelle tätig sind (in Deutschland *Dokumentar* genannt).

**Dokumentarist,** der; -en, -en: Person, die Dokumentarberichte, -filme und dergleichen herstellt.

**Dole/Dôle:** Die französische Stadt schreibt sich ohne Akzent: Dole. Aber: Dôle (Wein), La Dôle (Berg im Waadtländer Jura).

**Don Quijote**

**Doppelpunkt:** siehe *Aufzählungen.*

**doppelte Verneinung:** Wer noch *nie keinen* Fehler gemacht hat, macht immer Fehler... Nicht so leicht zu durchschauen ist die doppelte Verneinung bei Verwendung von *Verben,* die bereits eine *Negation* enthalten: Man hat es vermisst, dass es zu keiner Diskussion gekommen ist (richtig: man hat es bedauert). Es muss verhindert werden, dass die gleichen Fehler nicht immer wieder gemacht werden («*nicht*» weglassen oder: es muss *dafür gesorgt* werden). Man hatte sie davor gewarnt, nicht abseits der Pisten zu fahren («*nicht*» weglassen).

**Doppler-Effekt,** der; -s: Frequenzänderung (nach dem österr. Physiker und Mathematiker Christian Johann Doppler).

**Dotcom(-Aktien)**

**Double,** das; -s, -s: Im Film Ersatzdarsteller mit ähnlichem Aussehen, meist bei gefährlichen Szenen oder bei Szenen, die artistische Fähigkeiten verlangen.

**Doublé,** das; -s, -s: Metall mit Edelmetallüberzug; Stoss beim Billardspiel.

**Dragking:** als Mann verkleidete Frau, mit oder ohne (angeklebten) Bart, Schnurrbart und ohne festgelegte sexuelle Präferenz (d. h., die Frau kann hetero- oder bisexuell oder auch lesbisch sein, ihre sexuelle Ausrichtung ist unerheblich).

**Dragqueen:** (homosexueller) Transvestit.

**Dringlicher Bundesbeschluss**

**dritte Säule:** private Vorsorge.

**Dritte Welt:** Entwicklungsländer; Erste Welt: westliche Industriestaaten; Zweite Welt: Ostblockländer; Vierte Welt: «Ärmste der Armen».

**Dr. iur.:** Doctor iuris (aber: juristisch)

**Dr. jur.:** In Inseraten und Todesanzeigen diese Schreibweise tolerieren. Die Abkürzung jur. steht gemäss Duden nicht nur für juristisch oder juridisch, sondern auch, wie die Abkürzung Dr. jur., für doctor juris (= Doktor der Rechtswissenschaft), also für lateinische Wörter. Die Schreibung mit j statt i (juris statt iuris) kam bereits im nachklassischen Latein auf und ist dann durch die mittellateinische Rechtssprache üblich geworden.

**Dschidda:** s. *Jidda.*

**Dschihad:** s. *Jihad.*

**Dufflecoat,** der; -s, -s: kurzer, sportlicher Mantel mit Knebelverschluss.

**Dunant, Henry** (Taufname), nicht Henri.

**Dur, Moll:** In Übereinstimmung mit der mehrheitlich verwendeten Schreibweise gilt: C-Dur, C-Dur-Tonleiter, in Dur; a-Moll, a-Moll-Sonate, in Moll.

**Durchkupplung:** siehe *Kupplungen, mehrfache.*

**Duty-free-Shop,** der; -s, -s

# E

**Easy Jet:** Billigfluggesellschaft (auch: Billigflug-Gesellschaft).

**E-Cash,** das; -

**Echarpe,** die; -, -n (Pelzecharpe)

**E-Check-in,** das; -

**EC-Karte**

**E-Commerce,** der; -

**Economiesuisse,** die: Dachverband der Schweizer Wirtschaft. Als Verband der Schweizer Unternehmen geht Economiesuisse aus dem Schweizerischen Handels- und Industrieverein (Vorort) und der «wf», Gesellschaft zur Förderung der schweizerischen Wirtschaft, hervor.

**Economyclass**

**Economyclass-Syndrom**

**Ecossaise,** die; -, -n: Volkstanz; im 18. und 19. Jahrhundert Gesellschaftstanz.

**Edinburg** ist nur innerhalb einer englischen Fügung, wo der Name auch englisch ausgesprochen wird, Edinburgh zu schreiben: der Duke of Edinburgh; aber: der Herzog von Edinburg.

**EFTA:** European Free Trade Association, Europäische Freihandelsassoziation.

**EG/EWG:** Die Abkürzung EG bezeichnet die drei Europäischen Gemeinschaften: Europäische Wirtschaftsgemeinschaft (EWG), Europäische Gemeinschaft für Kohle und Stahl (EGKS oder Montanunion) und Europäische Atomgemeinschaft (Euratom). Jede der drei Gemeinschaften hat zwar weiterhin ihren eigenen Gründungsvertrag, doch sind die Institutionen seit 1967 zusammengeschlossen. Es ist auch üblich geworden, EG im Singular zu verwenden (Europäische Gemeinschaft), obschon formell die Europäischen Gemeinschaften (Plural) gemeint sind. Die Einzelbezeichnungen dieser Gemeinschaften sind grösstenteils nur noch gebräuchlich, wenn die Verträge (oder allenfalls andere spezifische Rechtsakte) zitiert werden (Artikel X des EWG-Vertrags, Artikel Y des EGKS- oder des Montanunionvertrags, Artikel Z des Euratom-Vertrags). (Siehe auch *EU.*)

**Eglise/église:** Es ist zu unterscheiden: Eglise = Gemeinschaft der Gläubigen; église = Kirchengebäude.

**eh/lang/mal:** Die salopp gebrauchten eh im Sinne von «sowieso» (z. B. «eh schon»), lang (für «entlang») und mal (für «einmal») sind in unserem Blatt nicht zu verwenden.

**eidg.** ist im Text nur in begründeten Ausnahmefällen so zu verwenden, sonst ändern auf eidgenössisch.

**eidgenössische Räte**

**eigen:** sich zu eigen machen. Entgegen Duden in Kleinschreibung: sein eigen nennen.

**Eigennamen:** Eine Frau, die sich *Elizabeth* schreibt, darf ihren Namen so gedruckt in unserem Blatt finden. Wir wenden dies als Richtlinie an *(Königin Elizabeth II.).* Sollten sich die Ressorts auf eine Schreibweise einigen, die dieser Richtlinie widerspricht *(Papst Benedikt XVI.),* wird diese im «Vademecum» aufgeführt.

**Einfache Anfrage**

**Einzel-Leben(-Geschäft)**

**Einzug im Text:** Eingezogener Text (gesetzt in der 9-Punkt-Schrift oder in der 8-Punkt-Schrift mit Durchschuss) beginnt stumpf, wenn es sich um eine blosse Aufzählung bzw. um unvollständige Sätze handelt:

Um sich nicht einem Vorwurf gewisser Berufsverbände auszusetzen, sind folgende Grundsätze einzuhalten:

eine Beschränkung der einzusetzenden Finanzmittel auf die weiter oben beschriebene vorwettbewerbliche Phase;

ein möglichst ungehinderter Zugang zu den Forschungsresultaten.

Wie sich in den vergangenen Jahren gezeigt hat, werden diese...

Einen Absatzeinzug erhält der eingezogene Text bei vollständigen Sätzen:

Unsere Postulate für eine allen Anforderungen gerecht werdende Forschungspolitik lauten somit:

Der wichtigste Beitrag auf allen Stufen des Staates, der Kantone und der Gemeinden ist die Ausbildung.

Die Schweiz braucht in ausgewählten Gebieten Spitzenforschung.

Den Stellungnahmen der Verbände konnte entnommen werden, dass...

Striche und Ordnungszahlen werden freigestellt:

Im Verlaufe dieser Beratungen stellten sich verschiedene gesellschaftspolitische Grundsatzfragen:

– Soll das Urheberrecht Privatrecht bleiben oder parafiskalische Tendenzen entwickeln?

– Sollen Verwertungsgesellschaften neutrale Treuhänder oder kulturpolitische «Umverteiler» sein?

– Können den Konsumenten beliebig neue Belastungen zugemutet werden?

Dazu ist festzuhalten, dass Urheberrecht längst nicht mehr nur...

Im Verlaufe dieser Beratungen stellten sich verschiedene gesellschaftspolitische Grundsatzfragen:

1. Soll das Urheberrecht Privatrecht bleiben oder parafiskalische Tendenzen entwickeln?

2. Sollen Verwertungsgesellschaften neutrale Treuhänder oder kulturpolitische «Umverteiler» sein?

3. Können den Konsumenten beliebig neue Belastungen zugemutet werden?

Dazu ist festzuhalten, dass Urheberrecht längst nicht mehr nur...

(Siehe auch *Aufzählungen.*)

**Eklat, eklatant**

**E-Mail,** die, -, -s: Das Verb «emailen» (oder «e-mailen») für «E-Mail verschicken» ist in der NZZ nicht zu verwenden.

**En:** In israelischen Ortsnamen kommt das Wort En (= Auge) häufig vor, es wird aber oft verschieden transkribiert. Wir verwenden einheitlich: En Gedi, En Gev, En Haschofet usw.

**Ende-Feuer,** das, -s: Waffenstillstand.

**englische Wortendungen** siehe *-y/-ies*.

**Enquête,** die; -, -n: (amtliche) Untersuchung, Erhebung, Umfrage.

**Entrecôte,** das; -s, -s

**Entrée,** das; -s, -s

**E.On AG:** aus der Veba und der Viag hervorgegangene deutsche Gesellschaft.

**Episkopat, der:** Gesamtheit der Bischöfe.

**Episkopat, das:** Bischofsamt, Bischofswürde.

**EPU:** European Payment Union, Europäische Zahlungsunion. Die deutsche Abkürzung EZU darf im Blatt nicht verwendet werden.

**-er:** Fügungen mit Wortformen auf -er siehe bei *Schweizergarde / Schweizer Grenze*.

**erste Kammer:** Nationalrat.

**Erste Kammer:** im niederländischen Parlament.

**erste Säule:** AHV.

**Escalade, die:** In der Nacht vom 11. auf den 12. Dezember 1602 verübte Herzog Karl Emanuel I. von Savoyen einen Angriff auf die Stadt Genf, um sie in seinen Besitz zu bringen. Die Genfer jedoch wehrten den Überfall siegreich ab. Noch heute wird in der Nacht der Escalade an diesen Sieg erinnert.

**Escher Wyss:** Seit dem Zusammenschluss der Firmen Sulzer und Escher Wyss ergeben sich bei Zusammensetzungen gelegentlich orthographische Schwierigkeiten. Die beiden Firmen haben sich nun auf folgende Schreibweisen geeinigt, die auch für uns Geltung haben sollen: Escher Wyss, Werke von Escher Wyss; Escher-Wyss-Werke, Escher-Wyss-Produkte; Sulzer/Escher-Wyss; Sulzer/Escher-Wyss-Kälteanlagen, Escher-Wyss/Sulzer-Produkte.

**Eskalation, De-Eskalation**

**Essay,** der; -s, -s: Das Wort wird so gesetzt, wenn nicht durch ausdrücklichen Vermerk die französische Schreibweise *Essai* verlangt wird.

**essenziell**

**Estremadura:** historische Provinz in Portugal; siehe *Extremadura* (in Spanien).

**Etat/état:** In französischen Zitaten und Wendungen ist zu unterscheiden: Etat = Staat; état = Zustand, Stand, Verzeichnis. Merke: Coup d'Etat.

**... etat**

**etc.:** Diese Abkürzung ersetzen wir im Textteil des Blattes durch usw.

**ETH** (Eidgenössische Technische Hochschule): ETH Zürich, ETH Zentrum, ETH Hönggerberg; ETHL (ETH Lausanne), EPFL (Ecole polytechnique fédérale de Lausanne).

**E-Ticketing,** das; -s

**EU:** Der Brüsseler Verbund heisst «Europäische Union». Die Gründungsverträge der drei Europäischen Gemeinschaften (Montanunion, EWG und Euratom) bestehen jedoch weiter (siehe *EG/EWG*).

**EU-Beitritts-Gesuch**

**EUfor,** die; -: European Union Force; multinationale Friedenstruppe.

**EU-Kommissar,** der; -s, -e (nicht EU-Kommiss*är*)

**Euratom** ist ohne Anführungszeichen und mit dem weiblichen Geschlecht zu setzen: *die* Euratom(-Gemeinschaft). Trennung: Eur-atom.

**Euro,** der; -, -

**Euro-Airport**

**Euro-Land**

**Euronight-Zug** (nicht *EuroNight*)

**Europäisches Parlament**

**Euro-Währung**

**Evangelische Brüdergemeine** (Pietisten), nicht -gemein*de*.

**Evangelische Kirche in Deutschland:** Grossschreibung; Abkürzung: EKD.

**Event,** der; -s, -s

**EWS** (Europäisches Währungssystem): nicht die englische Abkürzung EMS verwenden.

**Ex-:** Ex- drückt in Bildung mit Substantiven aus, dass früher etwas war, einen bestimmten Status, eine bestimmte Stellung innehatte: Ex-Freund, Ex-Gattin, Ex-Schönheitskönigin, Ex-Minister. Es ist aber keineswegs zwingend, dass dieses Präfix immer gesetzt werden muss.

**Existenzialismus, existenzial, existenzialistisch, existenziell**

**Extremadura:** historische Provinz in Spanien; siehe *Estremadura* (in Portugal).

# F

**Fallwechsel bei Präpositionen:** Bei Präpositionen, die den Genitiv regieren, tritt im Plural an dessen Stelle der Dativ, wenn der Genitiv nicht erkennbar wird: Während eines Jahres, während dreier Monate; aber: während Monaten, während vier Jahren. Inklusive aller Getränke, inklusive Getränken. Wegen des Regens, wegen schlechten Geschäftsganges; wegen Todesfällen usw.

**falsche Verben in festen Redewendungen:** «Welche Beschlüsse getroffen wurden, ist nicht bekannt» ist falsch; Beschlüsse werden *gefasst,* Entscheide und Massnahmen werden *getroffen.* Falsch ist auch: «die Qualifikationen einzelner Ratsmitglieder in Frage ziehen». Es heisst: *in Zweifel ziehen* oder *in Frage stellen.* Weitere Beispiele: ... dass Blair noch keinen *Entscheid gefasst* hatte ... (richtig: keinen *Entschluss gefasst* oder keinen *Entscheid getroffen*); ... das gegen Alexander Panagoulis gefällte *Todesurteil* nicht *auszuführen* (ein Todesurteil wird *vollstreckt*); ... für jene *Massnahmen,* die das kantonale Tiefbauamt *erfüllen* muss (richtig: *treffen* oder *ergreifen* muss). Hier wird eine Politik *geführt* ... (richtig z. B.: *betreiben*).

**Familien-Splitting**

**Fantasie,** die; -, ... ien: Musikstück.

**Farbwerke Hoechst,** als Ortsname dagegen: Höchst (siehe *Hoechst*).

**Fasnacht:** Für unser Blatt gilt allgemein die Form Fasnacht, auch wenn von Gebieten die Rede ist, wo man zum Teil Fastnacht schreibt.

**Fasson,** die; -, -en; *fassonieren.*

**Fast Food,** das; - -

**Fast Track,** das; - -: Sprungbrett.

[1] **Fed, das;** -: Federal Reserve Board (Direktorium der US-Notenbank in Washington). (Siehe auch *Board.*)

[2] **Fed, die;** -: Federal Reserve Bank of New York (eine der 12 regionalen Reserve-Banken, die zusammen mit dem Board of Governors in Washington das Fed [das Federal Reserve System] bilden).

**Fedayin,** die (nur Mehrzahl): palästinensische Widerstandskämpfer.

**Fédération de l'industrie horlogère suisse** (oft nur: Fédération horlogère): Verband der Schweizerischen Uhrenindustrie. Abkürzung: FH.

**Fegentri:** Fédération internationale des gentlemen riders et des cavalières.

**Fehlleistungen** sind nach wissenschaftlicher Definition: Versprechen, Verlesen, Vergessen; die Psychoanalyse deutet sie als Symptome für verdrängte Vorstellungen und Wünsche. Das Wort darf nicht verwendet werden, wo es sich um blosse *Fehler,* um *falsches Verhalten,* um *ungeschicktes Vorgehen* handelt.

**Ferien/Urlaub:** Der schweizerische Sprachgebrauch unterscheidet im Gegensatz zum deutschen zwischen Urlaub und Ferien. Urlaub gibt es beim Militär; Urlaub hat auch der Hochschulprofessor, der Beamte, der Angestellte, wenn er zu einem bestimmten Zweck von seinen Verpflichtungen dispensiert wird. Man kann auch von einem Krankheits- oder Erholungsurlaub sprechen, sofern dieser ausserordentlicherweise gewährt wird, also mit dem normalen Ferienanspruch nichts zu tun hat. Alles andere sind Ferien. Man geht also auf eine Ferienreise, geniesst die Ferienzeit, reist in ein Ferienland, hat Sommerferien, Schulferien usw. An diesem Unterschied ist festzuhalten.

**fertig bringen / fertigbringen**
**fertig kriegen / fertigkriegen**
**fertig machen / fertigmachen**
**feuern** im Sinne des englischen «to fire» (= entlassen, mit Schimpf und Schande davonjagen) ist verpönt.

**Fianna Fail, Fine Gael:** Parteien in Irland. (Siehe auch *Sinn Fein*.)

**Filibuster,** der (entgegen Duden mit männlichem Artikel): Taktik im amerikanischen Senat, mit endlosen Debatten und prozeduralen Verzögerungsmanövern aller Art Gesetzesprojekte zu torpedieren.

**Firmen, Vereine, Institutionen:** Grundsätzlich bleiben wir im Textteil bei der von der Logik der Sprache begründeten Schreibweise. In der Regel übernehmen wir die Logos von Firmen, Vereinen, Institutionen usw. nur zurückhaltend. So ersetzen wir in Firmennamen das Pluszeichen durch «und» (siehe *Pluszeichen in Firmennamen*), und die symbolischen Kreuzfittings von +GF+ (Georg Fischer) lassen wir weg. Auf Versalschreibweisen wie VOLVO, MIGROSBANK oder unsprachliche Wortbildformen verzichten wir. Wird ein Firmenname ohne Gesellschaftsform im Singular geschrieben, ist das Beifügen des Artikels oder Pronomens zurückhaltend zu praktizieren. Also nicht «Der/die (?) Hotelplan wird seine/ihre (?) Tätigkeit im Fernen Osten verstärken.» (Das gesunde Sprachgefühl walten lassen. «Die Rätia Energie in den schwarzen Zahlen» dürfte kaum jemand beanstanden.)

Titel *fremder* Zeitungen wie «Times» usw., die von der Form her Plural sind, werden mit dem Singular des Verbs verbunden. «Wie die ‹Times› mitteilte...» «Die ‹Iswestija› berichtete...»

Namen von Gesellschaften wie British Airways oder Austrian Airlines beispielsweise empfinden wir ebenfalls als eine Einheit, und das folgende Verb steht demnach in der Einzahl. «British Airways fusioniert mit...» Aber: «Die SBB [die Schweizerischen Bundesbahnen] teilten mit...»

**Firstclass**
**Fitnessprogramm**
**Flèche wallonne,** die: Radrennen in Belgien.

**Floridianer:** Einwohner Floridas.

**Flüe:** siehe *von Flüe, Niklaus*.

**Flüela:** Der Flüela ist, wie der Bernina, männlichen Geschlechts.

**Flughäfen, schweizerische:**
Basel-Mülhausen
Genf
Zürich
Bern

**Flughafen Zürich** ist die korrekte Bezeichnung für den Flughafen Zürich (nicht Flughafen Zürich Kloten oder Flughafen Kloten). Die Flughafengesellschaft heisst *Flughafen Zürich AG*. Die Verwendung der Firmenmarke Unique Zurich Airport drängt sich nicht auf.

**Fluglinie.** Wörtliche – und falsche – Übersetzung des englischen «airline». Richtig: *Flug-* oder *Luftverkehrsgesellschaft*.

**Flugzeugnamen:** Individualnamen sind weiblich und werden angeführt: *die* «Thurgau», *die* «Kranich», *die* «Adler». *Gattungsnamen nach dem Hersteller* und *Typenbezeichnungen* werden nicht angeführt; sie sind weiblich, wenn das Geschlecht in keiner Weise präjudiziert ist: *eine* Boeing, *eine* Tupolew, *eine* MiG, *eine* Piper, *die* MD-80, *die* Fokker 100, *die* B-747-400. Ist der Gattungsname ein gewöhnliches Substantiv, so behält er dessen Geschlecht; fremdsprachige behalten das Geschlecht der betreffenden Sprache: *der* Tornado, *die* Concorde, als Ausnahme jedoch *die* Mirage. Englische Bezeichnungen erhalten in der Regel das Geschlecht des entsprechenden deutschen Wortes: *der* Tiger, *die* Galaxy. (Siehe auch *Airbus A320*.)

**Flushing Meadows:** Austragungsort des US Open.

**fob** (free on board), Fob-Preise, Fob-Klausel.

**Folies-Bergère**

**Folketing,** das; -: dänische Abgeordnetenkammer.

**-fon/foto-/-graf:** Bei Wörtern mit den Wortteilen -phon, photo-, -graph usw. verwenden wir betreffend ph- oder f-Schreibung die im Duden-Werk «Deutsches Universalwörterbuch» bevorzugten Wortformen.

**Forces libanaises**

**Formel 2, Formel-2-Rennen:** Hubraumkategorien im Automobilrennsport mit arabischen Ziffern.

**Forza Italia (FI):** italienische Partei.

**Foto,** die; -, -s

**foto-/photo-:** siehe *-fon/foto-/-graf*.

**Fotografie**

**fotografieren**

**Fourreau,** das; -[s], -s: hautenges Kleid, auch Hülle, Scheide.

**Fraktionsbezeichnungen:** Bei den Fraktionsbezeichnungen ist das Adjektiv klein zu schreiben. Also die *f*reisinnig-demokratische Fraktion, die *s*ozialdemokratische Fraktion.

**Frankophonie, frankophon**

**Französisch:** Französische Namen und Zitate sind immer wieder falsch im Blatt. Schnitzer wie «Centre national d'études spati*aux*» (statt spati*ales*), «Fédération aéronautique internatio*nal*» (internatio*nale*), «Republi*c* (Répub*lique*) et Canton de Genève» müssten unbedingt schon beim Redigieren ausgemerzt werden.

**französische und italienische Eigennamen:** Bei Eigennamen von *Parteien,* Organisationen, Ämtern, Institutionen usw. gilt die durch die Redaktion im Manuskript bestimmte Gross- und Kleinschreibung, sofern nicht im Einzelfall bereits im «Vademecum» geregelt (wie z. B. *Rassemblement jurassien*).

**französische Zeitungstitel:** Sie sind ohne Rücksicht auf die zum Teil ausgefallenen Schreibweisen im Zeitungskopf selbst wie folgt zu schreiben (Adjektiv nur gross, wenn es dem Substantiv vorangeht):
«24 heures» (Lausanne)
«L'Aurore»
«Le Canard enchaîné»
«Combat»
«Le Dauphiné libéré»
«La Dépêche du Midi»
«Les Dernières Nouvelles»
«France-Soir»
«L'Humanité»
«Le Journal du Dimanche»
«Le Monde»
«Le Nouveau Journal»
«Le Nouvel Observateur»
«Ouest-France»
«Le Parisien libéré»
«Paris-Jour»
«Paris-Presse»
«La Voix du Nord»

**Frauen und ihre Titel:** Nach dem Vorbild der *Regierungsrätin* Rita Fuhrer, der *Stadträtin* Esther Maurer, des protokollarischen Titels *Botschafterin* und der Basler *Grossrätinnen* sind die Feminina *Bundesrätin, Kantonsrätin, Gemeinderätin* usw. konsequent anzuwenden.

**Freiburg:** Für das schweizerische Freiburg ist sowohl bei der Stadt wie auch beim Kanton der deutsche Name zu verwenden. Wenn eine Unterscheidung nötig wird, ist dies bei der Stadt mit dem Zusatz *i. Ü.* (im Üchtland) möglich. Für das deutsche Freiburg ist *Freiburg i. Br.* (im Breisgau) zu schreiben.

**Freisinnig-Demokratische Partei (FDP)**

**Fremdsprachige Nomen** (Substantive) im deutschen Text müssen mit *grossen* Anfangsbuchstaben geschrieben werden, es sei denn, sie seien kursiv, in Klammern oder in Anführungszeichen gesetzt: die *inferiora;* ein Handbuch (prontuario); die «zineh».

[1] **Fremdwörter:** Dass unser Blatt zu viele Fremdwörter enthalte, ist eine alte Klage. Der Leser, der das Blatt abbestellt hat, «weil er nicht ständig ein Lexikon mit sich herumtragen will, um die NZZ lesen zu können», steht nicht allein. Wo ein ebenso guter, ebenso treffender deutscher Ausdruck zur Verfügung steht, sollte deshalb auf das Fremdwort verzichtet werden. Selbst wenn es einige Mühe kosten sollte, einen deutschen Ausdruck oder eine verständliche Umschreibung zu finden, darf diese Mühe nicht gescheut werden, wo die Gefahr besteht, dass das Fremdwort dem Durchschnittsleser nicht geläufig ist und ihn deshalb verärgern könnte. Ebenso wenig darf die Beherrschung des Englischen vorausgesetzt werden.

Als Beispiel sei die *infauste Prognose* genannt. Gegen die *Prognose* ist nichts einzuwenden, da das Wort jedem Primarschüler geläufig ist. Eine *infauste* Prognose dagegen ist eine Zumutung für jeden, der nicht Latein gelernt hat.

[2] **Fremdwörter:** Als Angehörige eines mehrsprachigen Landes müssen wir uns in der Schweiz für die Behandlung der Fremdwörter im schriftlichen Gebrauch einige Sonderrechte vorbehalten. Die ständige enge Berührung vor allem mit den übrigen Landessprachen, je länger, je mehr ebenfalls mit der englischen Weltsprache, bringt es mit sich, dass die Aussprache mancher Fremdwörter französischer, italienischer und englischer Herkunft bei uns auch im schriftdeutschen Sprachgebrauch von derjenigen in Deutschland und Österreich abweicht. Nun verlangt aber selbst der Duden in einer sehr vernünftigen Regel, die fremde Schreibweise sei beizubehalten, solange Fremdwörter (in der Aussprache) noch nicht angeglichen seien. Demzufolge hat die Orthographie von Fremdwörtern für uns überall dort von der in Deutschland üblichen und im Duden festgelegten abzuweichen, wo der Deutschschweizer im Gegensatz zum Deutschen bei der fremden Aussprache verblieben ist.

Zwei Beispiele mögen verdeutlichen, was hier gemeint ist: Der Deutsche sagt Büfett und Kai. Er hat recht, wenn er seiner Aussprache getreu so schreibt. Wir Schweizer aber sprechen diese beiden Wörter auch in hochdeutscher Rede französisch aus. Es müsste als Vergewaltigung unseres Sprachgebrauchs empfunden wer-

# Franken/Fr.

Die Währungseinheit Franken kann vor oder nach dem Betrag stehen, sie kann abgekürzt oder ausgesetzt sein.

*Vor dem Betrag* steht die Währungseinheit bei Beträgen mit Rappenstellen oder vertretendem Strich; wir verwenden dabei *die gekürzte Form.*

| Fr. 350.75 | Fr. –.57 | (*Wirtschaft:* Fr. 0.57) | Fr. 11.– |

Aber auch: 11 Franken 20.

*Nach dem Betrag* steht die Währungseinheit bei Beträgen ohne Rappenstellen oder vertretenden Strich. Im Ressort *Wirtschaft* verwenden wir dabei *immer die gekürzte Form;* in den *andern Ressorts* wird grundsätzlich *ausgesetzt* (Ausnahme nur, wenn die Fügung im gleichen Artikel häufig vorkommt, z. B. in Berichten über Gemeindebudgets oder -rechnungen).

*Ressort Wirtschaft:*

| 73 Fr. | Ebenso: 20 Rp. |

*Andere Ressorts:*

73 Franken    20 Rappen
Der Dieb stahl ihm 200 Franken.

*Millionen* (Mio.) und *Milliarden* (Mrd.) stehen immer hinter dem Betrag. Sie werden abgekürzt, wenn auch die Einheit abgekürzt wird, und ausgesetzt, wenn auch die Einheit auszusetzen ist (vgl. oben).

*Ressort Wirtschaft:*

37,5 Mio. Fr.

*Andere Ressorts:*

37,5 Millionen Franken

Für *andere Währungen als Franken* gilt sinngemäss das Gleiche.

| Euro: | € 350.75 | 73 € | 73 Euro | 73 Euro 25 |
| Pfund: | £ 350.75 | 73 £ | 73 Pfund | 73 Pfund 25 |
| Dollar: | $ 350.75 | 73 $ | 73 Dollar | 73 Dollar 25 |

Grundsätzlich wird eine Währung von der Unterwährung mit Punkt abgetrennt. Wird die Unterwährung gerundet, verwenden wir aber ein Komma: Fr. 3.766 = Fr. 3,8. Bei der Unterwährung werden die Dezimalstellen mit Komma abgetrennt: 0,3 Rp., 0,75 Cent.

Die Währung *Yen* wird in allen Ressorts ausgeschrieben: 8 Yen. Die Unterteilung von Yen zu Sen als Ausnahme mit Komma und nicht mit Punkt: 8,5 Yen.

Bei *gehäuftem* Vorkommen, etwa in Meldungen über Rechnungen, Budgets u. ä., sollten auch in den anderen Ressorts die Wörter Rappen, Franken, Millionen und Milliarden abgekürzt werden.

den, wollten wir um einer Einheitsorthographie willen die deutsche Schreibweise annehmen. Unserer Aussprache gemäss müssen wir französisch *Buffet* und *Quai* schreiben. Unannehmbar sind für uns die vielen halb verdeutschten Zwittergebilde wie Kapriccio, Krescendo, Dekolleté, Kommuniqué oder gar Kommunikee usw. Da ist die richtige italienische oder französische Wortform bei weitem vorzuziehen. In diesem Verzeichnis sind deshalb Fremdwörter enthalten, bei denen – meist in Abweichung vom Duden – die fremde Schreibweise beibehalten werden soll. Natürlich geht es auch hier nicht ohne Ausnahmen. So sind Wörter, die sich bei uns in verdeutschter bzw. akzentloser Schreibweise gut eingebürgert haben, weiterhin so zu setzen.

**French Open,** das; - -, - - (Tennisturnier)

**Frequent Flyer,** der (die); - -, - -s: Vielflieger (Vielfliegerin).

**Friaul:** Die Bewohner heissen Friauler. Eigenschaftswort: friaulisch. Gebietsbezeichnung: das Friaul (im Friaul). Die Region heisst offiziell: Friaul/Julisch-Venetien.

**frisch gebacken / frischgebacken**

**Friture,** die; -, Fritüren

**Fuji** (nicht Fudschi): Höchster Berg Japans und das Wahrzeichen des Landes. Auch: Fujisan oder Fujiyama.

**Full-Time-Job,** der; -s, -s: Ganztagsbeschäftigung, Vollzeitarbeitsplatz.

**Fünfjahrplan, Fünfjahreplan, Fünfjahresplan:** Alle drei Wortbildungen sind richtig. *Fünfjahreplan* ist wohl die logisch überzeugendste, aber nicht die am meisten gebrauchte Version.

**fünfter Kontinent:** Australien.

**Fussnotenzeichen:** Das Fussnotenzeichen steht beim *Zusammentreffen mit andern Zeichen* (Komma, Punkt, Strichpunkt, Doppelpunkt, Ausrufzeichen, Fragezeichen, schliessende Klammer und schliessendes Anführungszeichen) *nach* diesen Zeichen.

# G

**G-7, G-8**

**Gabardine,** die; -, -n

**Galicien:** Region in Spanien. Daneben gibt es aber: Galizien: Landschaft nördlich der Karpaten, heute teils zu Polen, teils zur Ukraine gehörig.

**Gansabhauet,** der (nicht die)

**Ganze 15 Franken:** «Ganze» in Verbindung mit einer Kardinalzahl bedeutet *nur:* Diese Bluse hat im Ausverkauf ganze 15 Franken gekostet. Er verbrachte ganze fünf Minuten am Bett seiner kranken Mutter.

Wenn das *Gegenteil* gemeint ist: Die Bluse hat *nicht weniger* als 120 Franken gekostet. Er verbrachte *nicht weniger* als zweieinhalb Stunden am Bett seiner kranken Mutter.

**GAU,** der; -s, -s: Abkürzung für *grösster anzunehmender Unfall.* (Siehe auch *Super-GAU.*)

**Gebäudenamen:** siehe *Anführungszeichen.*

**geboren/gebürtig** sind streng auseinanderzuhalten. Es kann einer ein geborener Lehrer, ein geborener Politiker, ein geborener Schwindler sein; denn «geborener» heisst hier: dazu geboren, dazu geschaffen, dazu vorbestimmt. Wo aber die *Herkunft* gemeint ist, muss es «gebürtig» heissen: ein gebürtiger Genfer, eine gebürtige Italienerin. Aber: eine *geborene* Sarasin (Mädchenname einer verheirateten Frau).

**gefolgt von:** Dieser Ausdruck ist leider sehr verbreitet und durch eine unsorgfältige Übersetzung des französischen *suivi de* und des englischen *followed by* ins Deutsche gelangt. Es wurde übersehen, dass *suivre* und *to follow* transitive Verben sind; *folgen* aber ist intransitiv und kann kein Passiv bilden. Man folgt *wem,* nicht *wen.* Also: Der Kanton Schaffhausen ist digital am nächsten beim Bürger, *es folgen* Appenzell Ausserrhoden, Graubünden … An oberster Stelle des britischen Sündenregisters stand der Zorn, *vor* Hoffart, Neid …

**Gegendarstellung:** Unter gewissen Bedingungen darf jemand verlangen, dass in der NZZ eine Gegendarstellung zu einem im Blatt veröffentlichten Artikel publiziert wird. Diese Gegendarstellungen (im Obertitel als solche gekennzeichnet) werden oft von Juristen verfasst und auf jeden Fall mit denjenigen Personen besprochen, die für die Publikation dieser Gegendarstellung verantwortlich sind. In diesen Gegendarstellungen muss *äusserst zurückhaltend* korrigiert werden. Alle Korrekturen sind immer von dem dafür zuständigen Redaktionsmitglied *genehmigen* zu lassen.

**Geisel,** die; -, -n: Auch für männliche Personen immer weiblich.

**Gelee,** der; -s, -s

**gemischter Konjunktiv:** Im heutigen Deutsch verwendet man in der indirekten Rede den gemischten Konjunktiv und nicht die Form mit «würde», und zwar unabhängig davon, ob der Hauptsatz in der Gegenwart oder der Vergangenheit steht. Also: Der Papst sagt(e), *er fühle* sich besser; nicht er würde sich besser fühlen. (Siehe auch *Konjunktiv mit «würde».*) Gemischt heisst der Konjunktiv, weil Konjunktiv I und Konjunktiv II gemischt verwendet werden; an die Stelle des Konjunktivs Präsens tritt der Konjunktiv Imperfekt, sofern eine Präsensform des Konjunktivs gleich lautet wie eine Präsensform des Indikativs:

Verb gehen     Verb haben
ich *ginge*     ich *hätte*
du gehest     du habest
er gehe     er habe
wir *gingen*     wir *hätten*
ihr gehet     ihr habet
sie *gingen*     sie *hätten*

Gerade = Konjunktiv I; *kursiv = Konjunktiv II.*

Beim Verb «sein» wird nicht gemischt, da das Präsens in allen Personen verschiedene Formen für den Indikativ und den Konjunktiv aufweist. Hier wird bei indirekter Rede der reine Konjunktiv I verwendet, also: ich sei, du sei(e)st, er sei, wir seien, ihr seiet, sie seien. Nicht ich *wäre* usw.

**Gemse** (nicht Gämse)

**genaugenommen** (recht betrachtet, eigentlich), aber: er hat es genau genommen.

**Gender-Studies:** Geschlechterforschung (interdisziplinär).

**Generalinspekteur/Inspekteur:** ranghöchste Offiziere der deutschen Bundeswehr (nicht in Inspektor ändern).

**gepflegt/gepflogen:** Das heute sonst schwach konjugierte Verb *pflegen* (pflegte, gepflegt) hat die alte, starke Konjugation in einigen Wendungen beibehalten. Unterredungen, Verhandlungen usw. werden *gepflogen,* nicht *gepflegt.* «Die beiden haben einen Gedankenaustausch über internationale Probleme *gepflogen»* (nicht gepflegt).

**gesinnt/gesonnen:** Diese beiden Adjektive dürfen nicht verwechselt werden, da sie ganz Verschiedenes bedeuten: gesinnt sein = von einer bestimmten Gesinnung sein; gesonnen sein = gewillt sein, die Absicht haben. Man kann freundlich, übel, treu, konservativ oder liberal gesinnt sein; aber man ist gesonnen oder nicht gesonnen, das oder jenes zu tun.

**getötet:** Das Wort «getötet» ist in Unfallmeldungen nur dann zulässig, wenn gesagt wird, *wodurch* das Opfer getötet wurde: durch einen herabstürzenden Felsblock, von einem vom Dach fallenden Ziegel, von einem scheuenden Pferd usw. Sonst: ums Leben gekommen (o. ä.). Dies muss bereits beim Redigieren beachtet werden.

**Gewässernamen:** Für Flüsse und Seen sind in der «Neuen Zürcher Zeitung» die deutschen Namen zu verwenden, soweit solche vorhanden und geläufig sind. Man schreibe also

| *nicht:* | *sondern:* |
|---|---|
| die Glâne | die Glane |
| die Rhône | die Rhone |

(für den Oberlauf gibt es auch die Form: *der Rotten*)

| | |
|---|---|
| die Sarine | die Saane |
| die Singine | die Sense |
| die Suze | die Schüss |
| der Ticino | der Tessin |
| der Lago di Lugano | der Luganersee |
| der Lago di Como | der Comersee |
| der Lago Maggiore | der Langensee |

Dies gelte als Regel, besonders in prosaisch-nüchternen Texten wie Nachrichten oder Ähnlichem. Daneben soll es keinem Autor verboten sein, in besonderen Fällen ausnahmsweise den fremden Namen zu gebrauchen und etwa vom *Léman* statt vom *Genfersee* zu sprechen.

**gewohnt/gewöhnt:** Man ist eine Sache *gewohnt* oder man hat sich an sie *gewöhnt.* Beachte: *gewöhnt* ist Partizip des Verbs *gewöhnen,* kann also reflexiv (mit *sich*) gebraucht werden; gewohnt dagegen ist Adjektiv, was die

Fügung mit *sich* ausschliesst. «...ist sich an Glossen aus der Öffentlichkeit gewohnt» ist also falsch.

**+GF+** ist ein Teil der Corporate Identity des in Schaffhausen ansässigen Georg-Fischer-Konzerns. + steht symbolisch für Kreuzfitting, ein Produkt der Georg-Fischer-Giesserei. Im Allgemeinen verwenden wir die ausgeschriebene Namensform: Georg Fischer oder GF. (Siehe auch *Firmen, Vereine, Institutionen.*)

**Ghadhafi, Muammar:** libyscher Staatsmann.

**Ghetto,** das; -s, -s

**Ghibelline,** der; -n, -n: Seit dem Anfang des 13. Jahrhunderts die Bezeichnung für die Anhänger der Staufer in Italien. Ihre damaligen Gegner, die Anhänger der päpstlichen Partei, waren die Guelfen bzw. die Welfen.

**Girenbad:** Aussenwacht der im Zürcher Oberland gelegenen Gemeinde Hinwil und im Zürcher Tösstal Weiler der Gemeinde Turbenthal.

**Glace,** die; -, -n (für Speiseeis); aber: Café glacé, Glacéhandschuhe.

**Glatttal:** Bezeichnung von Tälern im Zürcher Unterland und im mittleren Schwarzwald, durch die ein Fluss namens Glatt fliesst. Korrekte Schreibweise mit drei t.

**Glasnost:** Bezeichnung für die vom ehemaligen Parteichef Gorbatschew geforderte Transparenz und offenere Diskussion in der Sowjetunion. (Siehe auch *Perestroika.*)

**Gliedstaat:** siehe *Bundesstaat.*

**GMP:** Gute Herstellpraxis (Good Manufacturing Practice).

**Goa:** Gliedstaat der Republik Indien. Ableitungen: goanesisch, Goanese.

**Go-go-Girl**

**Go-in,** das; -, -s

**Going-public,** das; -: Börsengang einer Aktiengesellschaft.

**Gold-Devisen-Standard, Gold-Devisen-Währung:** Währungssystem, das auf Gold und Devisen, insbesondere Dollars, beruht. Bitte auf die richtige Schreibweise mit zwei Bindestrichen achten. In seltenen Fällen kann auch von einem *Golddevisen-Standard* die Rede sein, d. h. von einer Währung, die auf in Gold konvertiblen Devisen beruht. Die Redaktion übernimmt die Verantwortung für die richtige Schreibweise. In jedem Fall falsch ist ein *Gold-Devisenstandard.*

**Golfe du Lion** (Löwengolf) an der französischen Mittelmeerküste wird immer wieder falsch «übersetzt»: *Golf von Lyon.*

**González, Felipe:** spanischer Politiker.

**Gorbatschew, Michail:** ehemaliger sowjetischer Staatspräsident.

**Gottéron:** Bezeichnung für den Eishockeyklub, eine Strasse, eine Brücke und einen Bach (dt. Galternbach) in Freiburg.

**Gradzeichen:** Bei Gradangaben steht das Gradzeichen (°) ohne Raum neben dem Buchstaben der Gradskala, wenn diese abgekürzt ist; die Ziffer dagegen wird im Schriftsatz mit Viertelgeviert vom Gradzeichen getrennt: 10 °C, 5 °Bé, 20 °R. Dagegen: 10° Celsius, 5° Baumé, 20° Réaumur. Das blosse Gradzeichen steht ebenfalls direkt neben der Zahl: 10°. Die Schreibweise bei Kelvin ist ein Sonderfall. Hier fällt nach Beschlüssen internationaler Organisationen das Gradzeichen weg: 140 K.

**-graf/-graph:** siehe *-fon/foto-/-graf.*

**Grammophon,** das; -s, -e

**grand-chambre, grand-place, grand-maman** usw. mit Bindestrich.

**Grand-Hotel,** -s, -s: deutsch mit Bindestrich, in französischen Namen aber: Grand Hôtel du Parc.

**Grand Old Party:** Republikanische Partei in den USA.

**Grand Prix,** der; - -, - -

**-graph/-graf:** siehe *-fon/foto-/-graf.*

**Grasshopper-Club,** aber: die *Grasshoppers.*

**gräulich** (graue Farbe)

**Greuel,** der; -s, -

**greulich** (entsetzlich)

**griechischzypriotisch** (Siehe auch *türkisch-zypriotisch* und *türkischzypriotisch.*)

**Grindelwaldner/Grindelwaldnerin:** Bewohner Grindelwalds.

**grosse Kammer:** Nationalrat.

**gross schreiben**

**Gross- und Kleinschreibung nach Doppelpunkt bei Aufzählungen:** siehe *Aufzählungen.*

**Guardia Civil:** Spezialeinheit der spanischen Polizei.

**Guayana/Guyana:** Die Region Guayana im Nordosten Südamerikas umfasst das Gebiet *Guyana* (früher Britisch-Guayana), Surinam (früher Niederländisch-Guayana), *Französisch-Guayana* und einen kleinen Teil von Venezuela und Brasilien. (Siehe auch Kapitel *Ländernamen und ihre Ableitungen, Hauptstädte und Währungen.*)

**Guerilla, die;** -, -s: Für Einheiten, die einen Kleinkrieg führen, verwenden wir einheitlich diese Schreibweise.

**Guerillero,** der; -s, -s: Untergrundkämpfer in Lateinamerika.

**Guinness:** Dieser Name schreibt sich mit *zwei n,* handle es sich nun um die Bierbrauerei, um den Schauspieler Sir Alec oder um das «Guinness Book of World Records».

**GUS** heisst Gemeinschaft Unabhängiger Staaten. GUS-Staaten ist also ein Pleonasmus. Korrekt: einzelne, mehrere, alle, die Staaten (oder: die Mitglieder) der GUS. Korrekt auch: der GUS-Staatenbund, die GUS-Staatengemeinschaft.

**Gute Dienste:** Grossschreibung, wenn Vermittlertätigkeit gemeint ist.

**Gymnaestrada,** die; -, -s: Kunstwort aus *Gymnastik* und *Estrade.* Schreibweise und Aussprache mit *ä* sind falsch.

# H

**Habsburg:** In Österreich wird heute das Adelsprädikat der Nachkommen der Habsburger als Bestandteil eines bürgerlichen Namens behandelt. Genitiv ist also Otto von Habsburg*s*, *nicht* Otto*s* von Habsburg. Zusammensetzungen mit «Habsburger» sind in einem Wort zu schreiben (siehe auch *Schweizergarde / Schweizer Grenze*): z. B. Habsburgermonarchie.

**halbfertig**

**Hallwil:** Hallwilersee, aber: Hallwylstrasse, Hallwylplatz (in Zürich).

**Häm(o)...:** Zusammensetzungen mit dem Stamm Häm(o)... (gr. = Blut) sind mit *ä* zu setzen: Hämoglobin, Hämorrhagie, Hämopathie.

**Handvoll,** die; -, -

**Hardcover,** das; -s, -s

**Hardware,** die; -, -s

**Häufung von Präpositionen:** Unschöne Häufungen von Präpositionen entstehen, wenn in einen Satz zu viele Umstandsbestimmungen oder präpositionale Objekte hineingestopft werden: Die Tiere sitzen *unter vor* der *für* sie unerträglichen Hitze schützenden Dächern. Dem kann mit einem Nebensatz abgeholfen werden: Die Tiere sitzen unter Dächern, die sie vor der unerträglichen Hitze schützen.

**Haute Coiffure, Haute Couture, Haute Mode,** die; -: französische Départements aber mit Divis: Hauts-de-Seine, Haute-Garonne, Hautes-Pyrénées.

**HB Südwest**

**Headhunter,** der; -s, -

**Hedge-Fund,** der; -, -s

**Hedging-Strategien**

**Hehl,** das. Er machte kei*n* Hehl daraus.

**Hektare,** die; -, -n

**Helikopter,** der; -s, -: Wir verwenden die in der Schweiz übliche Form Helikopter und nicht Hubschrauber.

**Heliswiss,** nicht Helisuisse, heisst die Schweizerische Helikopter AG.

**«24 heures»:** Waadtländer Tageszeitung mit Sitz in Lausanne.

**Himalaja,** der; -[s]

**hinken, gehinkt** (*nicht* gehunken).

**Hizbullah,** der: schiitische Extremistengruppe. Wir versehen die libanesische «Partei Gottes» (Hizbullah) mit dem männlichen Artikel, weil wir so nahe wie nur möglich an der arabischen Version von «Partei» bleiben wollen. Im Arabischen ist Hizb männlich.

**Hoch-Ybrig**

**Hoechst:** Chemieunternehmen im Frankfurter Stadtteil Höchst.

**Hoesch:** Stahlwerke mit Hauptsitz in Dortmund.

**Holland:** siehe *Niederlande*.

**Home-Run,** der; -s, -

**Hörfunk** und Fernsehen sind in Deutschland zusammengefasst im Oberbegriff Rundfunk. (Siehe auch *Radio*.)

**Hors-d'œuvre,** das; -, -

**Hotels:** siehe *Anführungszeichen*.

**Hub,** der; -s, -s: Zentrum, Mittelpunkt, Angelpunkt. Knotenpunkt des internationalen Luftverkehrs.

**Hubschrauber:** siehe *Helikopter*.

**humanitäre Katastrophe:** Duden erklärt das Adjektiv humanitär mit «auf die Linderung menschlicher Not bedacht, ausgerichtet»: eine -e Organisation, -e Zwecke, -e Aufgaben. Das Wort humanitär bedeutet (gemäss Wahrig-Fremdwörterbuch) menschenfreundlich, wohltätig, mildtätig oder (so Duden) speziell auf das Wohl des Menschen gerichtet. Eine

Katastrophe ist sicher nicht humanitär. Auch dann nicht, wenn Duden neuerdings erklärt, dass damit eine Katastrophe gemeint sei, die eine grosse Anzahl von Menschen treffe. Nichts mehr anzufügen gibt es dem folgenden Hinweis, der der freien Enzyklopädie «Wikipedia» entnommen worden ist: «Der Begriff [...] ist sehr unglücklich gewählt, weil im Deutschen der Begriff humanitär mitmenschlich im karitativen Sinne bedeutet und es sich nicht um eine karitative, sondern um eine Menschen betreffende Katastrophe handelt. Die Verwendung der Formulierung humanitäre Katastrophe verrät (Achtung! Wertung) eine gewisse Schlampigkeit im Umgang mit der deutschen Sprache.»

**Hundschopf:** Name für eine Bergkuppe an der Lauberhorn-Rennstrecke. Schopf bedeutet in der Sprache der Einheimischen Berg-, Felsgipfel, Kuppe (und entspricht unserem Chopf, Kopf).

**Hungers sterben**

**Hyderabad:** Hauptstadt des indischen Gliedstaates Andhra Pradesh.

**HypoVereinsbank:** Kurzform für Bayerische Hypo- & Vereinsbank AG.

# I

**Ia Lage:** Ia steht für «prima» und wird ohne Bindestrich vorangestellt.

**iberoamerikanische Länder** sind Spanien, Portugal und die Nachfolgestaaten ihrer Kolonialgebiete in Mittel- und Südamerika.

**IJ:** In niederländischen Namen mit IJ (= ei) im Anlaut muss auch das *J* gross geschrieben werden: IJmuiden, IJssel, IJzendijke.

**iMac/Macintosh:** Computermarkenname.

**Index,** der; -es, ... dizes. Im Englischen werden zusammengesetzte Begriffe getrennt und ohne Bindestriche geschrieben (Swiss Performance Index). Für den Textbereich unseres Blattes gilt das aus dem Lateinischen stammende Index als deutsches Wort und wird in Zusammensetzungen mit nicht eingebürgerten Fremdwörtern gekuppelt: Swiss-Performance-Index; aber: Börsenindex.

**indirekte Rede:** siehe *Konjunktiv, gemischter Konjunktiv* und *Konjunktiv mit «würde»*.

**Industriebrache,** die; -, -n: nicht genutztes, brachliegendes Industrieland.

**in etwa:** Dieser völlig überflüssige neudeutsche Ausdruck ist zu ersetzen durch *etwa, ungefähr, annähernd*. (Siehe auch *Papier- und Formeldeutsch*.)

**Inflight-Service,** der; -, -s

**innenpolitisch/innerpolitisch:** innenpolitisch = die Politik des Innern betreffend; innerpolitisch = innerhalb der Politik.

**Inspekteur:** siehe *Generalinspekteur/ Inspekteur*.

**Intercity-Züge**

**Interieur**

**Internalisierung:** Diesen Ausdruck nicht verwechseln mit Internationalisierung. Man spricht zum Beispiel von der Internalisierung von Kosten, was bedeutet, dass die Kosten intern, also vom Verursacher, getragen werden müssen.

**Internationale,** die; -, -n: internationale Vereinigung der Arbeiterbewegung. Gleiche Deklination, aber ohne Mehrzahl: das Kampflied. (Beides substantivische Deklination; dagegen adjektivische Deklination beim Sportler in der Nationalmannschaft: Internationale, der/die; -n, -n.)

**Inuit:** siehe *Inuk.*

**Inuk,** der; -s, Inuit: «Eskimo»

**Inversion:** Wenn in einem Satz *aus wichtigen Gründen* eine Umstellung der normalen Wortfolge vorgenommen wird und zum Beispiel der Akkusativ statt des Nominativs an die erste Stelle gesetzt wird, können Missverständnisse entstehen, wenn der Akkusativ an der Spitze nicht als solcher erkennbar ist: *Die Leichen* von etwa hundert Menschen haben in den vergangenen Tagen Bergungsmannschaften aus den riesigen Trümmerhaufen geborgen; *Ingredienzien* eines Skandals enthalten Gerüchte um Verwicklungen eines Sekretärs in einen Spionagefall.

**IPO,** das: Initial Public Offering (Börsengang, Erstemission).

**Irak** ist immer mit dem Artikel zu setzen: *der* Irak, *des* Iraks, *im* Irak.

**Iran** hat, im Gegensatz zum Irak, keinen Artikel. Also *in* (nicht *im*) Iran; aber: im früheren Iran.

**Israel B'Aliya** (wurde früher *Baalia* geschrieben): Immigrantenpartei des früheren Sowjetdissidenten Nathan Sharansky.

**Israeli,** der/die; -s, - / -, -: Man unterscheide Israeli (Bürger des Staates Israel) von Israelit (der; -en, -en: Angehöriger der jüdischen Religion) und die entsprechenden Adjektive israelisch und israelitisch.

**israelische Namen:** In Israel ist Englisch zur allgemeinen Zweitsprache geworden. Die meisten Eigennamen werden englisch transkribiert. Korrespondenten und Nachrichtenagenturen orientieren sich ebenfalls an dieser Schreibweise. Die NZZ trägt dem Wandel Rechnung und geht zur *englischen Transkription* über (z. B. *Shimon* statt Schimon, *Tsomet* statt Zomet). Eingeführte Ortsnamen, etwa biblische Stätten, sind von dieser Regel ebenso wenig betroffen wie Eigennamen und Ausdrücke, die erkennbar eine deutsche oder jiddische Wurzel haben (z. B. Mischpoche).

**italienische Eigennamen:** siehe *französische und italienische Eigennamen.*

# J

**Ja:** Er sagt Ja, er sagt Nein; wir stimmen Ja, die Ja-Parole, die Ja-Stimmen.

**Jacht...:** Das vom niederländischen jachten (jagen, hetzen) stammende Wort Jacht wird in der seemännischen Schreibung in Anlehnung an das englische Wort yacht oft auch mit Y geschrieben. Wir verwenden in unserem Blatt Jacht, Jachtklub, Segeljacht usw. In Inseraten ist die Schreibweise mit Y (z. B. Yachtclub Männedorf) zu tolerieren.

**Jaeger-Le Coultre:** Uhrenmarke.

**Jahresweltbestleistung:** Nicht die Form Weltjahresbestleistung verwenden.

**Jahrzahlen:** Bei Zusammenzügen ist für «und» ein Schrägstrich, für «bis» ein Gedankenstrich zu setzen (siehe auch *bis*): 1903/04, 1939–45. Achtung: Gelegentlich muss auch bei auseinanderliegenden Zahlen der Schrägstrich stehen, z. B.: das Bundesgesetz von 1924/35 (d. h. das 1924 erlassene und im Jahre 1935 revidierte Gesetz).

Vor der verkürzten Jahreszahl darf im Deutschen (im Gegensatz zum Englischen) kein Apostroph gesetzt werden: Jahrgang 89. In Inseraten jedoch und bei in Anführungszeichen gesetzten Veranstaltungen kann der Apostroph vor der verkürzten Jahreszahl toleriert werden.

**Jangtse,** der; -: Fluss in China (nicht Yangtse).

**Ja-Sager:** Ebenso *Nein-Sager*.

**Ja und Nein bei Abstimmungen:** Je nach dem Verb des Satzes müssen einmal die Ja-Stimmen vor den Nein-Stimmen, ein andermal die Nein-Stimmen vor den Ja-Stimmen stehen.

Richtig ist: Das Sozialhilfegesetz wurde *mit 4717 Nein* gegen 3816 Ja *abgelehnt*. Das Forstgesetz wurde *mit 5658 Nein* gegen 2931 Ja *verworfen*. Die dritte Vorlage schliesslich wurde *mit 4083 Ja* gegen 3018 Nein *angenommen*. (Siehe auch *abgelehnt/angenommen*.)

**Jidda:** Hafenstadt in Saudiarabien.

**Jihad:** der; -: der Muslime heiliger Krieg zur Verteidigung und Ausbreitung des Islams.

**Johns Hopkins University,** Johns-Hopkins-Universität (Johns ist der Vorname des Gründers Hopkins).

**Joint Venture,** das; - -, - -s. Gemeinschaftsunternehmen mit internationalen Anteilseignern, das zur Durchführung eines einmaligen Vorhabens oder einer unbestimmten Zahl von Projekten gegründet wird.

**Jugend und Sport:** In unserm Blatt nicht Jugend & Sport oder Jugend + Sport schreiben. Hingegen als Abkürzung: J+S.

**Jugoslawien:** Rest-Jugoslawien, Ex-Jugoslawien mit Bindestrich.

**Junge:** Mit Junge wird vor allem im norddeutschen Sprachraum ein Kind männlichen Geschlechts bezeichnet. Wir verwenden dafür Knabe, Bub, Jugendlicher usw. Die in unserem Blatt erschienene Kurzmeldung «...hat ein zwölfjähriger Junge seinen elf Jahre alten Freund erschossen. Nach Angaben der Polizei hätten sich die Jungen in...» könnte dann so lauten: «...hat ein zwölfjähriger Bub seinen elf Jahre alten Freund erschossen. Nach Angaben der Polizei hätten sich die Kinder in...»

**Juni-Festwochen**

**Juniorminister:** In einer Regierung kann es mehrere Juniorminister geben. Für die Kommasetzung bedeutet dies: kein Komma, wenn dieser Titel dem Namen vorausgeht, also: Der Juniorminister XY sagte an einer Pressekonferenz...

**Junk Bond,** der; - -s, - -s
**Jupe,** der; -s, -s
**Jupon,** der; -s, -s
**Jura:** des Juras.

# K

**Kabarett,** in Namen auch Cabaret.

**«Kafi Luz»:** Die Zubereitung «verdünnter Kaffee mit Zucker und Schnaps» führt zum Endprodukt, das ursprünglich Luzerner Kaffee geheissen hat, also zum «Kafi Luz» (und nicht «Kafi Lu*tz*»).

**Kalkilya:** Stadt in Cisjordanien.

**Kalter Krieg** (für die Epoche 1948 bis 1989/91), hingegen kann es auch künftig *kalte* Kriege zwischen verfeindeten Gesellschaftsmächten oder Staaten geben.

**Kamin:** *das* Kamin = Schornstein, *der* Kamin = offene Feuerstelle.

**Kampuchea** gilt als Nebenform zu Kambodscha.

**Känguru,** das; -s, -s

**Kanzleizentrum,** aber: «Kanzlei»-Betrieb, «Kanzlei»-Abstimmung usw.

**Kapitol,** in Rom. Aber: das *C*apitol in Washington.

**Karosserie,** in Inseraten auch Carrosserie.

**Karpaten** (ohne h)

**Kasachstan:** kasachisch, der Kasache.

**Kaschmir** (Landschaft), aber: *Cashmere* (Stoff).

**Kasino,** das; -s, -s

**Kasusfehler** sind besonders häufig bei den Verben *bilden, bedeuten, darstellen* und *es gibt:* Der Film ist schon deshalb bemerkenswert, weil er ein*er* der wenigen Fälle bildet... (richtig: eine*n*). Aus diesem Dilemma gebe es ke*in* andere*r* Ausweg als die straffe Lenkung durch den Staat (richtig: kei*nen* ander*n* Ausweg). (Siehe auch *Akkusativ.*)

**Katastrophe/katastrophal:** Beim Gebrauch dieser Wörter ist Zurückhaltung geboten.

**Katastrophenhilfekorps**

**Kerosin** (Treibstoff): nicht Kerosen oder Kerosene.

**KGB,** das: Abkürzung für das sowjetrussische «Komitee für Staatssicherheit» (= ehemaliger sowjetischer Geheimdienst).

**Kibbuz,** der; -, die Kibbuzim

**Kick-down,** der; -s, -s

**Kick-off,** der; -s, -s

**Kilowatt/Kilowattstunde:** Diese beiden Massbezeichnungen dürfen nicht verwechselt werden. *Watt* (W), *Kilowatt* (kW) und *Megawatt* (MW) sind Leistungseinheiten, mit denen die *Kapazität* einer Stromerzeugungsanlage (Dynamo, Turbine, Elektrizitätswerk) ausgedrückt wird. In *Kilowattstunden* (kWh) dagegen misst man den *erzeugten Strom*. Eine Kilowattstunde entsteht, wenn ein Kilowatt eine Stunde lang geleistet wird.

**Kioto:** siehe *Kyoto*.

**Kirchen:** Bei allgemeinen, die verschiedenen Religionsgemeinschaften unterscheidenden Bezeichnungen wie *katholische Kirche, protestantische Kirche, evangelisch-reformierte Kirche, christkatholische Kirche* usw. ist das Adjektiv klein zu setzen; gross geschrieben wird das Adjektiv hingegen bei festen Namen kirchlicher Organisationen (Kirchgemeinden, Landeskirchen): die *Evangelisch-Reformierte Landeskirche des Kantons Bern,* die *Römisch-Katholische Kirchgemeinde Küsnacht.*

**kleine Kammer:** Ständerat.

**klein schreiben**

**Kleinschreibung eigentlich gross zu schreibender Wörter:** Der im Blatt erschienene Titel «ensemble ars viva zürich» wird zum Anlass genommen, Folgendes zu bestimmen: Wenn man weiss, dass sich eine Körperschaft klein schreibt oder dass ein bestimmter Namensbegriff klein geschrieben werden sollte, kann diese Schreibweise übernommen werden, sofern sie in Anführungszeichen oder in kursiver Schrift gesetzt wird.

**Klischee,** das; -s, -s

**Klub/Club:** Wenn allgemein vom Klub oder von einem Klub gesprochen wird, gilt einheitlich K-Schreibung. In Eigennamen mit C wird die C-Schreibung übernommen: Schweizer Alpenclub (SAC), Automobilclub der Schweiz (ACS), Aeroclub der Schweiz (AeCS), Touringclub der Schweiz (TCS), Verkehrsclub der Schweiz (VCS).

**km/h:** Wir setzen einheitlich in allen Ressorts diese Form, *auch im Sport.* Die Abkürzung km/Std. ist nicht zu verwenden.

**Knesset,** die

**Knock-out,** der; -s, -s

**Knonauer Amt:** Getrennt entsprechend der allgemeinen Regel über die von geographischen Namen abgeleiteten Wortformen auf -er. (He 1225 ff.; siehe auch *Schweizergarde / Schweizer Grenze.*)

**Knoten pro Stunde** ist falsch. *Knoten* heisst bereits: 1 Seemeile pro Stunde.

**Know-how,** das; -, -s

**Ko-** (z. B. Koproduktion) (Siehe auch *Co-Pilot, Co-Präsident.*)

**Kodex,** der; -es, ... dizes. Aber in rein lateinischen Namen und Wendungen: Codex Iuris Canonici.

**Kommandant,** nicht Kommandeur (ausser in historischen Bezeichnungen: Kommandeur der Ehrenlegion).

**Komparativ:** Verbindungen eines Adjektivs mit einem Partizip (nahe liegend, weit reichend) werden immer

getrennt geschrieben, wenn der adjektivische und nicht der verbale Teil gesteigert wird (näher liegend, weiter reichend). – Wird die Verbindung als Einheit empfunden, dann wird sie zusammengeschrieben und der Partizipteil wird gesteigert (naheliegender, weitreichender).
Falsch ist auf jeden Fall die zweifache Steigerung: näher liegender / näherliegender, weiter reichender / weiterreichender.

**Kondominium,** das; -s, Kondominien

**Konjunktiv:** Der norddeutsche Brauch, durchgehend den Konjunktiv II zu setzen statt des Konjunktivs I (also *hätte/wäre* statt *habe/sei*), ist nicht zu dulden. In der indirekten Rede steht grundsätzlich der *Konjunktiv I.* Nur wo dieser keine eigene Form hat, sich also mit dem Indikativ deckt, wird in den Konjunktiv II ausgewichen. Demnach hätte es im Blatt heissen müssen: «... behauptete der Mann, er *sei* (nicht *wäre*) von zwei Individuen bis vor die Haustüre verfolgt worden.» «Mit der Erstellung der Bahnhofpassage *habe* man gleich zwei Fliegen auf einen Schlag getroffen ... und anderseits *habe* (nicht *hätte*) man nicht einfach eine trostlose Betonpassage ...» (aber Plural: *hätten* sie ...). «Landammann Dr. Gottfried Hoby führte aus, Anfang Oktober *habe* (nicht *hätte*) ein Rapport der Kantonspolizei ein starkes Ansteigen der Drogenvergehen festgestellt.» (Siehe auch *gemischter Konjunktiv.*)

**Konjunktiv mit «würde»:** Falsch ist die Umschreibung des Konjunktivs mit «würde», wenn weder ein *passivischer* noch ein *futurischer,* noch ein *konditionaler* Sinn ausgedrückt werden soll. «In Moskau wurde erklärt, wohl *würden* seit mehreren Jahren chinesische Grenzverletzungen immer wieder *vorkommen; doch sei es absurd...*» (richtig: wohl *kämen ... vor*). «Es stehe aber nichts darin, was auf eine Verbindung mit der Kommunistischen Partei schliessen lasse; die Notizen *würden* sich auf den Nahostkonflikt *beziehen*» (richtig: *bezögen* sich). «... die russische Intervention in Afghanistan *würde* der kommunistischen Bewegung in einer Reihe von Ländern *schaden*» (richtig: *schade* der ..., denn die Intervention ist ja nicht mehr hypothetisch). «Harriman erklärte, jene, die mit den Russen zu tun gehabt hätten, *würden* die wenig skrupelhaften Methoden *kennen,* die sie anwendeten, um an ihr Ziel zu gelangen» (richtig: *kennten* die ...). «Premierminister Vanden Boeynants hat sich im Radio und im Fernsehen an die Bevölkerung des Königreichs gewandt, um ihr mitzuteilen, dem Land *würden* schwierige Monate bevorstehen» (richtig: *ständen* oder *stünden ... bevor*). Richtig dagegen: Der Minister sagte, es würden bald freie Wahlen abgehalten (*passivischer* Sinn; «würden» ist hier die Konjunktiv-II-Form des Hilfsverbs «werden»). Die Machthaber erklärten, sie würden in Zukunft keine Streiks mehr dulden (*futurischer* Sinn; «würden» ist hier die Konjunktiv-II-Form des Hilfsverbs «werden»). Er sagte, wenn sein Sohn mehr arbeiten würde, könnte er sich auch mehr leisten (*konditionaler* Sinn; die Konjunktiv-II-Form von «arbeiten» ist mit dem Indikativ identisch).
Wenn ein Missverständnis möglich wäre, kann die Form mit «würde» toleriert werden. Dies kann bei Verben

der Fall sein, bei denen der Konjunktiv II mit dem Präteritum übereinstimmt – also bei allen schwachen und manchen starken Verben.

**konkurrieren/konkurrenzieren:** Das intransitive «konkurrieren» (= mit anderen in Wettbewerb treten) darf nicht mit dem transitiven «konkurrenzieren» (= jemandem Konkurrenz machen) verwechselt werden. Die «Verschmelzung der beiden einander konkurrierenden Handelsgesellschaften» ist falsch. Man konkurrenziert *jemanden;* aber man konkurriert *mit jemandem.*

**Konsens,** nicht Konsensus

**kontaktieren/kontakten:** Im Textteil der NZZ sind diese beiden bildungssprachlichen Wörter unerwünscht.

**Kontaminationen** (Vermengung fester Redewendungen): Man hüte sich vor Vermengung fester Redensarten! «Auf einen *kurzen Nenner* gebracht, geht es darum ...» Man bringt etwas auf eine *kurze Formel* oder auf einen *gemeinsamen Nenner* – was allerdings nicht dasselbe ist. «Niemand *stört* sich daran ...» Nein, niemand *stösst* sich daran, oder es *stört* niemanden. Bei der *Angriffsscheibe* sind einem Korrespondenten wohl die *Zielscheibe* und *Angriffsfläche* durcheinandergeraten. Ein anderer schreibt von den «Sephardim, den *Abkommen* der 1492 aus Spanien vertriebenen Juden», statt von den *Nachkommen* oder *Abkömmlingen.* (Siehe auch *falsche Verben in festen Verbindungen.*)

**kontra-:** Alle Zusammensetzungen sind mit *k* zu schreiben: kontradiktorisch, kontraindiziert, Kontrapunkt. Die Präposition *contra* allein behält das *c:* Meier contra Müller. (Siehe auch *contra.*)

**kontrovers** kann sowohl eine Meinung zu einem umstrittenen Thema wie auch das Thema selbst sein.

**Konzil:** das Erste Vatikanische Konzil (das Erste Vatikanum), das Zweite Vatikanische Konzil (das Zweite Vatikanum).

**Koproduktion** (Siehe auch *Co-Pilot, Co-Präsident.*)

**koreanische Namen:** dreigliedrig, grosse Anfangsbuchstaben, z. B. Kim Il Sung (sein Titel «Grosser Führer»), Kim Jong Il (sein Titel «Geliebter Führer»).

**Korps:** das Diplomatische Korps.

**Kosovo** ohne Artikel schreiben. Also: Rückführung nach Kosovo, Entwicklung in Kosovo usw.

**Kosovo-Albaner,** kosovo-albanisch

**Kreateur,** der; -s, -e

**Kuppelwörter:** siehe *Bindestrich in Zusammensetzungen.*

**Kupplung:** Bahnamtlich sowohl für die Vorrichtung wie für den Hergang. Wir schliessen uns an und verwenden *Kupplung* statt Kuppelung, Kopplung oder Koppelung.

**Kupplungen, mehrfache:** Wenn die Bestimmung zu einem Grundwort aus Vor- und Geschlechtsnamen oder aus einem anderen mehrteiligen Namen besteht, werden die einzelnen Wörter mit Bindestrich verbunden: General-Guisan-Stiftung, Carl-Hilty-Strasse, Escher-Wyss-Platz, Kaspar-Escher-Haus, Doktor-Faust-Gasse, St.-Bernhard-Tunnel. Diese Regel gilt auch für alle anderen Zusammensetzungen mit mehrgliedriger Bestimmung: Pro-Juventute-Marken, Haus-zu-Haus-Dienst, Bodensee-Toggenburg-Bahn, Bern-Neuenburg-Bahn.

Der Bindestrich darf weggelassen werden, wenn die Bestimmungsglieder *in Anführungszeichen* vor dem Grundwort stehen: die «State of the Union»-Botschaft.

**kürzlich:** Dieses Adverb darf nur vor einem *Verbalnomen* (von einem Verb abgeleiteten Nomen) als Adjektiv verwendet werden. Korrekt ist: der kürzliche Besuch (= Verbalnomen von besuchen); falsch ist hingegen: das kürzliche Jubiläum.

**Kyoto:** Stadt und Verwaltungsgebiet in Japan.

# L

**Labor** (Party) (Laborpartei): Australien, Vereinigte Staaten.

**Laborist(in)** ist eine Berufsbezeichnung. Nicht etwa in Labor*ant(in)* umwandeln. Laboristen machen eine nur 2-jährige Lehre und sind für die Routinearbeiten im Labor ausgebildet.

**Labour** (Party) (Labourpartei): Grossbritannien, Neuseeland.

**Lafite-Rothschild,** Château (französischer Spitzenwein)

**Ländernamen und Städtenamen** mit voranstehendem Adjektiv werden nicht flektiert: des alten Russland, des heutigen Frankreich, des vereinten Europa, des historischen Freiburg. (Siehe auch He 154.)

**Land Rover:** Entgegen dem Duden-Eintrag «Landrover ®» schreiben wir dieses geländegängige Kraftfahrzeug getrennt gemäss den Angaben der Herstellerin Ford Motor Company.

**lang:** siehe *eh/lang/mal.*

**lateinische Namen:** Die «Studienkommission des Forums helveticum» enthält gleich zwei Fehler: Erstens unterstehen rein lateinische Namen nicht der deutschen Deklination, und zweitens werden im Latein, wie im Englischen, die von Länder- und Volksnamen abgeleiteten Adjektive gross geschrieben. Richtig ist also: des Foru*m H*elveticum.

**Lauerz, Lauerzersee,** nicht Lowerz.

**laufende Rechnung**

**launig/launisch:** Die beiden Begriffe nicht miteinander verwechseln. *Launig* bedeutet witzig, humorvoll, heiter; *launisch* hingegen ist launenhaft, wechselnder Stimmung unterworfen. Es hätte also nicht heissen dürfen: «Solschenizyn entschuldigte sich in seiner launischen Bankettrede mit ernsten Untertönen dafür, dass er der Nobelstiftung so viel Ungemach bereitet habe.»

**Layout,** das; -s, -s

**Lead,** das; -, -s: Gegen die falsche Verwendung des Lead durch die Agenturen soll angekämpft werden:

*Bern, 25. Nov. (sda)* Nicht irgendwelche Lücken in unserer Gesetzgebung seien schuld am steigenden Konsum von Betäubungsmitteln, sondern vielmehr die unbedachten Behauptungen, wonach der Genuss von Rauschgiften ungefährlich oder gar unschädlich sei. Repressive Massnahmen allein genügten also nicht, um der gegenwärtigen Suchtwelle Herr zu werden. Sie müssten unterstützt werden durch gezielte Aufklärungs- und Erziehungsaktionen. Dies ist die Antwort des Bundesrates auf eine Einfache Anfrage von Nationalrat Duss...

Der Leser wird irregeführt, wenn da abschnittlang Behauptungen oder Fakten aufgetischt werden, deren Autorschaft ihm erst am Schluss mitgeteilt wird: «Dies ist die Antwort des Bundesrates...» oder «Dies erklärte Regierungssprecher Copé...» oder «Das ist die Meinung Präsident Steineggers...»

Auch das falsche stilistische Lead ist zu korrigieren, d. h. jene Sätze, mit denen dem Leser zunächst ein paar Pronomen wie *er, sie, es, ihm, sein* an den Kopf geworfen werden; einige Zeilen weiter unten erfährt er dann endlich, wer mit diesem er, sie oder es gemeint ist:

Nachdem er es von der Strasse weg in ein nahes Wäldchen geschleppt und sich an ihm in unzüchtiger Weise vergangen hatte, erwürgte der einundvierzigjährige Max H. aus Starrkirch (SO) am Samstagabend das achtjährige Mädchen Bernadette G. aus Niedererlinsbach.

oder:

Weil sie ein Kilo Haschisch auf sich trugen, wurden laut der Aargauer Kantonspolizei gestern Vormittag beim Schweizer Zoll in Rheinfelden die beiden amerikanischen Soldaten Michael Pinelli und Reymond Diciccio festgenommen.

**Leader:** Die Form *Leaderin* ist nicht zu verwenden.

**Leadership,** die; -: Leitung, Führung, Führerschaft.

**Leben-Geschäft**

**Lefebvre, Marcel:** Erzbischof, Begründer des Seminars Ecône in Riddes (Wallis). Nicht Lefèbvre.

**Legenden:** Bei den Legenden wurde bisher auf den Satzpunkt verzichtet, wenn nur ein Name als Legende vorgesehen war. Probleme mit dieser Regelung gibt es aber bereits, wenn zwei Namen (mit und verbunden) unter dem Bild stehen oder wenn statt eines Vornamens eine Funktion steht (Präsident Samper). Wenn möglich, sollten nicht blosse Namen als Legenden verwendet werden. (Auch hier bestätigen wieder Ausnahmen die Regel, z. B. wenn eine Reihe Parlamentarier namentlich vorgestellt wird.) Die «Personenlegenden» sind zu ergänzen z. B. durch Hinweise («Isolde Kostner, die Siegerin.») oder durch ein Zitat oder durch eine Aussage zur Person («Den Koran beim Wort genommen: Nasr Hamid Abu Zaid.»).

**leidtun**

**Leitender Ausschuss:** Grossschreibung als Namensbegriff, wenn eine bestimmte statutarische Instanz gemeint ist.

**Lenk:** Ortschaft und Gebiet im Berner Oberland. Die Bedeutung des Namens ist «Längegg». Von da kommt die Begründung für das Setzen des Artikels: Wir waren in *der* Lenk. Als reiner Ortsname wird Lenk allerdings auch ohne Artikel verwendet.

**-les-, -lez-, -lès-:** Diese drei Formen, die als Bindeglieder in französischen Ortsnamen vorkommen, dürfen nicht vereinheitlicht werden: *-les-* ist der Pluralartikel und steht in Namen wie Lavey-les-Bains, Montceau-les-Mines usw. Davon zu unterscheiden ist die vom lateinischen *latus* abgeleitete, nur noch in Ortsnamen vorkommende Partikel *-lez-* (ältere Form) oder *-lès-* (neuere Form); sie bedeutet «bei» in Namen wie Plessis-lez-Tours und Montigny-lès-Metz.

**la lettre de faire part / le faire-part**

**letztendlich, schlussendlich:** Pleonasmen; *letztlich, endlich* oder *schliesslich* genügt.

**Libanon:** Wir unterscheiden Libanon (ohne Artikel) = Land, Staat; der Libanon = Gebirge.

**Lissabon:** Bei Ableitungen verdoppelt sich das *n:* Lissabonner, lissabonnisch.

**Liter:** siehe *Meter.*

**Live-Sendung**

**Longchamp:** Rennplatz bei Paris im Bois de Boulogne. Wird in deutschen Nachschlagewerken *fälschlicherweise* oft als *Longchamps* aufgeführt.

**Long-Term Capital Management**

**Long-Term Credit Bank:** japanische Bank.

**Lord** wird nur ohne Vorname gebraucht: *Lord Carrington.* Siehe aber *Sir.*

**LTTE** (Liberation Tigers of Tamil Eelam / Befreiungstiger von Tamil Eelam): Wir verwenden bei der Ausdeutschung oder auch mit dem Kürzel den Plural. Also: Die LTTE haben mitgeteilt... Die LTTE kämpfen für einen unabhängigen...

**Luftverkehrsgesellschaften:** Abgekürzte Namen von Luftverkehrsgesellschaften sind, in Abweichung von der allgemeinen Regel, einheitlich als *weibliche Einzahl* zu behandeln (da hinter der Abkürzung, deren genaue Auflösung wohl vielen Mühe machen würde, *die Gesellschaft* gesehen wird). Also: *die* SAS, nicht *das;* ferner: die AUA *hat*..., die PIA *ist*..., die AA *gibt* bekannt... Die ausgeschriebenen Namen empfinden wir ebenfalls als eine Einheit, und das folgende Verb steht demnach in der Einzahl: die Austrian Airlines *hat*..., die Pakistan International Airlines *ist*... Dasselbe gilt für Schifffahrtsgesellschaften.

**Lüttich** (statt Liège)

# M

**M1-Geldmenge, M2-Geldmenge:** nur mit einem Bindestrich.

**Macintosh/iMac:** Computermarkenname.

**Mafia:** Ursprünglich bezog sich der Ausdruck Mafia auf das organisierte Verbrechen in Italien und in den USA. Vermutlich nicht mit dieser Organisation identisch ist die russische Mafia. Trotzdem wird für das organisierte Verbrechen in Russland dieser Ausdruck gebraucht. Aber selbst wenn sie mafiaähnliche Strukturen aufweist, bezeichnen wir nicht jede Verbrecherorganisation als Mafia.

**Magistrat:** Darunter versteht man in Deutschland eine *Stadtverwaltung*. In diesem Sinn hat das Wort starke Deklination: des Magistrats, die Magistrate. In der Schweiz dagegen verwenden wir das Wort in der französisch-englischen Bedeutung: hohe *Amtsperson;* die Deklination ist schwach: des Magistraten, die Magistraten.

**Maisonnette,** die; -, -s

**Majestät:** Die zum Titel Majestät gehörenden besitzanzeigenden Fürwörter sind *gross* zu setzen: *Seine* Majestät, *Ihre* Majestät, *Eure* Majestät.

**Majestätsplural:** Wenn Kaiser, Könige oder der Papst in hochoffiziellen Verlautbarungen von sich selbst in der Wir-Form sprechen, so sind alle auf die sprechende Person bezüglichen Fürwörter gross zu schreiben: «Bevor Wir Frankreich verlassen, um nach Marokko zurückzukehren, legen Wir Wert darauf, zu betonen, dass Unser kurzer Aufenthalt . . .»

**Make-up,** das; -s, -s

**mal:** siehe *eh/lang/mal.*

**Malaia:** geographischer und ethnischer Begriff. Ableitungen: Malaie, malaiisch. *Malaysia:* politische Bezeichnung für den Bundesstaat, bestehend aus der Halbinsel Malaia, Sabah und Sarawak. Ableitungen: Malaysier, malaysisch.

**Malaise,** das; -s, -s

**Mal-Zeichen (×):** Als Mal-Zeichen ist × (und nicht x) zu verwenden. Zwischen zwei Zahlen wird das Zeichen ohne Abstand gesetzt: eine Fläche von 4×6 Metern. Aber: 2× 4-Zimmer-Wohnung (es sind 2 Wohnungen mit je 4 Zimmern) und 2×4-Zimmer-Wohnung (es ist 1 Wohnung mit insgesamt 8 Zimmern). Im Sportteil ist «mal» zu setzen: 4-mal 1500 m, 4-mal-100-m-Staffel (notfalls auch tolerieren: 4×100-m-Staffel).

**Management-Buyout,** das; -, - (Kurzform: Buyout): Form einer Unternehmensübernahme.

**Mannequin,** das; -s, -s: Nur wenn es sich um eine männliche Vorführperson handelt, ausnahmsweise: *der* Mannequin; dafür hat sich allerdings der Begriff «Dressman» eingebürgert.

**Mao Zedong** (nicht mehr Mao Tsetung) (1893 – 1976); chinesischer Politiker.

**Margrethe II.,** Königin Dänemarks.

**Marquisette,** die; -: gazeartiges Gardinengewebe.

**Matinee,** die; -, -n

**Maut,** die; -, -en (nicht Mautgebühr): Gebühr für Benutzung von Autobahnen, Brücken, Strassen und Tunneln.

**McDonnell Douglas:** Flugzeugfirma.

**Medellín:** Ort in Kolumbien. Aber: Medelliner, medellinisch.

**Méditerranée,** la (mer) Méditerranée; Adjektiv: méditerranéen, méditerranéenne; aber: Club Méditerranée. Club Med ohne é!

**Mefa:** Die Abkürzung für Metzgerei-Fachausstellung ist im Textbereich nur mit grossem Anfangsbuchstaben zu schreiben.

**Megève:** Wintersportort in Hochsavoyen (Frankreich).

**Mehreinnahmen** darf nicht als Synonym zu Überschuss verwendet werden. Mehreinnahmen gibt es nur im Vergleich zu andern Einnahmen, beispielsweise zu denjenigen des Vorjahres.

**Meisen:** Zunft(haus) zur Meisen, in der «Meisen» (nicht Mei*s*e).

**Membership,** die; -: Mitgliedschaft.

**Menu,** das; -s, -s

**Messwesen** (Bundesgesetz über das Messwesen [vom 9. Juni 1977])

**Metaphern:** siehe *bildliche Ausdrücke.*

**Meteo Schweiz** (nicht MeteoSchweiz)

**Meter,** der; -s, -: ein grüner Streifen von 20 Meter(n) Breite, aber: ein grüner Streifen von 100 Metern.
Aber: *das* Barometer, *das* Thermometer (siehe auch He 125).

**MEZ:** mitteleuropäische Zeit (nicht *M*itteleuropäische).

**MiG:** russisches Kampfflugzeug (nicht MIG oder Mig), MiG-21.

**Migros-Genossenschafts-Bund**

**Mikrofon,** das; -s, -e

**Militärflugplatz Dübendorf:** nicht Militärflughafen.

**Millionen/Milliarden:** Dafür gelten die Abkürzungen *Mio.* und *Mrd.* Die Abkürzungen sollen, vom Wirtschaftsteil abgesehen, nur in Ausnahmefällen gebraucht werden, etwa in Meldungen über Rechnungen, Budgets usw., beziehungsweise bei gehäuftem Vorkommen hoher Beträge. (Siehe auch *Franken/Fr.*)

**Minimum-Lendig-Rate,** der; -, -s: Eckzins, Mindestzinssatz.

**Minnelli, Liza:** amerikanische Schauspielerin und Sängerin.

**Minnelli, Vincente:** amerikanischer Filmregisseur.

**Minute:** Symbol für Minute *in technischen Arbeiten* ist *min,* nicht *Min.* oder *min.:* km/min, U./min usw. Als Abkürzungen nicht zu beanstanden sind: Sek., Min., Std. usw. (Siehe aber auch *km/h.*)

**minuziös**

**missglückt:** Das Wort ist fehl am Platz, wo das Gelingen vom Standpunkt der Allgemeinheit aus kein Glück wäre. Es ist also nicht von missglückten Raubüberfällen, missglückten Flugzeugentführungen und missglückten Sprengstoffanschlägen zu sprechen; *misslungen, gescheitert,* oder *verhindert* sind hier die angemessenen Ausdrücke.

**Missil,** das; -s, -e

**Mississippi,** des Mississippi.

**mit** wird oft pleonastisch verwendet: . . . ist mit eine der schönsten Städte, X ist mitbeteiligt an . . .

**mit ansehen / mit einbeziehen:** immer getrennt (Betonung deutlich auf beiden Gliedern).

**Mitte-Links-Regierung**

**Mohair,** der; -s, -s

**Mohammed** ist immer mit *zwei m* zu schreiben (wenn der *Prophet* gemeint ist). Mohammedanische Bruderschaft, Muslim-Bruderschaft (nicht anführen). Bei *Vornamen* ist die Schreibweise mit einem m ebenso zulässig wie auch die Formen Muhamad, Muhammad, Mahammad usw.

**Mohammedaner:** Wir verwenden dafür das Wort *Muslim(e).*

**Moll:** siehe *Dur, Moll.*

**Monatsnamen** (Abkürzungen):
1. Bei *separaten Datumzeilen* wird der Monatsname ausgeschrieben.
2. Bei einer in die Meldung *eingebauten* Datumzeile gelten folgende Bezeichnungen: *Jan., Febr., März., April., Mai., Juni., Juli., Aug., Sept., Okt., Nov., Dez.* (die in die Meldung eingebaute Datumzeile immer mit Punkt schliessen [Satzende]).
3. Wenn der Monatsname mit der Präposition *«im»* versehen ist, werden die abgekürzten Monatsnamen – abweichend von obiger Liste – ausgeschrieben: ... *im Januar, im August* (nicht: *im Aug.*). Ebenso gilt *Anfang Januar, Mitte Februar, Ende August.*
4. Bei den *«Luftschadstoffen»* sind die Monatsnamen auszuschreiben.

**Monitor,** der; -s, -en
**Monseigneur, Monsignore:** Abkürzung: *Mgr.*
**Montlhéry:** Dorf und Automobilrennstrecke in der Nähe von Paris.
**Mont Pèlerin:** Mont Pèlerin Society.
**Montreal Canadiens** (franz.): kanadischer Hockeyklub.
**Mouche,** die; -, -s
**Mousseline,** die; -, -n. Weicher, locker gewebter Woll- oder Baumwollstoff.
**Mujahedin,** die (nur Mehrzahl)
**multiple Sklerose:** Schweizerische Multiple-Sklerose-Gesellschaft.
**Münster** umschliesst im heutigen Sprachgebrauch den Sinngehalt von Kirche. Deshalb werden Bildungen wie *Fraumünsterkirche* als Pleonasmen empfunden. Richtig: im Fraumünster.
**Murten:** die Murtner, nicht Murtener.
**Muslim, Muslim-Bruderschaft:** der Muslim, des Muslims, die Muslime.

**Mutation** ist in erster Linie ein Fachwort der Biologie. Für «Änderung im Personalbestand» ist es ein typischer Helvetismus. Im International-Teil ist es daher zu vermeiden und zu ersetzen durch *Wechsel, Änderung,* gegebenenfalls *Revirement.*
**MvZ:** Meisterschaft von Zürich («Züri-Metzgete»).
**Mythos:** Die Form Mythus nur in Ausnahmefällen verwenden – z. B. Alfred Rosenbergs «Mythus des 20. Jahrhunderts».

# N

**nachdem:** Es gibt kein kausales, sondern nur ein temporales *nachdem*. Das Wort darf also nie für *weil* oder *da* stehen wie in folgenden falschen Sätzen: «Nachdem für die nächste Zeit kaum mit einem wesentlichen Abbau der Vorräte gerechnet werden kann, wurde die Produktion gedrosselt.» – «Nachdem er eine Eintrittskarte für den Boxkampf im Hallenstadion auf sich trug, wurde er verhaftet.» Richtig: Kurz nachdem er eingestiegen war, fuhr der Zug ab. Sein Leiden verschlimmerte sich, nachdem er pensioniert worden war.

**nächtlicherweile** ist richtig. Falsch: nächtlicherweise. Besser: nachts.

**Nafta,** das: Freihandelszone, umfassend Mexiko, die USA und Kanada (North American Free Trade Agreement).

**Nationalstrasse:** Siehe *Autobahn/Autostrasse.*

**Nebensätze,** besonders Relativsätze, *müssen am richtigen* Ort stehen. «Mit einer Reihe von Argumenten wird hier der Wandel gerechtfertigt, mit denen zugleich die Reste der Hallstein-Doktrin abgesichert werden.» Der Nebensatz müsste nach «Argumenten» eingeschoben werden. «Die Kunstwerke von Tinguely sind in 17 Schliessfächern neben der Schnellimbissbar aufgestellt, die noch bis zum 6. Dezember täglich von 18 bis 19 Uhr geöffnet werden.» Hier müsste der Nebensatz «die noch...» direkt nach «Schliessfächern» stehen.

**Necessaire,** das; -s, -s

**Négligé,** das; -s, -s

**Nein:** siehe *Ja.*

**Nein-Sager:** Ebenso *Ja-Sager.*

**«Nepszabadsag»:** ungarische Zeitung.

**neue Eisenbahn-Alpentransversale (Neat):** kann im Plural (Projekte am Lötschberg und am Gotthard) wie im Singular vorkommen. *Alptransit* ist der Name der Firmen, die für diese Projekte stehen. *Alpentransit* hingegen bezeichnet allgemein die Querung der Alpen (mit der Bahn oder auf Strassen).

**Neuheit/Neuigkeit:** Die beiden Ausdrücke bedeuten ganz Verschiedenes und dürfen deshalb nicht verwechselt werden. *Neuheit:* Zustand des Neuseins (den Reiz der Neuheit verlieren); etwas Neues, ein neues Produkt, eine Neuerscheinung (Neuheiten auf dem Büchermarkt, die letzte Neuheit auf dem Gebiet der Kunststoffe, grosse Auswahl an Neuheiten). *Neuigkeit:* neue Nachricht, etwas, was eben erst bekanntwird (jemandem eine Neuigkeit mitteilen, eine interessante Neuigkeit vernehmen). Oft wird fälschlich «Neuigkeit» statt Neuheit verwendet: «Der nepalesische Hartkäse stellt in Kathmandu eine konkurrenzfreie Neuigkeit (richtig: *Neuheit*) dar.» – «Diese Kombination ist eine Neuigkeit (richtig: *Neuheit*) auf dem Gebiet der Werkzeugmaschinen.»

**New York, New Yorker, new-yorkisch**

**NFA,** die: Neugestaltung des Finanzausgleichs und der Aufgabenteilung zwischen Bund und Kantonen.

**Nicht-Leben(-Geschäft)**

**nichtsdestotrotz:** Da hat irgendwann irgendwer spasseshalber nichtsdestoweniger und trotzdem vermischt. Ersetzen durch: trotzdem, trotz alledem.

**nichtssagend**

**nichts weniger als:** Richtig verwendet, ist diese Wendung gleichbedeutend mit «alles andere als»; Vorsicht vor Gebrauch im genau gegenteiligen Sinn.

**Niederlande:** «Holland» ist als Länderbezeichnung zwar umgangssprachlich korrekt, geographisch und politisch aber falsch; Holland ist eine Provinz in den Niederlanden. Wir verzichten auf «Holland», wenn die Niederlande damit gemeint sind.

**nigerianisch/nigerisch:** Bitte diese beiden Adjektive auseinanderhalten. Niger*ianisch* bezieht sich auf die Republik *Nigeria,* niger*isch* dagegen auf die (ehemals französische) Republik *Niger.*

**nonstop, Nonstop-Training;** siehe aber *Stopp.*

**Nord-Allianz,** afghanische

**nordatlantische Allianz, nordatlantisches Bündnis:** siehe *atlantische Allianz, atlantische Gemeinschaft, atlantisches Bündnis.*

**Nordische Kombination:** als Eigenname gross. Aber: die nordischen Disziplinen, die nordischen Wettkämpfe.

**nottun**

**Nukl...:** Alle Wortformen mit dem Stamm *Nukl...* sind mit *k* zu schreiben. Nuklein, Nukleon, nuklear. Aber natürlich (in lateinischen Ausdrücken): der Nucleus intercalatus.

**Nukleare Planungsgruppe** *(Nuclear Planning Group):* Gehört wohl zum Typus «reitende Artilleriekaserne». Trotzdem ist der Ausdruck als Namensbegriff so zu verwenden wie beispielsweise auch «reformiertes Pfarrhaus» oder «deutsche Sprachwissenschaft». (Siehe auch *Ausfuhrverbot nach Venezuela* und *reitende Artilleriekaserne, Seilbahnprojekt auf den Pilatus* sowie He 1761 ff.)

**NZZ** als Abkürzung für «Neue Zürcher Zeitung» (oder NZZaS für «NZZ am Sonntag») nicht anführen. Alle anderen abgekürzten Zeitungsnamen werden angeführt («LNN», «TA» usw.).

# O

**ob dem so bleibt . . .:** Der altertümliche Dativ in der Wendung «Dem ist (nicht) so» darf nicht auf *bleiben* übertragen werden.

**Obere Zäune:** Zürcher Strassenname; an den Oberen Zäunen.

**Occasion,** die; -, -en

**öffentlichrechtlich:** Gegenstück zu privatrechtlich.

**öfter:** Dieses Adverb darf nicht adjektivisch verwendet werden, also nicht ein öfterer Besuch.

**Olaf/Olav:** Hier handelt es sich *nicht* um zwei Schreibweisen desselben Namens, wie bei Gustaf/Gustav, sondern um zwei Namen ganz verschiedener Etymologie und verschiedener Aussprache (Olav = Olaw). Der ehemalige norwegische König heisst *Olav.*

**Olten:** Die Ableitung lautet *Oltner* (nicht Oltener).

**Olympia,** das; -: gehoben für Olympische Spiele. – Zusammensetzungen mit Olympia sind nur zu kuppeln, wenn die bessere Lesbarkeit dies verlangt: Olympia-Eid, Olympia-Auftrag. Keine Kupplung aber in so geläufigen Ausdrücken wie: Olympiasieg, Olympiamannschaft, Olympiaslalom, Olympiamedaillen.

**Olympiade,** die; -, -n: der Zeitraum von vier Jahren zwischen zwei Olympischen Spielen oder umgangssprachlich für Olympische Spiele.

**olympisches Komitee:** Die Landesorganisationen der olympischen Komitees gelten in der Vollform als Eigennamen; die Adjektive sind deshalb gross zu schreiben:

*S*chweizerisches *O*lympisches Komitee (SOK)

*A*merikanisches *O*lympisches Komitee (USOC)

*D*eutsches *O*lympisches Komitee (auch *N*ationales *O*lympisches Komitee für Deutschland)

*I*talienisches *O*lympisches Komitee

Ebenso:

*I*nternationales *O*lympisches Komitee (IOK)

Dagegen:

das nationale olympische Komitee

die nationalen olympischen Komitees Westeuropas

das olympische Komitee (der Schweiz und andere)

**Olympische Spiele:** Die Bezeichnung für die Gesamtveranstaltung, *Olympische Spiele,* sowie *Olympischer Kongress* sind als Eigennamen zu betrachten und gross zu schreiben. In andern Fügungen ist *olympisch* mit kleinem Anfangsbuchstaben zu setzen: olympisches Dorf, olympisches Edelmetall, olympischer Eid, olympische Fahne, olympische Feierlichkeiten, olympische Flamme, olympische Kämpfe, olympische Reitturniere.

**ominös:** Es sei an die Bedeutung dieses Wortes erinnert. Das vom Substantiv *Omen* (= Vorzeichen, Vorbedeutung) abgeleitete Adjektiv heisst nichts anderes als: von (schlimmer) Vorbedeutung. Der Missbrauch des Wortes für alles und jedes, was als fragwürdig, zweifelhaft oder verwerflich dargestellt werden soll, ist zu bekämpfen.

**Online-Broker,** der; -s, -

**Open Air,** das; - -s, - -s: Kurzform für Open-Air-Festival, Open-Air-Konzert usw.

**Open End,** das; - -

**«Open Sky»-Vertrag**

**Open-Source-Software:** Software, deren Quellcode frei zugänglich ist und von allen den eigenen Bedürfnissen angepasst, verändert und weiterverbreitet werden darf.

**Opus** hat, wenn ausgeschrieben, den grossen Anfangsbuchstaben, in der Abkürzung jedoch den kleinen: Opus 33, dieses Opus; aber: op. 33.

**Ordonnanz,** die; -, -en

**Orléans,** aber: New Orleans.

**ORTF** heisst Office de radiodiffusion-télévision française (nicht Organisation...). Also: *das* ORTF, *des* ORTF, *dem* ORTF.

**Orthopädist,** der; -en, -en: Berufsbezeichnung für Hersteller orthopädischer Geräte. (Siehe aber *Orthoptist*.)

**Orthoptist,** der; -en, -en: Berufsbezeichnung für Arzthelfer, der mitwirkt bei der Prävention, Diagnose und Therapie von Sehstörungen wie z. B. Schielen oder Schwachsichtigkeit. (Siehe aber *Orthopädist*.)

**Ortsnamen:** Falsch oder überhaupt nicht gesetzte Akzente sind eine ständige Quelle vermeidbarer Korrekturen. Auch die *mehrgliedrigen Namen* stehen oft falsch in den Manuskripten. Schweizerische *Ortsbezeichnungen* werden entsprechend den postalischen Reglementen mit Ae, Oe, Ue gesetzt. Was die französischen Namen betrifft, sei auf das Ortslexikon verwiesen. Für deutsche, italienische und rätoromanische Namen gelten gemäss dem «Amtlichen Gemeindeverzeichnis der Schweiz» folgende Vorschriften:

a) *Doppelnamen* (Gemeinde- oder Stationsnamen), die sich aus den Bezeichnungen von zwei verschiedenen Ortschaften zusammensetzen, werden *mit Bindestrich* geschrieben: Herrliberg-Feldmeilen, Arbedo-Castione, La Punt-Chamues-ch.

b) *Kein Bindestrich* ist zu setzen zwischen eigentlichem Ortsnamen und Beifügungen irgendwelcher Art (z. B. Quartiernamen): Zürich Stadelhofen, Saas Fee, Schinznach Bad, Davos Dorf, Willisau Stadt, Bosco Luganese.

c) Ein Schrägstrich ist zu setzen bei zweisprachigen Namen: Bosco/Gurin, Disentis/Mustèr.

d) Ist bei einem Ortsnamen die Angabe des Kantons nötig, so darf statt des ausgeschriebenen Kantonsnamens auch die amtliche Abkürzung (die dem Autokennzeichen entspricht) verwendet werden, also neben Muri (Bern), Biel (Baselland), Belfaux (Freiburg) auch Muri (BE), Biel (BL), Belfaux (FR). Gut lesbar ist ebenfalls Muri im Kanton Bern, Biel im Kanton Baselland, Belfaux im Kanton Freiburg.

e) Soweit bekannt und *gebräuchlich*, sind für italienische, französische und andere fremdsprachige Ortsnamen die deutschen Schreibweisen zu verwenden (siehe auch He 1811):

| | | |
|---|---|---|
| Delsberg | statt | Delémont |
| Florenz | statt | Firenze |
| Freiburg | statt | Fribourg |
| Murten | statt | Morat |
| Neuenburg | statt | Neuchâtel |
| Rom | statt | Roma |

usw. usf.

(Siehe auch *Flughäfen, schweizerische,* und *Übersetzungsschnitzer*.)

**Osama bin Laden:** siehe *Usama bin Ladin*.

**Ouverture,** die; -, -n

**Oxid:** Das Wort ist mit *i* zu schreiben, ebenso alle Ableitungen: oxidieren, Oxidation, Oxidase, Oxidoreduktion und alle andern Wörter auf -*id*. Hingegen bleibt das *y* bei allen Wörtern mit dem Präfix *Oxy-* (ohne -*d*): Oxygenium, Oxymetrie, Hydroxyl usw.

# P

**Palästinaproblem,** nicht Palästinenserproblem.

**palästinensische Städte,** nicht Palästinenserstädte.

**Palette,** die; -, -n: Mischbrett für Farben, auch Hubplatte für den Güterverkehr; die Palettierung.

**Palmarès,** der; -, -: Eine Auflistung von Erfolgen, Preisträgern, Siegern usw.

**Pan Africanist Congress** (PAC)

**Pan Am** (Holdinggesellschaft)

**Panmunjom:** Ort in Nordkorea.

**Panneau,** das; -, -x

**Panther,** der; -s, -

**Pantschen Lama,** der; - -[s], - -s: Neben dem Dalai Lama zweites geistliches Oberhaupt des (tibetischen) Lamaismus.

**Papier- und Formeldeutsch:** Zu diesen Ausdrücken, die dem guten Sprachgefühl widerstreben und die daher zu bekämpfen sind, gehören: *unter Beweis stellen* (Mit diesen 15 Toren stellte die Mannschaft ihre Abschlusskraft unter Beweis) statt *beweisen; in etwa* (Der Durchschnitt beträgt in etwa 5 Tonnen täglich) statt *etwa;* es *steht* zu erwarten statt: es *ist* zu erwarten; *ins Haus stehen* (Es steht ihm eine grosse Überraschung ins Haus) statt *bevorstehen; Stellenwert* (Es wird auf den europäischen Stellenwert dieser Landschaft aufmerksam gemacht) statt *Wert* oder *Bedeutung; Denkprozess einleiten* (Es ergeht eine Einladung an alle Verantwortlichen, auf allen Ebenen einen Denkprozess einzuleiten) statt z. B. *nachdenken;* einen *Denkanstoss geben* statt z. B. *aufmerksam machen.* Man sollte auch nicht zu oft *Weichen stellen* und *grünes Licht* geben für

irgendetwas . . . Weitere Modewörter, die möglichst zu vermeiden sind: *aufgleisen, auseinanderdividieren, ausklammern, blauäugig, gezielt, hinterfragen, hochkarätig, Klartext, optimal, problematisieren, relevant, rollenspezifisch, Sachzwänge, Selbstverständnis, sensibilisieren, thematisieren, wissen um, Zielsetzung, etwas steht im Raum, vor Ort . . .*

**Paragraph:** Für die Mehrzahl sind immer zwei Zeichen zu setzen: § 24, §§ 16 und 17, §§ 18–24 (siehe ebenfalls *Paragraphenzeichen* im Kapitel *Merk-Würdiges*).

**Parfum,** das; -s, -s; aber: parfümieren.

**Park Chung Hee:** südkoreanischer Politiker.

**Park and ride, Park-and-ride-Systeme**

**parlamentarische Initiative**

**Parlamentarischer Staatssekretär** (in der Bundesrepublik): gross als Titel.

**Partei Rechtsstaatlicher Offensive:** Partei in Deutschland

**Parteien und Fraktionen:** Hinter einem Personennamen wird die in Klammern gesetzte Partei- bzw. Fraktionsbezeichnung in der Regel klein und mit Abkürzungspunkt geschrieben. Dies gilt für alle schweizerischen Texte. Also: Gewählt sind Susanne Bernasconi-Aeppli (fdp.), Inge Stutz-Wanner (svp.), Bernhard Egg (sp.), Hans Fahrni (evp.) und Esther Hildebrand (gp.).

Fraktionsbezeichnungen gelten nicht als Eigennamen: sozialdemokratische Fraktion; Abkürzungen von Parteien, die sich zu einer Fraktion zusammenschliessen, mit Bindestrich: die Fraktion von EVP und EDU = (evp.-edu.)
Christlichdemokratische Volkspartei CVP
christlichdemokratische Fraktion (cvp.)

| | |
|---|---|
| Evangelische Volkspartei | EVP |
| in Ratsberichten: | (evp.) |
| Eidgenössisch-Demokratische | |
| Union | EDU |
| in Ratsberichten: | (edu.) |
| Frauen macht Politik! (ZH) | FraP |
| in Ratsberichten: | (frap.) |
| Freie Liste (BE) | FL |
| in Ratsberichten: | (fl.) |
| Freiheitspartei der Schweiz | FPS |
| in Ratsberichten: | (fp.) |
| Freisinnig-Demokratische Partei | FDP |
| freisinnig-demokratische Fraktion | (fdp.) |
| FDP des Kantons Solothurn | |
| (als Ausnahme) | FdP |
| Grüne Partei der Schweiz | GPS |
| Fraktion der Grünen Partei | (gp.) |
| Grünliberale (ZH) | GLP |
| in Ratsberichten: | (glp.) |
| Lega dei Ticinesi | Lega |
| in Ratsberichten mit Punkt: | (lega.) |
| Liberale Partei der Schweiz | LPS |
| liberale Fraktion | (lib.) |
| Partei der Arbeit | PdA |
| Vertretung der Partei der Arbeit | (pda.) |
| Schweizer Demokraten | SD |
| in Ratsberichten: | (sd.) |
| Schweizerische Volkspartei | SVP |
| Fraktion der Schweiz. Volkspartei | (svp.) |
| Sozialdemokratische Partei | |
| der Schweiz | SPS |
| sozialdemokratische Fraktion | (sp.) |

Bei Autorenzeilen (oder Hinweisen in Leserbriefen usf.) ist grundsätzlich zu unterscheiden zwischen Wohnortangaben oder Standesangaben. Standesangaben gehören zur Fraktionszugehörigkeit, Wohnortangaben nicht. Wohnortangabe: Kantonsrat Kurt Bosshard (svp.), Uster. (Kurt Bosshard wohnt in Uster.) – Standesangaben: Nationalrätin Jacqueline Fehr (sp., Zürich). (Jacqueline Fehr wohnt in Winterthur.) Ständerat Theo Maissen (Graubünden, cvp.). (Theo Maissen wohnt in Sevgein [GR].)

Das P in CVP, FDP, ÖVP usw. steht für Partei. Schreibweisen wie FDP-*Partei*leitung oder ÖVP-*Partei*vorstand sind zu ersetzen durch FDP-Leitung bzw. ÖVP-Vorstand.

**Partikel,** die; -, -n (in der Physik auch das; -s, -).

**Paschtunistan:** «Land der Paschtunen»; umstrittene Region zwischen Afghanistan und Pakistan.

**Patrou*i*lle, patrou*i*llieren**

**Patrouille Suisse**

**Pax Americana**

**Pechiney:** französischer Chemie- und Aluminiumkonzern, schreibt sich ohne Akzent.

**Pédicure,** 1. Fusspflege: die; - (ohne Plural). 2. Fusspflegerin: die; -, -s (oder -n)

**Pendolino,** der; -, -lini

**PEN-Klub**

**Penny:** hundertster Teil des englischen Pfundes. Mehrzahl bei Währungsangaben: Pence; für einzelne Pennystücke: Pennys. Abkürzung: p.

**Perestroika** (Umgestaltung): Bezeichnung für die vom ehemaligen Parteichef Gorbatschew in Gang gesetzten Reformen in der Sowjetunion. (Siehe auch *Glasnost.*)

**Perfekt:** Man achte darauf, dass das *Perfekt* (Vorgegenwart) nicht vollständig durch das Imperfekt (Vergangenheit) verdrängt wird. Im Zeitungsstil dient das Perfekt namentlich der sachlichen Mitteilung eines Tatbestandes. Wo ein neues Faktum zu melden ist, teilt man dieses zunächst im Perfekt mit. Der Hergang und die näheren Umstände folgen dann im Imperfekt, wobei das Vorausgegangene, in der Vergangenheit bereits

Vollendete selbstverständlich ins Plusquamperfekt (Vorvergangenheit) zu setzen ist. Als Muster für die richtige Verwendung der Zeitformen diene folgende Meldung:

*Mülhausen, 10. Mai. (sda)* Die Mutter des Basler Raubmörders Georges Duscher *ist* am vergangenen Mittwochnachmittag *verhaftet worden* (Perfekt). Sie *war* (Imperfekt) im Besitz von Rabattmarken, die sie in einem Basler Geschäft *gestohlen hatte* (Plusquamperfekt). Die 55-jährige Frau, Mutter von sieben Kindern, *wusste* (Imperfekt) von den drei Diebstählen, bei denen ihre Söhne und ein Komplize Geld, Fernsehapparate und Transistorradios *entwendet hatten* (Plusquamperfekt). Sie *ist* (Präsens) im Gefängnis von Mülhausen und *wird* (Präsens) der Mittäterschaft angeklagt.

Das Gesagte darf indessen nicht dazu verleiten, nun stur den ersten Satz ins Perfekt zu setzen, ohne Rücksicht auf den Zusammenhang. Das wäre natürlich ebenso falsch, wie wenn jede Meldung mit dem Imperfekt begänne. Der erste Satz steht im Perfekt, wenn er das Ergebnis einer Handlung oder eines Vorgangs gleichsam vorwegnimmt, die Schilderung des Vorgangs selbst folgt dann im Imperfekt. Wo die laufende Handlung indessen schon im ersten Satz beginnt, ist es selbstverständlich richtig, gleich mit dem Imperfekt zu beginnen, zum Beispiel wie in folgendem Text:

In Wald *wollte* gestern Donnerstag der Lenker eines Traktors, auf welchem sein Sohn und sein Vater *sassen,* das Gefährt auf einer abschüssigen Strasse wenden. Dabei *geriet* der Traktor . . . (Siehe auch *Plusquamperfekt.*)

**Periodikum,** das; -s, . . . ka
**per saldo,** aber: der Saldo.

**Personalcomputer,** der; -s, -
**Personennamen,** Kupplung: Doppelte Personennamen werden dann nicht gekuppelt, wenn die verheiratete Frau ihren Ledigennamen voranstellt:
Carla Wegmann Müller
Anita E. Calonder Gerster
Diese Schreibweise ist nach Manuskript zu setzen.

**Personenzug:** veraltete Bezeichnung für *Regionalzug* (Schweiz) oder *Nahverkehrszug* (Deutschland). «Personenzug» darf auch nicht verwendet werden für Express-, Intercity- und Schnellzüge. Die neutrale Bezeichnung *Reisezug* passt für alle Züge, die Personen befördern.

**Peshawar:** Stadt in Pakistan.

**PET-Flasche:** PET = Abkürzung für *Polyethylen-Terephthalat,* das zur Produktion von Chemiefasern (z. B. Trevira, Diolen) sowie von Formmassen, Getränkeflaschen u. a. verwendet wird.

**Pfannenstiel,** der: Bergzug und Gipfel am rechten Ufer des Zürichsees, 853 m ü. M.

**Phalange,** die: Partei in Libanon. Im Gegensatz zu der spanischen Falange schreiben wir das Wort mit Ph.

**Phantasie,** die; -, . . . ien (Einbildungs-, Vorstellungskraft)
**phantsievoll**
**phantastisch**
**-phon/-fon:** siehe *-fon/foto-/-graf.*
**photo-/foto-:** siehe *-fon/foto-/-graf.*
**PIN-Code** (PIN = Personal Identification Number).

**Piräus:** Der Name dieser griechischen Hafenstadt wird teils mit, teils ohne Artikel geschrieben. Die Tendenz verstärkt sich, ihn wegzulassen. Wir lassen vorläufig beides gelten, achten aber auf Einheitlichkeit im Artikel.

**Pisa:** Programme for International Student Assessment

**Pisa-Studie:** In dieser Studie werden wichtige Kenntnisse und Fähigkeiten von 15-jährigen Schülern gemessen.

**placieren, Placierung**

**Planet:** blauer Planet, roter Planet usw.

**Plastic** (Kunststoff) schreiben wir im Gegensatz zur *Plastik* (Bildhauerwerk) mit *c*. Zusammensetzungen kuppeln, wenn das Grundwort mit *k* oder *h* beginnt. Plastic-Kanister, Plastic-Hülle (nicht Plastickanister, Plastichülle).

**Playback,** das; -, -s

**Play-off,** das; -, -s

**Pleonasmen** sind eine *überflüssige* Häufung sinngleicher oder sinnähnlicher Ausdrücke: Diesem unüberhörbaren *akustischen Geräusch* ist ... In der seit fast einem Jahr von *tribalen Stamme*sunruhen heimgesuchten Provinz ... Die *Pflicht,* etwas tun *zu müssen.* Die *Erlaubnis,* etwas tun *zu dürfen.* Die *Fähigkeit,* etwas tun *zu können* ...

**Plural von Wörtern auf -y:** siehe -y/-ies.

**Plusquamperfekt:** Die verschiedenen Zeitschichten müssen beachtet werden. Wenn ein Geschehen im *Imperfekt* erzählt wird, muss die *Vorzeitigkeit* im Nebensatz durch das *Plusquamperfekt* ausgedrückt werden: «Immer noch flüchtig *waren* am Dienstag zwei Jugendliche, die am Montag in Basel eine Kioskinhaberin *ausraubten*» (richtig: *ausgeraubt hatten*). «Nachdem der Leiter der Kaderabteilung, Jan Svoboda, schon vor dem Machtwechsel sein Amt *verlor* (richtig: *verloren hatte*), musste auch sein Nachfolger ...» Noch schlimmer ist es allerdings, wenn das Plusquam-

perfekt dort steht, wo es unter keinen Umständen stehen dürfte, wie in diesem Satz: «In der Abfahrt ist der junge Franzose Besnard so schwer zu Fall gekommen, dass er mit einem Schädelbruch *liegengeblieben war*.» (Siehe auch *Perfekt*.)

**Pluszeichen in Firmennamen:** In Firmennamen verwenden wir kein Pluszeichen (+): Huber und Suhner, Gruner und Jahr, Suter und Suter usw. und *nicht* Huber + Suhner, Gruner + Jahr, Suter + Suter usw.

**Pole-Position:** Sportausdruck für günstige Startposition in einem Rennen.

**Politesse,** die: zusammengesetzt aus Polizei und Hostess (Hôtesse); Bezeichnung für eine (Hilfs-)Polizistin. Das Wort, in diesem Sinne verwendet, gehört für uns auf den Index. Wir verwenden an seiner Stelle: *Polizistin.* In der Bedeutung *Höflichkeit* ist es natürlich richtig.

**Politische Gemeinde:** Die Politische Gemeinde ist wie die Reformierte Kirchgemeinde der Gruppe von Eigennamen von Institutionen, Organisationen usw. zuzuordnen. Das Adjektiv wird gross geschrieben. Grossschreibung als Namensbegriff ebenso bei Politisches Gut (in der Gemeinderechnung).

**Polo per le libertà,** der: italienisches Mitte-Rechts-Bündnis (Synonyme: das Mitte-Rechts-Bündnis, die Mitte-Rechts-Koalition, der Freiheitspol, der Pol für die Freiheiten, der Centrodestra).

**Portemonnaie,** das; -s, -s

**Porträt,** das; -s, -s

**Portugiesisch:** Wohl gibt es im Portugiesischen die Akzente â, ê, ô; sie kommen aber nicht oft vor. Häufiger erscheint die *Tilde* (˜) auf den Buchstaben a und o, in der Regel vor e oder o, also bei Zwielauten: ãe, ão, õe. Der Buchstabe mit Tilde wird *nasaliert* ausgesprochen. Die «deutsche» Endung *-tion* zum Beispiel lautet auf portugiesisch: -ção, situação; Mehrzahl: situações. (Siehe auch *Akzente*.)

**Postcard**

**Postkonto:** Postalisch richtig werden alle zum Konto gehörenden Ziffern und Bindestriche ohne Zwischenraum gesetzt: 80-63426-9.

**postum** (nicht posthum)

**Potenzial,** das; -s, -e

**potenziell**

**Praesens-Film**

**prägnant:** knapp und treffend, genau. Obwohl «prägnant» vom lateinischen *praegnans* (schwanger, trächtig, voll, strotzend) abstammt, darf es nicht, wie im Englischen, im Sinne von schwanger, trächtig verwendet werden.

**Praliné,** das; -s, -s

**Prämierung, prämieren,** nicht Prämierung, prämiieren.

**Präpositionen:** Man kann nicht nach Belieben mit ihnen umgehen; die im Sprachgebrauch fest gewordenen Fügungen sind zu beachten. Die Presse sollte nicht *von,* sondern *über etwas* informieren. Die schweizerische Wachstumsrate sollte man nicht *als,* sondern *für* unzulänglich halten. Anderseits müsste es in dem Titel «Übereinstimmendes Urteil der Preisentwicklung» heissen «*über* die Preisentwicklung» oder «*Beurteilung* der Preisentwicklung». Die Rumänen sollten *auf der* statt *auf die* Gleichberechtigung *insistieren.* Es heisst: *an* der Konferenz, Tagung, Sitzung teilnehmen. Bei «Ghadhafis *Appell nach* einer Mobilisierung der arabischen Kräfte» ist es besser, das Substantiv auszuwechseln: Ghadhafis *Ruf nach* ... Nicht nur die Präposition ist falsch in dem Satz: «Bereits im Jahre 1943 ereignete sich fast an der gleichen Stelle *ein Flugzeugabsturz durch eine Morane.»* *Kasus* bei Präpositionen siehe die einzelnen Stichwörter. (Siehe auch *Häufung von Präpositionen*.)

**Premiere,** die; -, -n

**Prepaid Card,** die; - -, - -s

**President-elect:** Bezeichnung für den gewählten, aber noch nicht amtierenden amerikanischen Präsidenten.

[1] **Primat,** der; -s, -e: Vorrang, bevorzugte Stellung.

[2] **Primat,** der; -en, -en: höchstentwickeltes Säugetier.

**Price-Earnings-Ratio,** das; -, -s (Kurs-Gewinn-Verhältnis)

**Prime Rate,** die; - -: In den USA und in Kanada für erstklassige kommerzielle Bankkunden zur Anwendung kommender Zinssatz bei kurzen Laufzeiten. Hat die Funktion eines Leitzinses.

**Prime Time,** die; - -, - -s: Beim Fernsehen die Hauptsendezeit am Abend.

**Prix de l'Arc de Triomphe:** Flachrennen über 2400 m auf der Reitsportanlage Paris Longchamp. Da «Arc de Triomphe» ein Eigenname ist, wird der Name auch hier gross geschrieben.

**Promille:** Die Steigungen der Bahnen bewegen sich im Promille- und nicht im Prozentbereich. 50 Prozent Steigung würde bedeuten, dass auf einer Strecke von 100 Metern 50 Meter Höhendifferenz zu überwinden wären! Für eine gewöhnliche Bahn ist eine Höhendifferenz von 5 Metern (das sind 5 Prozent oder eben 50 Promille) schon sehr steil. – Die 1889 eröffnete und 4618 Meter lange Bahnstrecke von Alpnachstad nach Pilatus Kulm ist mit 48 Prozent Steigung die bis heute steilste Zahnradbahn der Welt.

**Pronunciamiento,** das; -s, -s: (Militär-)Putsch.

**Propfan-Flugzeuge** (mit kombiniertem Antrieb über Propeller und Kompressor [fan]).

**Prozedere,** das; -s, -s

**PubliGroupe:** Konglomerat um die Publicitas.

**Pump,** der; -s, -s: Damenschuhart (meist Mehrzahl: Pumps; *nicht* für geliehenes Geld zu verwenden).

**Punjab,** der, nicht Pandschab.

**Püree,** das; -s, -s

**Pusan:** südkoreanische Hafenstadt. Die japanische Form *Fusan* ist zu vermeiden.

**Putin, Wladimir Wladimirowitsch:** russischer Staatspräsident.

# Q

**Qala Jangi bei Mazar-e Sharif:** eine Festung.

**Qantas:** australische Fluggesellschaft (Queensland and Northern Territory Aerial Services).

**Quai,** der; -s, -s

**Quartier Latin**

**Quartil,** das; -s, -e: Ein Quartil ist einer der drei Werte, die eine Zahlenreihe in vier Gruppen unterteilen.

**Quebec:** Die ortsübliche Schreibweise des Adjektivs ist *québécois:* Parti québécois.

**Quentchen,** das; -s, - (eine sehr kleine Menge)

# R

**Radio** und Fernsehen sind in der *Schweiz* zusammengefasst im Oberbegriff Rundfunk. (Siehe auch *Hörfunk.*)

**Raffinement/Raffinesse/Finesse:** Wir setzen die Form *Raffinesse,* die eine Vermischung ist aus Raffinement und Finesse, auf den Index, obwohl sie in deutschen Wörterbüchern aufgeführt ist.

**Rafzerfeld,** das

**Rail-Bar**

**Raketen:** Raketen werden römisch nummeriert: Saturn V, Pershing IA, im Gegensatz zu den Raumkapseln, die arabische Nummern tragen: Apollo 17, Salut 7, Voyager 2. (Siehe auch *Satelliten.*)

**Rally,** das; -s, -s: Die französische Schreibweise Rallye ist zu vermeiden.

**Rangierbahnhof:** ist nicht das Gleiche wie ein Güterbahnhof.

**rasant:** Der Wandel von der ursprünglichen Bedeutung *flach, eintönig, langweilig* zu *sehr schnell* ist heute anerkannt: eine rasante Entwicklung, ein rasanter Vorstoss. Hingegen darf das Wort nicht verwendet werden, wenn nicht von Geschwindigkeit die Rede ist, also nicht im Sinn von *rassig, eindrucksvoll:* Die Filmdiva mit dem rasanten Busen, das rasante Rot ihres Lippenstifts.

**Räson,** die; -: Vernunft, Einsicht; jemanden zur Räson bringen. Aber die *Raison d'être* für: Existenz-, Daseinsberechtigung, Rechtfertigung.

**räsonieren**

**Rassemblement jurassien (RJ):** ehemalige jurassische separatistische Kampforganisation.

**Ratsprotokolle:** In den Protokollen des Zürcher Grossen Gemeinderates und des Zürcher Kantonsrates kürzen wir ab *Fr.* und *Mio.,* ausgeschrieben wird *Prozent.*

**Raumfähren:** Die Namen der Raumlandefähren werden (als Individualnamen) angeführt: die Raumfähre «Discovery».

**Raumfahrzeuge:** siehe *Raketen* und *Satelliten.*

**Realp/Rehalp:** Realp = ein Bergdorf am Fusse des Furkapasses im Kanton Uri; Rehalp = ein Gebiet im Zürcher Quartier Riesbach.

**Rechtsetzung, Rechtsprechung**

**rechtsläufig/rechtläufig:** rechtsläufig = von links nach rechts laufend; rechtläufig = im Sonnensystem vorherrschende Bewegungsrichtung der Himmelskörper, die, vom Nordpol der Ekliptik betrachtet, gegen den Uhrzeigersinn (also nach links) verläuft; Gegensatz: rückläufig.

**recyceln:** Dieses Wort ist durch *rezyklieren* zu ersetzen.

**Recycling,** das; -s

**Redaktorin/Redaktor,** die schweizerische Form von Redakteurin/Redakteur, schreiben wir in den Ressorts Zürich, Schweiz. In den anderen Ressorts gemäss Manuskript.

**Reduit**

**Reflation:** Bitte beachten, dass es neben Inflation und Deflation auch Reflation gibt als Gegenbewegung zu vorausgegangener Deflation.

**Regime,** das; -s, - (bei diesen Regimen).

**reitende Artilleriekaserne, Seilbahnprojekt auf den Pilatus:** Diese Typen eines falschen Ausdrucks – nämlich (vorangestelltes) Adjektiv oder (nachgestelltes) Attribut, die sich auf den ersten Teil eines zusammengesetzten Substantivs beziehen – kommen immer wieder vor: eine *gelbe Fieber*epidemie; *dauerhafte Investitionsgüter*produktion; der *Verteilungs*modus *der Beiträge;* der *Wunsch*katalog an *das Fernsehen;* das *Übersetzungs*recht in *fremde Sprachen.* Da gibt es nichts anderes, als in ein Wort zusammenzuziehen oder neu zu gliedern: eine Gelbfieberepidemie; Produktion dauerhafter Investitionsgüter; der Verteilungsmodus für die Beiträge; die Art, die Beiträge zu verteilen. (S. a. *Ausfuhrverbot nach Venezuela* und *Nukleare Planungsgruppe* sowie He 1761 ff.)

**Relativsätze:** siehe *Nebensätze.*

**Rencontre,** das; -s, -s

**Rendez-vous,** das; -, -

**Reservationen:** Das Wort darf im Deutschen nur für Zimmer- oder Platzreservationen verwendet werden, nicht im Sinne von *Reserven* oder *Vorbehalten.*

**respektive** ist zu ersetzen durch beziehungsweise.

**Rest-Jugoslawien**

**Résumé,** das; -s, -s

**Return on Equity** (Eigenkapitalrentabilität oder Eigenkapitalrendite)

**Return on Investment** (Kapitalrendite)

**Reuters:** internationale Nachrichtenagentur und Finanzinformationsunternehmen.

**rezyklieren** (nicht recyceln)

**Richter-Skala:** Skala zur Messung der Erdbebenstärke (nach dem amerikanischen Seismologen Ch. F. Richter).

**Rigi,** der

**«Ring des Nibelungen, Der»**

**Risk-Management,** das; -s

**Rock'n'Roll,** der; -[s], -[s]

**Roland-Garros,** Stade: Schauplatz des French Open.

**rollende Landstrasse**

**Rom,** der; -, -a: Angehöriger einer früher vor allem in den Ländern Ost- und Südeuropas lebenden nicht sesshaften Gruppe eines ursprünglich aus Indien stammenden Volkes.

**Romni,** die; -, -: weibliche Form zu Rom.

**Rossini, Gioachino:** Nach neusten Forschungen ist der Vorname des Komponisten nur mit *einem* c zu schreiben.

**Rote-Armee-Fraktion** (RAF): Beugung: der Rote-Armee-Fraktion.

**Rote Brigaden:** Terroristenorganisation in Italien.

**roter Halbmond, roter Kristall, rotes Kreuz:** Kleinschreibung der Adjektive beim Namen dieser Embleme.

**Rotes Kreuz:** Die Bezeichnungen für die Landesorganisationen sind einheitlich gross zu schreiben: Schweizerisches Rotes Kreuz, das Deutsche Rote Kreuz; ebenso: der Türkische Rote Halbmond. Auch: das Internationale Komitee vom Roten Kreuz (IKRK) und die Internationale Föderation der Rotkreuz- und Rothalbmond-Gesellschaften (IFRC). Ist aus dem Quelltext oder aus dem Kontext nicht ersichtlich, ob es sich um das IKRK oder um die IFRC handelt, ist auch die Schreibweise Internationales Rotes Kreuz erlaubt.

**rückwärts:** Dieses Adverb wird häufig falsch gebraucht. Es bezeichnet (im Gegensatz zu auswärts) die Richtung, nicht den Ort, darf also nicht für «hinten» stehen, sondern nur für «*nach* hinten». Falsch ist demnach: Eingang von rückwärts; die Haare müssen rückwärts kurz geschnitten sein. Fügungen wie «ein Schritt nach rückwärts», oder «der Sprung nach vorwärts» sind Pleonasmen; richtig: ein Schritt rückwärts, der Sprung vorwärts, der Sprung nach vorn.

**runder Tisch:** ein Gespräch am runden Tisch. Die Regel, nach der wir den runden Tisch klein schreiben, hat allgemeine Gültigkeit. Von dieser Regel ausgenommen sind institutionsähnliche Organisationen.

**Rundfunk** ist in der Schweiz Oberbegriff für die beiden Medien Radio und Fernsehen, in Deutschland für die Medien Hörfunk und Fernsehen.

**Russell, Bertrand** (oder **Lord Russell**): englischer Philosoph.

**Russische Föderation**

**russische Komponisten:** Es hat sich gezeigt, dass die Namen russischer Komponisten nicht nach denselben Grundsätzen behandelt werden können wie die Namen von Schriftstellern, Politikern und so weiter. Einige von ihnen leben oder lebten lange ausserhalb Russlands und haben zum Teil kaum mehr russisch geschrieben. Die Musikliteratur hält sich nun in der Regel an die orthographische Form, in der sich der betreffende Komponist selbst in Antiqua geschrieben hat. Folgende Namen gelten als richtig: Mussorgsky, Modest Petrowitsch; Prokofjew, Sergei Sergejewitsch; Rachmaninow, Sergei Wassiljewitsch; Rimski-Korsakow, Nikolai Andrejewitsch; Strawinsky, Igor Fe(o)dorowitsch; Tschaikowsky, Peter Iljitsch.

**russische Namen:** Russische Geschlechts- und Vornamen mit i-Auslaut nach *Vokal* sind einheitlich mit i, nicht mit j zu setzen: Tolstoi, Adschubei, Nikolai, Sergei, Alexei. – Folgt das auslautende -i (selten -y) einem *Konsonanten,* wird kein zusätzliches j

angehängt: Dostojewski, Gorki, Andrei Bely, Wassili, Jewgeni. – Bei der Transkription ins Deutsche wird nur w, nicht v verwendet: Wjatscheslaw Iwanowitsch Iwanow. – Diese Regelung gilt für bekannte Namen aus der Tagesaktualität und für «klassische» Russen, die in einem enzyklopädischen Lexikon aufgeführt sind. Verbindlich sind für uns der Duden («Rechtschreibung») und «Brockhaus». Für Russen, die im Ausland gelebt und gewirkt haben oder noch dort leben, gilt zum Teil eine andere Schreibweise: Wassily Kandinsky, Vladimir Nabokov. (Siehe auch *russische Komponisten.*)

**russische Revolution, bolschewistische Revolution:** nicht namenswertige Bezeichnungen für die Oktoberrevolution (vom November 1917 – nach dem damals in Russland geltenden julianischen Kalender Oktober 1917).

**russische Zeitungstitel:**
«Iswestija»
«Nowi Mir»
«Prawda»

**Ryder-Cup:** Benannt nach dem englischen Samenhändler Samuel A. Ryder, der erstmals 1927 den Golfpokal stiftete.

# S

**Saas:** Die Namen der vier Walliser Gemeinden Saas Fee, Saas Grund, Saas Almagell und Saas Balen sind ohne Bindestrich zu schreiben. (Siehe *Ortsnamen.*)

**sächsischer Genitiv:** Der sogenannte *sächsische Genitiv* (d. h. der vorangestellte Genitiv) kann in einem gewöhnlichen Zeitungstext zu hochgestochen klingen. Unbedenklich ist er in Fügungen wie *Chiracs Amtsantritt, Bushs Nahostpolitik, Israels militärische Lage.* Einer höheren Stilebene gehört er an, sobald der Artikel oder ein Attribut vorausgeht; er wirkt dann in einem banalen Text oft ungewollt komisch: *der Vereinigten Staaten nebelreichster Ort, des Verhafteten wüstes Geschimpfe, kleiner Kinder unerträgliches Geschrei.*

**«safe haven»:** «sicherer Hafen»

**Sahraoui,** der; -, -s: Bewohner der Sahara; in arabischer Aussprache und französischer Schreibweise. Adjektiv: sahraouisch.

**Saint Laurent, Yves:** Pariser Modeschöpfer(firma). Wird als Ausnahme von der Regel nach Saint ohne Bindestrich geschrieben.

**Saint Leger** (oder St. Leger) ist ein Pferderennen für dreijährige Hengste und Stuten über die Distanz von 3000 Metern. Dass diese Prüfung 1776 erstmals stattfand, ist Colonel Anthony Saint Leger zu verdanken. Anfänglich mussten die Pferde eine Distanz von 2800 Metern zurücklegen, und ab 1813 erhielt das Rennen die Distanz von 3200 Metern.

**Saisonnier,** der; -s, -s

**Salt:** Strategic Arms Limitation Talks. Salt I, Salt II. (Siehe *Start.*)

**Salut:** Bezeichnung für russische Raumstationen; nicht Saljut. Nummerierung arabisch. (Siehe auch *Satelliten.*)

**Samit** (Lappe[n]), der; des Samit, dem Samit, die Samit. Adjektiv: samisch.

**Sammet, Samt,** der; -s, -e

**SAM-Rakete:** *S*urface to *a*ir *m*issile (amerikanische Bezeichnung für russische Rakete).

**Samstag-Sonntag-Ausgabe:** Durchkupplung ist richtig. Auf dem Zeitungskopf aber Samstag/Sonntag, 26./27. April.

**San Jose** (Kalifornien)

**Sanktion** bedeutet zweierlei: 1. (meist im *Singular* verwendet) Bestätigung, Billigung, Zustimmung. 2. (meist im *Plural* verwendet) Massnahmen zur Bestrafung (eines Staates) oder zur Erzwingung eines bestimmten Verhaltens. Hingegen darf das *Verb sanktionieren* nur verwendet werden für gutheissen, anerkennen, Gesetzeskraft verleihen.

**Sanpaolo-IMI:** Turiner Grossbank.

**Sanremo:** amtliche Schreibweise für das frühere San Remo.

**Satelliten:** Nummerierte Weltraumsatelliten sind mit arabischen Ziffern zu schreiben: Landsat 4, Kosmos 1383. (Siehe auch *Raketen.*)

**säubern:** Gesäubert wird eine Partei, eine Armee, eine Verwaltung usw., nicht gesäubert aber werden von der Säuberung betroffene Personen. Falsch ist, von «gesäuberten ultralinken Ideologen», von einem «gesäuberten Lo Jiu-tschiang» zu sprechen, und der Satz «Er war schon während der frühen Stalin-Zeit gesäubert worden» müsste so geändert werden: «Er war schon ... einer Säuberung zum Opfer gefallen.»

**Sauce,** die; -, -n: Nicht *Sosse.*

**Schach:** Begriffe wie Französische Partie, Spanische Partie, Sizilianische Verteidigung, Königsindischer Angriff usw. sind als Eigennamen gross zu schreiben.

**Schal,** der; -s, -s

**Schanghai**

**scheinbar:** siehe *anscheinend/scheinbar.*

**Schenke,** die; -, -n

**schiefgehen** (ugs. für misslingen); die Sache ist schiefgegangen; aber: du sollst nicht so schief (mit schiefer Haltung) gehen!

**Schiffsnamen** grundsätzlich mit dem weiblichen Artikel setzen: *die* «Bismarck», *die* «Bremen», *die* «Glärnisch», *die* «Seeland», *die* «Nautilus». Ausnahmen gibt es, wenn das weibliche Geschlecht gekünstelt wirken würde, z. B. *der* «Fliegende Holländer», *der* «Rote Drache». – Die Schiffsnamen oft beigegebenen Kategoriebezeichnungen MS (= Motorschiff), TS (= Turbinenschiff), SD (= Schleppdampfer), SS (= Steam Ship), USS (= United States Ship) u. a. stehen ausserhalb der Anführungszeichen. Sie gehören nicht zum Namen, sind aber geschlechtsbestimmend: Die Taufe des MS «Switzerland».

**schimpfen, geschimpft** (nicht *geschumpfen*)

**Schizophrenie:** Das Wort sollte ausserhalb des medizinischen Bereichs mit grösster Zurückhaltung verwendet werden. Fachleute empfinden es als stossend, wenn dieser Fachausdruck für alles und jedes herhalten muss, was als widersprüchlich bezeichnet werden soll. Es gibt keine schizophrenen Ansichten, keine schizophrene Politik usw.

**schlechtmachen:** Im Sinne von Nachteiliges über jemanden oder über etwas sagen, herabsetzen, verächtlich machen entgegen Duden Zusammenschreibung.

**schlussendlich:** Pleonasmus; *schliesslich* oder *endlich* genügt.

**Schneller Brüter,** auch **Schneller Brutreaktor**

**Schrägstrich:** Heuer (1327, 1343, 1411, 1417–1419) und Duden 1 (im Kapitel Rechtschreibung und Zeichensetzung) führen bei den Beispielen zum Thema Schrägstrich lediglich eng zusammengehörende Wörter auf: Studenten/Studentinnen, das Paar Becker/Jelen, die Kolleginnen/Kollegen vom Betriebsrat, der Beitrag für März/April/Mai.
Im Blatt wurde der Schrägstrich bisher unterschiedlich gesetzt, wenn diese Wörter vor und hinter dem Schrägstrich erweitert worden sind. Wenn die Wörter vor und hinter dem Schrägstrich nicht eng zueinandergehören, setzen wir nun zusätzlich ein Viertelgeviert (im Trennbereich notfalls einen Wortzwischenraum) vor und hinter dem Schrägstrich bei folgenden Beispielen: Markus Thoma / Kurt Stadler (aber: Thoma/Stadler), auch: Markus Thoma / Stadler; Anfang März / Ende April (aber: März/April).

**Schuljahrbeginn** (nicht *Schuljahresbeginn*)

**schwanger:** Tiere sind *trächtig* und nicht schwanger.

**Schwangerschaftsabbruch:** Statt *Schwangerschaftsunterbrechung* ist einheitlich *Schwangerschaftsabbruch* zu setzen. Eine Schwangerschaft kann ja nicht unterbrochen (bzw. wieder aufgenommen) werden.

**Schwarzes Afrika (Schwarzafrika):** der Teil Afrikas, des Schwarzen Erdteils oder des Schwarzen Kontinents, der beidseits des Äquators zwischen Sahara und Südafrika liegt und von Schwarzen bewohnt wird.

**Schwarzes Loch:** Fachausdruck für die Bezeichnung eines in sich zusammenstürzenden Sterns. (Siehe auch *Grossschreibung der Eigennamen* im Kapitel *Die Umsetzung der Rechtschreibreform in der NZZ*.)

**Schweizergarde / Schweizer Grenze:** Fügungen mit von Orts- oder Ländernamen abgeleiteten Wortformen auf *-er* werden zusammengeschrieben, wenn eine Zusammensetzung mit dem *Bewohnernamen* vorliegt: Schweizergarde (Garde von *Schweizern*), ein harter Bernerschädel (Schädel eines *Berners*), Appenzellerhumor (Humor der *Appenzeller*). Getrennt wird geschrieben, wenn die Wortform auf *-er* sich auf den *Ort* oder das *Land* bezieht: Schweizer Geschichte (Geschichte der *Schweiz*), Schweizer Grenze (Grenze der *Schweiz*), das Basler Münster (Münster von *Basel*), der Solothurner Kantonsrat (Kantonsrat von *Solothurn*). Gelegentlich ist das Adjektiv *schweizerisch* vorzuziehen. *Strassen-, See- und Bergnamen* werden in der Schweiz ohne Rücksicht auf die Ableitung immer zusammengeschrieben: Andelfingerstrasse, Bielersee, Schaffhauserplatz, Zugerberg. Ebenso *Typenbezeichnungen:* Bündnerschiefer, Emmentalerkäse, Perserteppich, Schweizerfranken.

**Schweizerkreuz**

**Schweizervolk:** Die Bevölkerung der Schweiz kann Schweizer Volk (= *schweizerisches* Volk) oder auch Schweizervolk (= Volk der *Schweizer*) geschrieben werden. In unserem Blatt verwenden wir einheitlich die Schreibweise *Schweizervolk.* Ebenso auch *Zürchervolk, Schaffhauservolk* usw. (Siehe *Schweizergarde / Schweizer Grenze.*)

**Schwenker:** sollte nicht für «Schwenkung» verwendet werden.

**schweres Wasser**

**Science-Fiction(-Erzählung)**

**Security-Check,** der; -s, -s

**seit/seither:** Die beiden Wörter bedeuten «von einem bestimmten Zeitpunkt an bis zur Gegenwart». Sie dürfen deshalb nur bei Verben stehen, die ein andauerndes Geschehen, nicht bei solchen, die einen zu einem bestimmten Zeitpunkt abgeschlossenen Vorgang ausdrücken: «Er ist *vor* (nicht *seit*) einigen Monaten verreist und *seither* verschollen.» Es ist also falsch, wenn zu lesen ist: «Amonn, der sich *seit* über einem Jahrzehnt aus dem politischen Leben zurückgezogen hatte...» Oder: «Bis 1988 war die Firma eine Kollektivgesellschaft. *Seither* ist sie in eine Aktiengesellschaft umgewandelt worden.» Gilt auch für *ab:* «2002 wurde die Genossenschaft in eine Aktiengesellschaft umgewandelt», nicht «*Ab* 2002 wurde die Genossenschaft...»

**seitdem** *(Adverb):* «Sie ist letztes Jahr weggezogen; wir haben seitdem nichts von ihr gehört.» – «Seitdem» kann auch (im Gegensatz zu «währenddem») als *Konjunktion* einen Nebensatz einleiten: «Er ist nun mit seiner Frau viel auf Reisen, seitdem er pensioniert ist.» Besser: *seit.*

**seit je** oder **von jeher**

**Sekunde:** Symbol für Sekunde ist *s,* nicht *sek.* oder *sec:* m/s, m³/s, l/s usw.

Als *Abkürzungen* sind hingegen erlaubt: Sek., Min., Std. usw. (Siehe aber *km/h*)

**selbständig**

**Selbständigerwerbende,** ebenso: Nichtselbständigerwerbende bzw. Unselbständigerwerbende.

**Selbständigkeit**

**Seleger-Moor:** Nach Robert Seleger benanntes Hochmoorgebiet bei Rifferswil (ZH).

**Senegal:** Man unterscheide: Senegal (ohne Artikel) = Land, Staat; *der* Senegal = Fluss.

**sensibel** (dafür besser): empfindsam, feinfühlig.

**sensitiv** (dafür besser): heikel, empfindlich (darf nicht im Sinne von «sensibel» verwendet werden).

**Separee,** das; -s, -s

**Sestriere:** Wintersportzentrum in Oberitalien. Nicht Sestrière.

**Sex-Appeal,** der; -s

**Shareholder Value,** der; - -, - -s (Aktionärswert, Unternehmenswert)

**Shas** (bisher *Shass* geschrieben): israelische, orthodox-religiöse Partei.

**Sheba-Farmen, Sheba-Höfe:** siehe *Chebaa-Höfe.*

**Shoah:** neuhebräische Bezeichnung für den Holocaust (Massenmord durch Verbrennen) während der nationalsozialistischen Herrschaft.

**Shoppingcenter,** das; -s, -

**Shop-Ville,** das; -: Bahnhofplatzunterführung (offiziell: Bahnhofpassage) mit Ladenstrasse in Zürich.

**Showbusiness,** das; -

**Siders,** nicht Sierre.

**Silicon Valley**

**Silvester,** der; -s, -: Diese nach Papst Silvester I. genannte Bezeichnung für den 31. Dezember wird mit *i* und nicht mit y geschrieben.

**Sinfonie:** Die Redaktion entscheidet, wenn ausnahmsweise S*ymph*onie im Text stehen soll.

**Sinn Fein:** Partei in Irland. (Siehe auch *Fianna Fail, Fine Gael.*)

**Sinn machen, keinen Sinn machen:** Anglizismus. Richtig: Etwas hat Sinn, ist ohne Sinn, (er)gibt keinen Sinn, ist sinnvoll.

**Sir** nur mit Vorname; siehe aber *Lord.*

**Sisi** (nicht *Sissi*): Elisabeth, Kaiserin von Österreich und Königin von Ungarn. In Werktiteln (Filme) aber nicht abändern.

**Sitten,** nicht Sion. Aber in Eigennamen: FC Sion.

**sitzenbleiben** (für: in der Schule nicht versetzt werden, nicht verkaufen können)

**sitzenlassen** (für: in der Schule nicht versetzen, im Stich lassen)

**Six Days,** die (Mz.): kurze und substantivierte Form mit Eigennamencharakter des in voller Form Six-Day Race genannten Sportereignisses (das früher schlicht 6-Tage-Rennen hiess).

**Ski,** der; -s, -

**Skikjöring,** das; -s, -s: Sportart, bei der ein Skiläufer von einem Pferd oder einem Motorrad gezogen wird.

**Skopje:** Hauptstadt Mazedoniens. Der Name dieser Stadt hat drei Formen: *Skopje* (mazedonisch), *Skoplje* (serbokroatisch) und *Üsküp* (türkisch). Wir verwenden einheitlich die ortsübliche Form *Skopje.*

**Smalltalk,** der; -, -s

**Smithsonian Institution** (oder Smithsonian-Institut): Vom englischen Wissenschafter James Smi*th*son gestiftetes und 1846 durch Kongressbeschluss begründetes amerikanisches Forschungsinstitut mit Sitz in Washington.

**SMUV,** der: Abkürzung für Gewerkschaft Industrie, Gewerbe, Dienstleistungen (vormals: *Schweizerischer Metall-* und *Uhrenarbeitnehmer-Verband*). Der SMUV ist seit dem 1. Januar 2005 in der neugegründeten Gewerkschaft Unia vereint mit der Gewerkschaft Bau und Industrie (GBI), der Gewerkschaft Verkauf, Handel, Transport, Lebensmittel (VHTL) und der 1996 gegründeten «unia», der Gewerkschaft für die Angestellten im Verkauf, Gastgewerbe und Bankensektor.

**Snowmobil** ist orthographisch und grammatisch wie *Automobil* zu behandeln. Besser ist übrigens: *Motorschlitten.*

**so dass**

**Software,** die; -, -s

**sogenannt**

**Soiree,** die; -, -n

**Solidarnosc, «Solidarität»:** polnische Gewerkschaftsbewegung.

**Somali/Somalier:** Beide Ausdrücke sind richtig, jeder an seinem Ort: Somali (Mz. die Somali) = Angehöriger des Somalistammes; Somalier = Bürger des Staates Somalia. Ein Somali braucht kein Somalier und ein Somalier kein Somali zu sein.

**Sonnabend:** Dieser norddeutsche Ausdruck ist – ausgenommen in Zitaten – zu vermeiden. An seiner Stelle ist *Samstag* zu setzen.

**Sonntagszeitungen:** «NZZ am Sonntag» (Neue Zürcher Zeitung AG), «Sonntags-Blick» (Ringier), «Sonntags-Zeitung» (Tamedia), «Die Südostschweiz am Sonntag» (regional) (Südostschweiz Presse AG).

**Soufflee,** das, -s, -s

**soziale Marktwirtschaft:** Kleinschreibung des Adjektivs beim Begriff soziale Marktwirtschaft, die im Interesse der sozialen Gerechtigkeit gewisse Beschränkungen unterliegt oder die ausgeprägte soziale Eigenschaften aufweist.

**Soziale Marktwirtschaft:** Grossschreibung beim Begriff für die Wirtschaftsordnung, die in der Bundesrepublik Deutschland insbesondere durch den Bundeswirtschaftsminister und späteren Bundeskanzler Ludwig Erhard (1897 – 1977) politisch durchgesetzt worden ist bzw. die nach diesem Muster vor allem in den deutschsprachigen Ländern realisiert wurde.

**Spaghetti**

**«Spanisch-Brötli-Bahn»**

**spanische Eigennamen:** Eigennamen politischer Parteien und Organisationen sowie öffentlicher Körperschaften werden gross geschrieben. Guardia Civil, Sendero Luminoso, Partido Socialista Obrero Español, Prensa Latina.

**Spanischer Bürgerkrieg:** 1936–1939.

**speisen, gespeist** (nicht *gespiesen*)

**Spinoff,** der; -, -s: Im Wirtschaftsbereich Bezeichnung für die Gründung einer neuen Firma durch Ausgliederung eines Teils einer bestehenden Firma.

**Spitzmarken:** Meldungen, die durch Spitzmarke eingeleitet werden, dürfen logischerweise nicht in Abschnitte unterteilt werden.

[1] **Split:** kroatische Stadt.

[2] **Split,** der; -, -s: englisches Wort für Teilung, z. B. Aktien*split*.

**Splitt,** der; -(e)s, -e: körniges Gestein für Strassenbelag mit Korngrössen von 7 bis 30 Millimetern.

**SPÖ** (nicht *SPOe*)

**Sportresultate:** sind einheitlich so zu schreiben: Rose/Hartwig (Australien)

- Zalzal/Ras (Ägypten/Schweiz) 6:0, 2:2. Also Schrägstrich zwischen Namen von Paaren, Bindestrich mit Zwischenraum für «gegen» und Doppelpunkt für «zu». Fügungen wie «ein 3:1 (0:0, 1:1, 2:0)-Sieg sind zu vermeiden. Richtig hingegen: «ein 3:1-Sieg (0:0, 1:1, 2:0)», 6:3-5:2-Sieg.

**-sprachlich, -sprachig:** Diese zwei Adjektive sind nie austauschbar; jedes bedeutet etwas Besonderes. Fremdsprach*liche* Literatur ist Literatur *über* fremde Sprachen, fremdsprach*ige* Literatur dagegen ist Literatur *in* fremden Sprachen; bei französischsprach*igem* Unterricht wird irgendein Fach auf Französisch erteilt, bei französischsprach*lichem* Unterricht ist die Sprache Französisch selbst Gegenstand des Unterrichts.

**Staatsbesuch:** Dieser Ausdruck ist protokollarisch für den Besuch eines Staatsoberhauptes bei einem andern Staatsoberhaupt reserviert. Offizielle Besuche von Regierungschefs und Ministern sind keine Staatsbesuche.

**Staatspolitische Kommission:** Sowohl die Staatspolitische Kommission als auch die Aussenpolitische Kommission des Ständerates und die des Nationalrates sind feste Institutionen. Das Adjektiv ist deshalb jeweils gross zu schreiben.

**Stagflation:** Kunstwort aus *Stag*nation und In*flation;* Fachausdruck der Nationalökonomie; kennzeichnet einen Wirtschaftszustand, der bei *stag*nierender Nachfrage und Produktion zusätzlich noch die Kennzeichen der In*flation* (steigende Preise und Löhne) aufweist.

**Stakeholder Value,** der; - -, - -s: Für mit der Firma verbundene Gruppierungen (z. B. Mitarbeiter, Kunden, Lieferanten) massgebender Unternehmenswert.

**Stand-by,** das; -, -s

**Stand-by-Kredit:** Kreditlimite, welche für einen bestimmten Zeitraum zugesichert wird, oder Überbrückungsoder Bereitschaftskredit für ein Land oder eine Zentralbank bei Zahlungsbilanzschwierigkeiten.

**Ständige Vertretung**

**Starfighter,** der; -s, -: Kampfflugzeug.

**Start:** Strategic Arms Reduction Talks (Gespräche über die Reduzierung der strategischen Rüstung). Start-Gespräche. (Siehe *Salt.*)

**Startup-Unternehmen:** Soeben gegründete Unternehmen.

**statt (anstatt):** *Präposition* mit Genitiv (nicht Dativ): statt ein*es* Hund*es*... Man gab ihm Ratschläge statt sein*es* Lohn*s.* Auch als *Konjunktion:* Man gab ihm Ratschläge statt sein*en* Lohn. (Der Kasus hängt hier vom Verb ab, nicht von «statt».)

**an Eides Statt**

**an Kindes Statt**

**an Zahlungs Statt**

**stattgefundene Sitzung:** Das 2. Partizip intransitiver Verben kann nur dann als Attribut bei einem Substantiv stehen, wenn es mit *sein,* nicht aber, wenn es mit *haben* konjugiert wird. Richtig: der zurückgetretene Präsident (der Präsident *ist* zurückgetreten); falsch: der abgedankte Präsident (der Präsident *hat* abgedankt). Falsche Fügungen dieser Art finden sich häufig. Ähnlich, mit falsch verwendetem transitivem Verb: das die Familie betroffene Unglück. (Siehe auch He 48 ff. und 1765 ff.)

**Stengel,** der; -s, -

**Stephanstag:** 26. Dezember. Gedenktag zu Ehren des heiligen Stephanus.

**St. Gallen:** St. Galler, sankt-gallisch, im Sankt-Gallischen.

**stille Wahl:** Ernennung des oder der Kandidat(inn)en mit Zustimmung aller Parteien oder Gruppierungen ohne eigentlichen Wahlakt.

**St. Leger:** siehe *Saint Leger.*

**Stopp** und alle seine Zusammensetzungen sind mit *pp* zu setzen: Stopplicht, Stoppuhr, Stoppstrasse. (Siehe auch *nonstop, Nonstop-Training.*)

**Street Parade,** die; - -, - -s

**Strich bei Aufzählungen:** s. *Aufzählungen.*

**substanziell**

**Substantivierung von Verben:** Bitte Vorsicht. Wo es zwei Formen gibt, bedeuten sie oft nicht dasselbe. Wenn eine Ziegelei eingeht, darf man nicht vom «*Eingang* dieser Ziegelei», man muss vom «*Eingehen* dieser Ziegelei» sprechen, und beim «*Fischaussatz* im Etang de la Gruère» wird der Leser zur irrtümlichen Meinung verleitet, die Fische in diesem See seien vom Aussatz befallen. «*Abriss*» bedeutet (auch) kurze Darstellung, Entwurf, wissenschaftliche Übersicht und sollte nicht für das Abreissen eines Hauses verwendet werden. Und statt «*Machterhalt*» sagt man besser (wenn überhaupt) Machterhaltung.

**subsumieren:** falsch mit zwei m. Das Wort hat mit *Summe* nichts zu tun, wohl aber mit lateinisch *sumere* = nehmen; subsumere = darunternehmen, unterordnen.

**Sudden Death,** der; - -, - -: Spielentscheidung im Sport durch das erste Goal in der Verlängerung.

**Sudden Infant Death Syndrom (SIDS):** plötzlicher Kindstod.

**Südlibanesische Armee**

**Suhrental**

**Suisse Open**

**Super-GAU,** der; -s, -s: (umgangssprachlich emotional verstärkend) allergrösster GAU (siehe *GAU*).

**Supplément,** das; -, -s

**«Svenska Dagbladet»:** siehe *«Arbeiderbladet».*

**Swimmingpool,** der; -s, -s

**Swiss:** schweizerische Fluggesellschaft.

**Swiss International Air Lines Ltd.:** Firmenname der schweizerischen Fluggesellschaft Swiss.

**Swiss-Market-Index**

**Swissminiatur** (Melide)

**Swiss-Performance-Index**

**Sydney/Sidney:** Neben den Städten Sydney (Australien) und Sidney (USA) gibt es noch eine ganze Anzahl kleinerer Ortschaften dieses Namens, von denen sich die einen mit *y,* die anderen mit *i* schreiben.

**Symphonie:** siehe *Sinfonie.*

**Synod,** der; -s, -e / **Synode,** die; -, -n: Es ist zu unterscheiden: *der* (Heilige) Synod (oberste Behörde der russischen orthodoxen Kirche) und *die* Synode (Abgeordnetenversammlung einer Kirche).

**Syrer:** Die Bewohner des heutigen Syrien werden als *Syrer,* nicht als Syrier bezeichnet.

# T

**-tägig/-täglich:** Die Suffixe -ig und -lich bei Zeitangaben müssen auseinandergehalten werden: *-ig* bedeutet die Dauer, *-lich* die Wiederholung. Nicht eine «vierzehntägig herausgegebene Zeitung», sondern eine vierzehn*täglich* erscheinende Zeitung.

**Takeover,** der; -, -s: Übernahme eines Unternehmens bzw. einer Unternehmensleitung.

**Talib,** der: Mitglied der Taliban.

**Taliban,** Plural, die; (= Studenten) eine Truppe von Religionsstudenten und Kämpfern in Afghanistan.

**Tallinn:** Hauptstadt von Estland.

**Tantième,** die; -, -n

**Task-Force,** die; -, -s

**Tax-free-Shop,** der; -s, -s

**Tea-Room,** der; -s, -s

**Technischer Delegierter, Technische Kommission, Technischer Leiter:** In einzelnen Verbänden oder Organisationen, beispielsweise im Schweizerischen Skiverband, sind dies feste Bezeichnungen statutarischer Instanzen. In diesen Fällen sind sie gross zu schreiben.

**Technologie, technologisch:** Der seit 200 Jahren in der deutschen Sprache bestehende Unterschied zwischen Technik und Technologie ist verblasst. Ursprünglich war die Technologie nur ein kleines Teilgebiet der Technik, nämlich «die Lehre von der Umwandlung des Rohstoffs ins Fertigfabrikat». Die vom Englischen herkommende Verwischung dieses Unterschieds ist zu tolerieren.

**teils** ist nur in Gegenüberstellung *teils … teils* zu verwenden. Der Satz: «Die Passagiere trugen teils schwere Verletzungen davon», ist falsch.

**Teilstaat:** siehe *Bundesstaat.*

**Telecom/Telekom:** Wird das Wort als Verkürzung des sachlichen Begriffs Telekommunikation verwendet (Synonym für Fernmeldewesen), so wird es einheitlich mit k (Tele*k*om) geschrieben. Anders verhält es sich, wenn das Wort im Zusammenhang mit einer nationalen Fernmeldegesellschaft verwendet wird, die den Begriff Telekom/Telecom in ihrem Namen enthält. Massgeblich ist dann die firmenspezifische Schreibweise.

CH: Swisscom

D: Deutsche Telekom (DT)

F: France Télécom

NL: PTT Telecom Niederlande

S: Telia

Zusammensetzungen mit Firmennamen immer kuppeln: z. B. Telekom-Aktie, Swisscom-Bereich.

**Telefonabhörung** ist ein hässliches Wort. Zu ersetzen durch: das *Telefonabhören* oder die *Telefonüberwachung.*

**Telefonnummern** (typographische Gestaltung): Die zehnstelligen schweizerischen Telefonnummern ohne Landeskennzahl werden in zwei Dreiergruppen und zwei Zweiergruppen gegliedert:

044 258 11 11.

Für Schreibweise und Gliederung der *ausländischen* Telefonnummern ist das Manuskript verbindlich.

Die Zahlengruppen werden durch kleinen Zwischenraum (Viertelgeviert) voneinander abgetrennt. Steht die Telefonnummer im Trennbereich, kann die *Landeskennzahl* durch Leerschlag von der verbleibenden Nummer getrennt werden.

In Inseraten und Drucksachen wie Briefbogen, Prospekten usw. können

auch folgende Schreibweisen toleriert werden:
+41 44 258 11 11
0041 44 258 11 11
+41 (0)44 258 11 11
0041 (0)44 258 11 11.

**Telekom:** siehe *Telecom/Telekom.*

**Tennis:** Die Ausdrücke *Herren-Einzel, Herren-Doppel, Damen-Einzel, Damen-Doppel, Tennis-Open* sind einheitlich zu kuppeln.

**Tenue,** das; -s, -s

**Tessin:** Man unterscheide: *das* Tessin (Kanton), *der* Tessin (Fluss).

**testamentarisch:** eine testamentarische (letztwillige) Verfügung (eine Verfügung, die auf ein Testament Bezug nimmt).

**TGV:** Train à grande vitesse.

**Think-Tank,** der; -s, -s: Denkfabrik, Beraterstab; Arbeitsgruppe von Wissenschaftern, Experten, Beratern.

**Thunfisch**

**Tiananmen:** Platz des himmlischen Friedens in Peking.

**Tibet:** ohne Artikel; Ableitungen: Tibeter, tibetisch.

**Tie-Break,** das; -, -s: Fachausdruck im Tennissport.

**Tirol:** ohne Artikel zu setzen: Vertrag über Südtirol, in Tirol, aus Tirol, nach Tirol.

[1] **Titel** (Überschriften) sollten besonders sorgfältig überlegt werden. Die «Kundgebung gegen das Athener Regime in Westberlin» ist ebenso unglücklich formuliert wie «Die Entmilitarisierung des Meeresgrundes» (der ja noch gar nicht militarisiert ist).

*Ironisierende Titel* sind fehl am Platze, wo es sich um ernste Tatbestände handelt: «Der Besuch bei der alten Dame» (wenn eine alte Frau bestohlen wurde).

*Vorangestellter Genitiv:* Titel mit vorangestelltem Genitiv sind zu vermeiden. Es klingt zu literarisch, wenn es heisst: «Der Welt zweitgrösste Erdölraffinerie» statt rein sachlich: «Die zweitgrösste Erdölraffinerie der Welt.» Auch die Einsparung des Wortes «die» bei der Variante mit vorangestelltem Genitiv ist kein Grund, ihn zu verwenden.

Am Grundsatz der *Substantivtitel* wird festgehalten. *Verbaltitel* sind indessen dort gestattet, wo die Substantivierung verkrampft wirkt. Gegen Titel wie «Zwei Schüler ertrunken», «Neun Schweizer wegen Cholera blockiert» oder «Vermisster tot aus dem Doubs geborgen» ist also nichts einzuwenden. Titel in der Form eines Satzes nach dem Muster: «Bush bewirbt sich um die Nomination» sollen nur verwendet werden, wenn die bei uns sonst übliche Form ohne Verb schwerfälliger wäre, wenn also mit den Substantiven grammatische Akrobatik getrieben werden müsste. Wenn aber Satztitel verwendet werden, dann ohne Imperfekt: «Deiss *sprach* mit Borer» ist nicht angängig.

*Ober-, Haupt- und Untertitel:* Mit dreiteiligen Titeln ist die Titelgebung komplizierter, sagt aber bei richtiger Anwendung auch mehr aus. Den News-Charakter soll der Haupttitel tragen, der für sich selbst auch verständlich sein muss, da das Auge zuerst auf ihn fällt. Es macht auch nichts, wenn er ein Wort aus dem Obertitel wiederholt: lieber eine Wortwiederholung als eine Unklarheit im Haupttitel. Anderseits: Wenn ein Ereignis mit zwei Titeln (also ohne Obertitel) charakterisiert werden kann, ist es unnötig, einen Obertitel zu suchen. Wenn z. B. in einem Ratsbericht ein *Untertitel* auf ein *zweites Thema* der Debatte hinweist, ist darauf zu achten, dass dieser Titel nicht zugleich als Präzisierung des Haupttitels verstanden werden kann.

[2] **Titel** weiblicher Behördemitglieder: siehe *Frauen und ihre Titel.*

[3] **Titel:** Bei titelähnlichen Bezeichnungen wie der sowjetische Stellvertretende Aussenminister, die amerikanische Sechste Flotte ist das *klein geschriebene* vorangestellte Länderadjektiv richtig.

**Tolstoi, Leo**

**Tongking,** Golf von; nicht Tonking: flache Bucht des Südchinesischen Meers.

**Tonhalle-Gesellschaft, Tonhalle-Orchester**

**Topo,** das; -s, -s: Begriff im Bergsport für Routenzeichnung.

**Toskana,** die; -: mittelitalienische Region.

**TotalFinaElf:** im Erdölbereich international tätiger französischer Konzern.

**Toto-Stenogramm**

**Tour de France, Tour de Suisse:** Zusammensetzungen sind durchzukuppeln: Tour-de-France-Etappe, Tour-de-Suisse-Fahrer.

**Tournee,** die, -, -n

**Trades Union Congress:** Der englische Gewerkschaftsbund heisst Trades Union Congress (TUC); sonst aber heisst es die Trad*e* Unions.

**tragisch:** Es wird an die ursprüngliche Bedeutung dieses Adjektivs erinnert: Tragisch ist das Geschehen in der Tragödie, die in ihrer klassischen Form einen unvermeidlichen und unausgleichbaren Gegensatz gestaltet, der zum Untergang des Helden führt. Das Wort wird heute oft missbraucht.

OberAuch wenn man die Bedeutungserweiterung im Sinne von *schicksalhaft, erschütternd, ergreifend* gelten lässt, darf doch nicht jedes traurige Ereignis, jeder Unglücksfall als tragisch bezeichnet werden.

**traktandieren** ist zu vermeiden (Helvetismus).

**Trans-Europ-Express (TEE)**

**Transkei:** *in* Transkei, ohne Artikel; ebenso: in Ciskei.

**Trasse,** die; -, -n: Im Eisenbahnverkehr üblicher Fachausdruck für «zeitlicher Slot», Korridor.

**Trassee,** das; -s, -s

**Traveler's Check,** der; - -s, - -s

[1] **Trikot** (Kleid), das; -s, -s

[2] **Trikot** (Stoff), der; -s, -s

**Tripolis:** Es ist sowohl das libanesische wie das libysche Tripolis mit *s* zu setzen.

**trotz:** Wir setzen bei dieser Präposition, im Gegensatz zum überwiegenden Gebrauch, den Dativ: trotz eifrige*m* Zureden, trotz diese*m* Entscheid.

**trotzdem** ist nur als Adverb, nicht als Konjunktion zu verwenden. Es darf also keinen Nebensatz einleiten, das heisst: überall, wo *obwohl, obgleich, wenn schon, obschon* stehen kann, ist *trotzdem* fehl am Platz.

**Tschechische Republik:** Seit der Teilung der Tschechoslowakei Anfang 1993 gibt es die offiziellen Bezeichnungen Slowakische Republik und Tschechische Republik. Für die Slowakische Republik lautet die Kurzform Slowakei. Da für die Tschechische Republik die Kurzform Tschechei politisch belastet und in der NZZ unerwünscht ist, käme für uns nur die ungebräuchliche Kurzform Tschechien in Frage. Wir schreiben aber Tschechische Republik.

**Tsomet:** israelische Partei.

**Tunique,** die; -, -s

**türkisch-zypriotisch:** die türkisch-zypriotischen Gewässer.

**türkischzypriotisch:** eine Delegation der türkischzypriotischen Regierung.

**Turnaround,** der; -s,-s

**Tweedanzug**

# U

**U 21, U-21-Team**

**überführt/übergeführt:** Beim Verb *überführen* beachte man den Unterschied, der sich – wie bei über*setzen*/*über*setzen, durch*streichen*/*durch*streichen u. a. – im Infinitiv in der Betonung, im Perfektpartizip aber im sogenannten Augment -*ge*- ausdrückt: es wird jemand eines Verbrechens über*führt;* aber jemand wird in das nächste Spital oder ins Gefängnis über*ge*führt.

**überschwänglich**

**Übersetzungsschnitzer:** Auf Übersetzungsschnitzer der Agenturen ist besonders zu achten. Beispiele: «Es wurde auf einer Strecke von hundert Metern die *Kontaktlinie heruntergerissen*» (la ligne de contact = die Fahrleitung); «die Erforschung des *soliden* Zustands der Metalle» (richtig: des *festen* Zustands); die *kompetenten Autoritäten* (les autorités compétentes = die zuständigen Behörden), *Position ergreifen* (prendre position = Stellung nehmen). Irreführend wirken französische Namen für deutschsprachige Ortschaften und Gebiete: Aix-la-Chapelle für *Aachen,* Petit-Lucelle für *Kleinlützel,* Moulin-Neuf für *Neumühle,* Bellegarde für *Jaun,* Vallée de Conches für das *Goms,* der District Montagnard d'Entremont für den *Gebirgsbezirk Entremont.*

**überwiegende Mehrheit:** Gibt es eine Mehrheit, die nicht überwiegt? Gemeint ist eine *grosse,* eine *beträchtliche,* eine *ansehnliche* Mehrheit – oder: die überwiegende Zahl.

**Üetliberg** (aber: Albisgütli)

**Üetlihof**

**Ufo,** das; -[s], -s: unbekanntes Flugobjekt (unidentified flying object).

**Uhrzeitangabe in Artikeln:** Im *Normalfall* wird «Uhr» zwischen die Stunden- und die Minutenangaben gestellt: 12 Uhr 30. Wenn die Minutenangabe nicht sehr wichtig ist, ist nicht 11 Uhr 00 zu schreiben, sondern 11 Uhr, 19 Uhr usw. Auch nicht: «Gegen 19.00 Uhr...»
Bei *gehäuftem* Vorkommen wie bei Sportanlässen, Fahrplanangaben oder beim Thema Himmelserscheinungen usw. werden die Minutenangaben mit einem Punkt von den Stundenangaben getrennt. «Uhr» steht *nach* der Uhrzeit: 9.35 Uhr, 10.21 Uhr.

Bei *gehäuftem* Vorkommen und wenn eine *Verwechslung* mit anderen Massangaben *ausgeschlossen* werden kann (beispielsweise in Fernsehprogrammhinweisen), darf auch «Uhr» weggelassen werden: 19.30 Nachrichten, 20.00 Sport.

**Ujpesti Dozsa:** ungarischer Fussballklub. Das Buchstabenpaar *zs* steht im Ungarischen für das stimmhafte sch (= frz.: jour), *sz* dagegen wird als s ausgesprochen.

**ukrainische Namen und Begriffe:** Bei der Transkription von ukrainischen Namen und Begriffen halten wir uns grundsätzlich an eine möglichst unkomplizierte phonetische Umsetzung ins Deutsche. In der Regel (und im Zweifelsfall) wird *y* durch *i* ersetzt: Julia Timoschenko (ukrainische Politikerin), Bohdan Chmelnizki (ukrainischer Nationalheld, russischer Vorname Bogdan), Wolodimir Litwin (Parlamentsvorsitzender). – Verschiedene ehemals russische Namen sind nach der Unabhängigkeit der Ukraine dem ukrainischen Sprachge-

brauch angepasst worden: Lwiw (früher russisch Lwow, ehemals Lemberg), Charkiw (früher Charkow), Riwne (Atomkraftwerk, früher Rowno), Dnipro (ukrainischer Hauptstrom, früher Dnjepr), Dnipropetrowsk (früher Dnjepropetrowsk). Bei der Hauptstadt *Kiew* (ukrainisch Kyjiv) bleiben wir bei der bisherigen Bezeichnung und Schreibweise, wie sie im deutschen Sprachraum üblich ist. Auch *Tschernobyl* wird wie bisher transkribiert.

**Ulivo,** der: italienisches Mitte-Links-Bündnis (Synonyme: das Mitte-Links-Bündnis, die Mitte-Links-Koalition, der Ölzweig, der Ölbaum, der Centrosinistra).

**umweltschützerisch,** nicht umweltschütz*l*erisch. Die Form mit l gilt als abwertend.

**unbekannt:** Anzeige gegen Unbekannt (Grossschreibung entgegen amtlicher Regelung).

**unbeschadet:** «...konnten sich unbeschadet aus den Schneemassen befreien.» Gemeint war wohl «unverletzt» oder «ohne Schaden zu nehmen». «Unbeschadet» ist kein Adjektiv, sondern eine Präposition und bedeutet *ungeachtet, trotz: unbeschadet seiner sonstigen Verpflichtungen.*

**Unctad-Konferenz** ist nicht als Pleonasmus zu betrachten. Das durch das *C* der Abkürzung verkörperte *Conference* bedeutet die Institution, nicht eine von dieser Institution einberufene Konferenz.

**Underground-Zeitungen**

**-ung:** Das Deutsche hat schon so viele -ung-Wörter, von denen manche unentbehrlich sind, dass keine neuen gebildet werden sollten, wo sie vermieden werden können. «*Kentern* zweier

Boote» wäre deshalb besser als Kenterung, das *Stranden* besser als die Strandung. Auch *Telefonabhören* wäre Telefonabhörung vorzuziehen.

**Unia:** siehe *SMUV.*

**Unita:** angolanische Widerstandsbewegung. Ohne Akzent, im Gegensatz zum italienischen Wort *unità.*

**Universität Zentrum,** Universität Irchel (in Zürich).

**Uno:** United Nations Organization (Vereinte Nationen) (nicht *UN*).

**unsinkbar:** siehe *-bar.*

**Unterbruch** gehört zwar zum *schweizerischen* Sprachgebrauch; doch handelt es sich um eine durchaus legale Wortbildung, deren wir uns nicht zu schämen brauchen. Es ist nicht einzusehen, warum neben dem Anbruch, dem Aufbruch, dem Durchbruch und dem Abbruch nicht auch ein Unterbruch gestattet sein sollte.

**Untere Zäune:** siehe *Obere Zäune.*

**unterstellen** kann nicht wertfrei, im Sinn von voraussetzen, verwendet werden; es hat immer den negativen Sinn von «in die Schuhe schieben».

**unverzichtbar:** siehe *-bar.*

**unwidersprochen:** Das Verb «widersprechen» ist intransitiv (man widerspricht *wem,* nicht *wen*) und kann demnach kein Passiv bilden. Eine Aussage kann also nur «ohne Widerspruch», «unbestritten» oder «unwiderlegt», sie kann nicht «unwidersprochen» bleiben.

**Urfehde** wird oft falsch gebraucht, nämlich im Sinn von «ewige Feindschaft». Urfehde heisst aber im Gegenteil: Die Fehde ist aus. Wer Urfehde schwört, verzichtet damit auf Vergeltung oder auf weitere Kampfhandlungen oder, bei Verbannung, auf die Rückkehr ins Land.

**Urlaub:** siehe *Ferien/Urlaub.*

**Uruguay-Runde**

**USA** sind eine Mehrzahl: die USA *haben...* Der Artikel ist unerlässlich: in *den* USA.

**Usama bin Ladin:** Führer der Terrororganisation al-Kaida. Im Hocharabisch und im modernen Medienarabisch gibt's die Vokale O und E als geschriebene nicht. Es gibt sie jedoch als Laute im gesprochenen Hocharabisch, und erst recht bei den Dialektvarianten, deshalb tauchen e und o in so manchen Transkriptionen auf. Zum Beispiel: Malik, der König, hat eindeutig ein fatha (a) über dem Konsonanten mim (m), aber ein des Hocharabischen Mächtiger wird dieses Wort so aussprechen, dass es sich wie «melik» anhört – mit einem sehr offenen a. Bei Ladin ist die Transkription mit «e» besonders widersinnig, weil der Name im Arabischen mit einem langen i geschrieben wird, also eigentlich mit «Ladiin» transkribiert werden müsste (oder mit einem Strich über dem i).

**US Open,** das; - -, - - (Tennisturnier)

# URL (uniform resource locator)

Eine URL ist in den meisten Fällen, verkürzt gesagt, die Adresse für eine Datei auf einem Rechner (Server) im Internet. Eine URL besteht im Wesentlichen aus einem Protokoll (Art der Datenübertragung), aus der Netzadresse des Rechners und aus dem Verzeichnispfad für die Datei auf dem Rechner.

<Protokoll>://<Dienst>.<Subdomänen>.<Domäne>:<Port>/<Pfad>/<Datei>

http://www.astro.phys.ethz.ch:80/findus/find_nf.html#STATION

| | |
|---|---|
| Protokoll | Zum Beispiel: http://, https://, ftp://. |
| Dienst | Zum Beispiel: www. |
| Subdomänen | Einzelne Subdomänen werden mit Punkten voneinander abgetrennt. |
| Domäne | Nach Thema (3 Buchstaben oder mehr): .com, .edu, .gov, .mil, .net, .org, .aero, .biz, .coop, .info, .museum, .name usw. Oder nach Ländern (2 Buchstaben): .ch, .de, .at, .uk, .fr, .jp usw. Möglich sind auch Mischungen: .co.uk, .go.jp usw. |
| Port | Schnittstelle auf dem Server. Der HTTP-Standardport, 80, wird – anders als im Beispiel – normalerweise nicht angegeben. |
| Pfad | Ort der Datei auf dem Server. Der Pfad hat den Aufbau: /<Verzeichnis>/<Verzeichnis>/. . ./<Verzeichnis>/. Der Pfad im Beispiel enthält nur ein Verzeichnis. |
| Datei | Datei auf dem Server, die letztlich mit der Eingabe der URL abgerufen wird. Nach der Datei können, wie im Beispiel, noch weitere Angaben folgen, z. B. Informationen für eine Datenbankabfrage. |

Die Beispiel-URL bezeichnet eine Datei mit Namen find_nf im HTML-Format (genauer gesagt, die Markierung #STATION innerhalb dieser Datei) im Verzeichnis /findus auf einem Rechner des Astronomie-Instituts im Physik-Departement der ETH Zürich in der Schweiz, der auf seiner Standardschnittstelle WWW-Inhalte zur Online-Abfrage zur Verfügung stellt.

Eine URL besteht mindestens aus einer Subdomäne und einer Domäne (ethz.ch). Das HTTP-Protokoll muss nicht angegeben sein; ein allfälliges anderes schon. Auch der Dienst www kann fehlen, was aber nicht bedeutet, dass er auf jeden Fall weggelassen werden kann. Die Teile vor dem ersten Pfad-Schrägstrich können unterschiedslos in Gross- oder Kleinbuchstaben gesetzt werden. Was jedoch nach der Domäne folgt, ist nach Gross- und Kleinbuchstaben zu unterscheiden (auch wenn es Rechner gibt, die nicht unterscheiden; www.ETHZ.ch ist gleich www.ethz.ch, aber www.unizh.ch/studium/ ist nicht gleich www.unizh.ch/Studium/). Bei der Homepage oder der Startseite eines Verzeichnisses kann der Dateiname fehlen. Hier wird automatisch eine Datei index.htm bzw. index.html aufgerufen.

Möglich ist auch eine numerische Form für die Identifizierung eines Servers nach dem Muster: http://194.88.160.116/. Nach dem Pfad-Schrägstrich können weitere Angaben gemäss obigem Schema folgen.

*Zeichen:*
- In den (Sub-)Domänen sind nur Buchstaben (mit oder ohne diakritische Zeichen, auch æ, œ, ß und einige exotischere Buchstaben wie z. B.: ð, þ, ŋ), Ziffern und das Divis (-) möglich.
- Nach dem Pfad-Schrägstrich sind zusätzliche Sonderzeichen möglich, z. B.: ? # = + % & ~. Die erlaubten Buchstaben beschränken sich hier allerdings auf die 26 lateinischen.
- Oft wird beim Kopieren einer URL der Unterstrich (_) in einen Halbgeviertstrich (–) «übersetzt». Internet-Adressen kennen dieses Zeichen nicht. Ein Halbgeviertstrich muss deshalb durch einen Unterstrich ersetzt werden.
- Leerzeichen kommen in URL nie vor.

*Kürzungen* bei URL, die zu lange sind für eine Zeitungsspalte:
- http:// kann immer weggelassen werden; www. sollte nicht weggelassen werden (wenn es fehlt, muss es jedoch auch nicht ergänzt werden).
- Grossbuchstaben vor dem ersten Pfad-Schrägstrich können durch (i. d. R. schmalere) Kleinbuchstaben ersetzt werden.
- Endet eine URL mit der Dateiangabe index.htm oder index.html, kann diese weggelassen werden.
- Eine URL endet entweder auf einen Buchstaben, eine Zahl oder einen Schrägstrich. Endet sie auf einen Schrägstrich, kann dieser bei Bedarf weggelassen werden. Im Fliesstext kann nach einer URL ein Satzpunkt stehen, ohne dass er als Bestandteil der URL missdeutet wird.
- Wenn möglich, sollten lange URL nicht im Fliesstext stehen, sondern mit Fussnotenverweis als Anmerkungen ans Ende eines Artikels gesetzt werden.
- Muss trotz allem eine URL getrennt werden, dann möglichst nur nach Schrägstrichen oder mit Trennungen, die Missdeutungen der Divise nicht zulassen, z. B.: www.sonn-tagszeitung.de statt www.sonntags-zeitung.de.

## E-Mail-Adressen

<Name>@<Subdomänen>.<Domäne>
A.Einstein@phys.ethz.ch

Bei E-Mail-Adressen wird zwischen Gross- und Kleinbuchstaben nicht unterschieden. Leerzeichen kommen nie vor. Der Name enthält nur Buchstaben (ohne diakritische Zeichen), Ziffern, Punkte, Divise und Unterstriche. Beginnen und enden müssen Namen mit Buchstaben oder Ziffern. Für die (Sub-)Domänen gilt das oben Gesagte.

# V

**Val-de-Ruz**
**Val-de-Travers**
**Val d'Isère, Val-d'Isère:** bitte auseinanderhalten: Val d'Isère (Tal) und Val-d'Isère (Dorf). Also: *in* Val-d'Isère; aber: *im* Val d'Isère. Ebenso: *in* Val-d'Illiez, *im* Val d'Illiez.
**Valletta:** Hauptstadt von Malta (früher: La Val[l]etta).
**Van** (belgisch)
**van** (niederländisch)
**Variété,** das; -s, -s
**Venture-Capital,** das; -: Risikokapital, Wagniskapital.
**Ver.di** (Vereinigte Dienstleistungsgewerkschaft, Deutschland)
**Vereinalinie, Vereinatunnel**
**Vereinigte Bundesversammlung**
**Vereinte Nationen:** siehe *Uno.*
**Verkehrsclub**
**vermögen:** «sich nicht vermögen» («soweit der Angeklagte für die lange Dauer der Auslieferungshaft sich nicht vermag») ist in der Schriftsprache nicht zu dulden.
**Verneinung:** siehe *doppelte Verneinung.*
**Versicherungen:** Im Zusammenhang mit Versicherungen schreiben wir mit Bindestrich: *Leben-Geschäft, Nicht-Leben-Geschäft, Einzel-Leben-Geschäft, Nicht-Leben, Einzel-Leben.*
**versus** statt *contra* ist zu vermeiden. In Sportberichten wird bei einem Tennisturnier die Partie jeweils mit «Spieler X vs. Spieler Y» bekanntgegeben. Versus ist hier zu tolerieren und nicht in contra abzuändern, wenn es im Zusammenhang mit Sport korrekt und im weitesten Sinne als zur Fachterminologie gehörend verwendet wird.

**vertreten:** «Im neuen Landtag sind viele neue und auch viele junge Gesichter vertreten.» Durch wen? Die Meldung, dass an einem Empfang «neben den zivilen Behörden von Bund und Kanton Bern auch der Generalstabschef … vertreten» war, wurde durch das dabeistehende Bild Lügen gestraft: Der Generalstabschef war selber da.
**verunfallen / der Verunfallte:** Hier handelt es sich zwar um einen Helvetismus, aber um einen vom Duden sanktionierten. Zwischen den Verben «verunglücken» und «verunfallen» besteht ein Bedeutungsunterschied: Dieses ist der Ausdruck für leichtere, jenes derjenige für schwerere Fälle.
**Verweis auf frühere Ausgaben:** siehe *Datumhinweis NZZ.*
**vielsagend**
**Virt-x** (Virtual Exchange; europäische Blue-Chips-Börse)
**Virus,** das; -, Viren
**Visser 't Hooft, Willem:** niederländischer Theologe.
**Volkswirtschaft*l*er und Wissenschaft-*l*er** haben in unsern Ohren einen leicht abschätzigen Beiklang. Wir verwenden deshalb in der NZZ die Formen *Volkswirtschafter* und *Wissenschafter.*
**vom … bis [zum]:** siehe *bis.*
**von Flüe, Niklaus**
**von jeher, seit je**
**von Moos / Von Roll:** Firmennamen laut Ragionenbuch schreiben.
**vorgängig:** ein unnötiges Wort, das als Präposition durch *vor,* als Adverb jedoch durch *zuvor* oder *vorher* zu ersetzen ist.
**vordemonstrieren:** Pleonasmus; demonstrieren reicht – oder vorführen, darlegen.

**vorpräparieren, vorprogrammieren, vorwarnen:** Die Silbe vor- ist oft entbehrlich, wenn nicht gar falsch.

# W

**Wädensweil-Einsiedeln-Bahn** und nicht Wädenswil-Einsiedeln-Bahn.

**während:** Präposition mit Genitiv (Ausnahmen siehe *Fallwechsel bei Präpositionen*).

**während / währenddem (währenddessen):** Das *Adverb währenddem* (währenddessen) (= unterdessen, während dieser Zeit) gilt als umgangssprachlich, ist zu vermeiden und darf jedenfalls nicht als *Konjunktion* verwendet werden; es kann nicht einen Nebensatz einleiten: Währenddem sich eine Passantin durch einen Sprung aufs Trottoir retten konnte, wurde ihre Begleiterin... (richtig: *Während* sich...).

**Währungen:** siehe *Franken/Fr.* sowie Kapitel *Ländernamen und ihre Ableitungen, Hauptstädte und Währungen*.

**Walkie-Talkie,** das; -s, -s: tragbares Funksprechgerät.

**Wall Street,** Wall-Street-Kreise

**Wärme-Kraft-Kopplung,** nicht *Wärmekraft-Kopplung*.

**Wärme-Kraft-Kopplungs-Anlage**

**warnte, dass...:** Ein Anglizismus ist das falsche *warnen:* «Der Premierminister *warnte, dass* mit allzu grosszügigen Massnahmen das Budgetgleichgewicht in Gefahr gebracht würde.» – «Das FBI warnte in seiner Fahndungsorder, dass der Bankräuber wahrscheinlich bewaffnet sei.» Im Deutschen kann man nicht «warnen, dass...» oder «warnen, es sei...»; man weist warnend darauf hin, dass..., man warnt *jemanden vor* etwas, man warnt *davor,* dass... (Siehe auch *doppelte Verneinung*.)

**Wassernot:** Mangel an Wasser.

**Wassersnot:** Überschwemmung.

**Webseite,** die; -, -n: Bestandteil einer Website.

**Website,** die; -, -s: alle hinter einer Adresse stehenden Seiten im WWW.

**wegen:** Präposition mit Genitiv (Ausnahmen siehe *Fallwechsel bei Präpositionen*).

**-weise:** Die adjektivische Verwendung von -weise (teilweise, ausnahmsweise, fassweise usw.) ist nur dann grammatikalisch richtig (aber stilistisch schlecht), wenn das zugehörige Substantiv ein Verbalsubstantiv ist (ein Substantiv, das direkt von einem Verb abgeleitet ist): der fassweise Verkauf; nicht aber: der fassweise Preis. (Siehe He 1759.)

**Weizman, Ezer:** israelischer Politiker.

**Weizmann, Chaim:** ehemaliger Staatspräsident Israels.

**Weizmann-Institut**

**Weltklasse Zürich** (Leichtathletik-Meeting)

**Weltkrieg, Erster, Zweiter**

**West Bank:** Wir verwenden statt dieser englischen Bezeichnung für das von Israel besetzte Westjordanien *Cisjordanien* oder *Westjordanland.* Völlig unsinnig ist die Schreibweise «Westbank».

**West Virginia:** Es ist zu beachten, dass es in den USA neben dem Staat *Virginia* einen Staat *West Virginia* gibt. Es ist also orthographisch zu unterscheiden: *Westvirginia* (Westen von Virginia) und *West Virginia.*

**...wicz** bzw. **...witsch:** Personennamen mit dieser Endung wird im Genitiv ein s angehängt, nicht ein Apostroph.

**wie:** «Wie der Sprecher erklärte,...»: Bei einem «wie»-Nebensatz dieser Art steht das Verb im Hauptsatz im *Indikativ,* nicht im Konjunktiv: Wie der Sprecher erklärte, *sind* bei den Verhandlungen kleine Fortschritte erzielt worden. – Aber bei indirekter Rede mit *Konjunktiv:* Der Sprecher erklärte, bei den Verhandlungen *seien* kleine Fortschritte erzielt worden.

**Wiedereröffnung der Sustenstrasse:** Man beachte: Die *Eröffnung* hat etwas Feierliches oder ist zumindest mit einem gewissen Zeremoniell verbunden (Eröffnung einer Sitzung). Wird aber eine vorübergehend geschlossene Strasse für den Verkehr wieder freigegeben, so handelt es sich um eine blosse Wieder*eröffnung.*

**Wiederholung von Artikel, Pronomen oder Adjektiv:** Der bestimmte Artikel (oder ein anderes Attribut) muss *nicht* wiederholt werden, wenn die Substantive in Kasus und Numerus übereinstimmen und wenn keine Missverständnisse möglich sind; dies gilt besonders für Abstrakta: die Wärme und Expressivität dieser Lyrik, die Versorgung des Hauses und Gartens, sein grosser Fleiss und Lerneifer. Artikel oder Attribut *muss* wiederholt werden, wenn Missverständnisse möglich sind; dies gilt besonders für Personen und Institutionen: der Pfarrer und *der* Sigrist der kleinen Gemeinde, der alte und *der* neue Präsident der USA [wenn damit verschiedene Personen gemeint sind], der Premierminister und der Aussenminister. Der Artikel wird ebenfalls wiederholt bei ausgeprägten Gegensatzpaaren: das Ich und *das* Du, Auseinandersetzungen zwischen *den* Ordnungskräften und den Demonstranten. (Siehe auch *Zusammenzug, falscher* und He 1778 ff.)

**«WiF» und «WoV»:** Die Verwaltungsinstrumente «Wirkungsorientierte

Führung der Verwaltung des Kantons Zürich» und «Wirkungsorientierte Verwaltungsführung» [der Stadt Zürich] kürzen wir ab mit Anführungszeichen: «WiF»-Projekte, «WoV»-Projekte.

**Window-Dressing,** das; -: Im Wirtschaftsbereich die erlaubten Massnahmen, um stichtagsbezogen die wirtschaftliche Lage eines Unternehmens besser erscheinen zu lassen. – In der Bankbilanzpolitik die Erhöhung der Bilanzsumme durch Aufnahme von Interbankgeld auf einen Stichtag hin, um damit eine höhere Liquidität auszuweisen.

**windschlüpfig:** Diese Eigenschaften haben zum Beispiel die von Eisschnellläufern getragenen windundurchlässigen und eng am Körper anliegenden Anzüge. Nicht windschlüpf*r*ig.

**winken, gewinkt** (nicht *gewunken*)

**Wissenschaftler:** siehe *Volkswirtschaftler und Wissenschaftler.*

**wohl bewährt / wohlbewährt:** Wo die alte Schreibweise zugelassen ist, ist in unserem Blatt diese anzuwenden. Wir unterscheiden zwischen «sein *wohl bewährtes* Schweigen» (sein Schweigen hat sich *vermutlich* bewährt) und «sein *wohlbewährtes* Schweigen» (sein Schweigen hat sich *bestens* bewährt). Ebenso wohl bekannt = vermutlich bekannt und wohlbekannt = bestens bekannt; wohl versorgt = vermutlich versorgt und wohlversorgt = bestens versorgt usw.

**Woiwode, Woiwodschaft**

**Working Poor:** Menschen, die trotz Erwerbstätigkeit zu wenig für ihren Lebensunterhalt verdienen bzw. deren Einkommen unter der sogenannten Armutsgrenze liegt.

**Worte/Wörter:** Die Gegenwartssprache unterscheidet: *Wörter* sind Redeteile im grammatischen Sinn. Man spricht deshalb von *Zeitwörtern* und *Fürwörtern,* von *Erbwörtern, Lehnwörtern* und *Fremdwörtern,* von *Wörterbüchern* und *Wörterverzeichnissen;* ein Ausdruck wird in *zwei Wörtern geschrieben,* und *ein Bericht umfasst viertausend Wörter.* – Bei *Worten* dagegen denkt man nicht an das Wort als grammatische Einheit, sondern an seinen Inhalt. Es handelt sich dabei meist auch nicht um Einzelwörter, sondern um Wendungen, um ganze Sätze oder Abschnitte: *Trostesworte, Dichterworte, Vorworte* und *Nachworte.* Eine Ausnahme sind die *Sprichwörter.* Bei *Schlagwort* sind beide Formen möglich: *Schlagworte* (= Ausspruch als Parole, als Propagandamittel; abgegriffene Redensart, Gemeinplatz) und *Schlagwörter* (= einzelne Wörter für Karteien, Verzeichnis usw.).

**wörtlich:** «Er sagte wörtlich...» Dieses «wörtlich» ist oft unnötig.

**würde:** siehe *Konjunktiv mit «würde».*

# X–Z

**-y/-ies:** Bei englischen Wörtern mit der Endung -y (Baby, Hobby, Lady usw.), bei denen im Englischen die Mehrzahlendung -ies lautet (Babies, Hobbies, Ladies), richtet sich der Plural optisch nach dem Singular, das heisst, es wird bloss ein -s der Singularform angehängt statt ein -ies: Hobbys, Babys, Ladys. In *rein englischen* Ausdrücken oder Redewendungen schreiben wir weiterhin -ies im Plural.

Der *Wesfall* ist bei männlichen und sächlichen Wörtern *mit -s* zu bilden: des Babys, des Hobbys, des Whiskys. Ein Sonderfall ist Hippies. Die Einzahl lautet Hipp*ie*.

**Yacht** (siehe *Jacht...*)

**Yogyakarta:** Stadt in Indonesien. Amtliche Schreibweise. Nicht zu verwechseln mit der Schreibweise der Stadt Jakarta.

**Zahal:** Kurzwort für die israelische Armee, nicht Sahal.

**zentristisch, Zentrismus:** Bitte nicht in *zentralistisch, Zentralismus* ändern. Es handelt sich um einen spezifischen Ausdruck der heutigen italienischen Politik und bezieht sich z. B. auf den *Centrosinistra*, heisst also etwas ganz anderes als der allgemeine Begriff *zentralistisch*.

**zerebral**

**Zerotolerance,** die; -

**Ziffern und Zahlwörter:** Die alte Buchdruckerregel, wonach Zahlen bis zwölf ausgeschrieben, die höheren aber in Ziffern gesetzt werden sollen, gilt schon lange Zeit nicht mehr. «Richtiges und gutes Deutsch» aus dem Duden-Verlag erklärt dazu: «Auch die Zahlen von 1 bis 12 wer-den in Ziffern gesetzt, wenn [...] die Zahl und das die Sache bezeichnende Substantiv die Aufmerksamkeit auf sich lenken sollen: Kurbel mit 2 Wellen, Zahnrad mit 2 Spindeln.» Zahlen *mit Vergleichswert* müssen *ausnahmslos in Ziffern* gesetzt werden, dies ist besonders bei Wahlresultaten zu beachten oder in Sätzen wie in folgendem Beispiel: «Die Armeegruppe bestand aus 19 Infanteriedivisionen, 6 Panzerdivisionen und 8 selbständigen Grenadierregimentern.» Unzulässig sind Schreibweisen wie «ein Zeitraum von acht bis 14 Tagen»; hier muss man sich für das eine oder das andere entscheiden.

**Zoff:** Dieser umgangssprachliche Ausdruck für «Ärger», «Streit», «Unfrieden» ist im Blatt unerwünscht – ausser in spezifisch dazu verfassten Texten oder in Zitaten.

**Zölibat,** der; -[e]s

**zufolge:** Nur wo *infolge* stehen könnte, ist *zufolge* richtig. *Zufolge* darf also nur *kausal* verwendet werden, das heisst, wenn ein Grund-Folge-Verhältnis vorliegt: Zufolge Betriebsstörung im Bahnhof hatten alle Züge Verspätung. Immer falsch ist: zufolge eines Berichts, einer Meldung zufolge. Der Bericht oder die Meldung ist ja nicht die Ursache dessen, was passiert ist. Richtig heisst es: *nach* einer Meldung, *laut* einem Bericht, *gemäss* einer Aussage. Die Präposition «zufolge» regiert den Genitiv, wenn sie *vor* dem Hauptwort steht, jedoch den Dativ, wenn sie ihm *nachfolgt:* zufolge dieses Beschlusses; aber: diesem Beschluss zufolge.

**Zugführer:** Ein Zugführer ist kein Lokomotivführer, sondern ein ranghöherer Kondukteur.

**zugunsten**

**zuhanden,** z. H. oder z. Hd.

**zu Hause,** aber: das Zuhause, des Zuhause[s].

**Zukunftsprognose** ist ein Pleonasmus, Zukunftsperspektive kann toleriert werden.

**zulasten**

**zumuten/zutrauen:** Auch wenn in der Schweiz zumuten ebenfalls im Sinne von zutrauen verwendet werden kann, sind die beiden Wörter zu unterscheiden: Sie *mutet* ihm eine schwere Aufgabe *zu.* (Sie übergibt ihm eine Aufgabe zum Erledigen, die für ihn zu anstrengend, zu schwer sein könnte.) Aber: Sie *traut* ihm *zu,* dass er mit dieser Aufgabe rechtzeitig fertig wird. (Sie ist der Meinung, dass er fähig ist, mit dieser Aufgabe rechtzeitig fertig zu werden.)

**Zürcher Ortsnamen:** Man beachte die ortsüblichen Ableitungen *Effretiker* (nicht Effretikoner), Pfäffiker, Rüschliker, Zolliker, Affolte*r*mer, Meile*r*mer, Uste*r*mer usw.

**«Zürich»:** Beim Allfinanzkonzern Zurich Financial Services Group (ZFS) darf auch die Kurzform «Zürich» (mit Anführungszeichen die «Zürich») oder die Zürich-Versicherung verwendet werden; die Schreibweisen Zürich oder Zurich sind wegen der Verwechslungsgefahr zu vermeiden.

**«Züri-Fäscht»,** das; des «Züri-Fäschts»

**«Züri-Metzgete»:** Meisterschaft von Zürich (MvZ).

**zurzeit / zur Zeit:** Es ist zu unterscheiden zwischen zurzeit (im Sinne von *momentan, gegenwärtig*) und zur Zeit (im Sinne von *zum Zeitpunkt, in der Epoche*). Sie sind zurzeit in den Ferien. Zur Zeit der Fasnacht ist Beat in

Basel anzutreffen. (Siehe auch *zuzeiten / zu Zeiten.*)

**Zusammenzug, falscher:** Oft wird der Artikel am falschen Ort eingespart: die Schwyzer und Solothurner Regierung – als ob die beiden Kantone eine gemeinsame Regierung hätten; richtig: und *die* –, zwischen Bund und den Einzelstaaten (zwischen *dem* Bund), mit der Marine und Luftwaffe (und *der* Luftwaffe).

Auch *Attribute* dürfen nicht zusammengezogen werden, wenn sie grammatisch von verschiedener Qualität sind: «mit welchem Eifer und Begabung» (richtig: mit welchem Eifer und welcher Begabung); nach gutem Brauch und Sitte (richtig: nach gutem Brauch und guter Sitte). (Siehe auch *Wiederholung von Artikel, Pronomen oder Adjektiv* und He 1783 f.)

**zuungunsten**

**zuzeiten / zu Zeiten:** Es ist zu unterscheiden zwischen zuzeiten (im Sinne von *ab und zu, bisweilen, manchmal*) und zu Zeiten (im Sinne von *zum Zeitpunkt, in der Epoche*). Sie sind zuzeiten nicht konzentriert. Zu seinen Zeiten war im Dorf der Feuerwehrdienst noch obligatorisch. (Siehe auch *zurzeit / zur Zeit.*)

**Zweidrittelmehrheit**

**zweite Kammer:** Ständerat.

**Zweite Kammer:** im niederländischen Parlament.

**zweite Säule:** berufliche Vorsorge.

**zwischen beiden Staaten** ist falsch. Es muss heissen «zwischen den beiden Staaten».

**zwischenzeitlich:** nicht verwenden; überflüssiger Neologismus für *inzwischen, unterdessen.*

**Zyklamat,** das; -s, -e: Süssstoff.

**Zyklamen, zyklamenfarbig**

*zz.:* Das Redaktionskürzel *zz.* ist grundsätzlich *mit* Punkt, *kursiv* und *ohne Klammern* zu schreiben. Also nicht (zz).

# Ländernamen und ihre Ableitungen, Hauptstädte und Währungen

**Afghanistan:** afghanisch, Afghane. Kabul. *Währung:* der Afghani (Af.); 30 Afghani, in Afghani, des Afghani.

**Ägypten:** Arabische Republik Ägypten; ägyptisch, Ägypter. Kairo. *Währung:* das Pfund (ägypt. £, £) zu 100 Piaster; 30 Pfund, in Pfund, des Pfund(e)s.

**Albanien:** Republik Albanien; albanisch, Albaner. Tirana. *Währung:* der Lek zu 100 Qindarka; 30 Lek, in Lek, des Lek.

**Algerien:** Algerische Demokratische Volksrepublik; algerisch, Algerier. Algier. *Währung:* der algerische Dinar (alg. Din., Din.) zu 100 Centimes (Ct.); 30 Dinar, in Dinar, des Dinar.

**Andorra:** Herrschaft Andorra; andorranisch, Andorraner. Andorra la Vella. *Währung:* wie Spanien oder Frankreich.

**Angola:** angolanisch, Angolaner. Luanda. *Währung:* der Neue Kwanza (Kz.) zu 100 Lwei; 30 Kwanza, in Kwanza, des Kwanza.

**Antigua und Barbuda:** Monarchie (brit.). Saint John's. *Währung:* der ostkaribische Dollar (EC-$, $) zu 100 Cent.

**Äquatorialguinea:** Malabo. *Währung:* der CFA-Franc (CFA-Fr.) zu 100 Centimes (Ct.); 30 CFA-Francs, in CFA-Francs, des CFA-Franc. (CFA = Communauté financière africaine.)

**Argentinien:** Republik Argentinien; argentinisch, Argentinier. Buenos Aires. *Währung:* der Peso (arg. P, P) zu 100 Centavos; 30 Pesos, in Pesos, des Peso.

**Armenien:** Republik Armenien; armenisch, Armenier. Erewan. *Währung:* der Dram; 30 Dram, in Dram, des Dram.

**Aserbeidschan:** Aserbeidschanische Republik; aserbeidschanisch, Aserbeidschaner, Aserbeidschanin. Baku. *Währung:* der Manat (Man.); 30 Manat, in Manat, des Manat.

**Äthiopien:** Demokratische Bundesrepublik Äthiopien; äthiopisch, Äthiopier (die älteren Bezeichnungen *Abessinien, abessinisch, Abessinier* sind für das heutige Äthiopien und seine Staatsbürger nicht mehr zu verwenden). Hauptstadt Addis Abeba. *Währung:* der Birr (Br.) zu 100 Cent; 30 Birr, des Birr.

**Australien:** Commonwealth Australien; australisch, Australier. Canberra. *Währung:* der australische Dollar (austr. $, $) zu 100 Cent; 30 Dollar, in Dollars, des Dollars.

**Bahamas:** Monarchie (brit.). Nassau. *Währung:* der Bahama-Dollar (B-$, $) zu 100 Cent; 30 Dollar, in Dollars, des Dollars.

**Bahrain:** bahrainisch, Bahrainer. Manama. *Währung:* der Bahrain-Dinar (B-Din.); 30 Dinar, in Dinar, des Dinar.

**Bangladesh:** Volksrepublik Bangladesh; bangalisch, Bangale. Dhaka. *Währung:* der Taka (Tk.) zu 100 Poisha; 30 Taka, in Taka, des Taka.

**Barbados:** Monarchie (brit.). Bridgetown. *Währung:* der Barbados-$ (Bds.-$, $) zu 100 Cent; 30 Dollar, in Dollars, des Dollars.

**Belgien:** Königreich Belgien. Brüssel. *Währung:* der Euro (€) zu 100 Cent; 30 Euro, in Euro, des Euro, die Euro.

**Belize:** Monarchie (brit.). Belmopan. *Währung:* der Belize-Dollar (Bz.-$, $) zu 100 Cent; 30 Dollar, in Dollars, des Dollars.

**Benin:** Republik. beninisch, Beniner. Porto-Novo. *Währung:* der CFA-Franc (CFA-Fr.); 30 Francs, in Francs, des Franc.

**Bhutan:** Königreich Bhutan; bhutanisch, Bhutaner. Thimphu. *Währung:* der Ngultrum (Nu.) zu 100 Chetrum (Ch.).

**Bolivien:** Republik Bolivien; bolivianisch, Bolivianer. Sucre / La Paz. *Währung:* der Boliviano (Bol.) zu 100 Centavos; 30 Bolivianos, in Bolivianos, des Boliviano.

**Bosnien:** Republik Bosnien-Herzegowina; bosnisch, Bosnier. Sarajevo. *Währung:* die konvertible Mark; 30 Mark, in Mark, der Mark.

**Botswana:** botswanisch, Botswaner. Gaborone. *Währung:* der Pula zu 100 Thebe.

**Brasilien:** Vereinigte Staaten von Brasilien; brasilianisch, Brasilianer. Brasilia. *Währung:* der Real (Rl.); 30 Reais, in Reais, des Real.

**Brunei:** Sultanat. Bandar Seri Begawan. *Währung:* der Brunei-Dollar (Br.-$, $) zu 100 Cent; 30 Dollar, in Dollars, des Dollars.

**Bulgarien:** Volksrepublik Bulgarien; bulgarisch, Bulgare. Sofia. *Währung:* der Lew (Lw.) (Mehrzahl Lewa) zu 100 Stotinki; 30 Lewa, in Lewa, des Lew.

**Burkina Faso:** burkinabisch, Burkinaber. Ouagadougou. *Währung:* der CFA-Franc (CFA-Fr.); 30 Francs, in Francs, des Franc.

**Burma (Myanmar):** burmesisch, Burmese. Rangun (Yangon). *Währung:* der Kyat (K) zu 100 Pyas; 30 Kyat, in Kyat, des Kyat.

**Burundi:** burundisch, Burundier. Bujumbura. *Währung:* der Burundi-Franc (B.-Fr.) zu 100 Centimes (Ct.); 30 Francs, in Francs, des Franc.

**Cayman-Inseln:** brit. Territorium. Georgetown. *Währung:* der Dollar (CI-$, $) zu 100 Cent; 30 Dollar, in Dollars, des Dollars.

**Chile:** Republik Chile; chilenisch, Chilene. Santiago de Chile. *Währung:* der Peso (chil. P, P) zu 100 Centésimos; 30 Pesos, in Pesos, des Peso.

**China:** Volksrepublik China. Peking. *Währung:* der (Renminbi-)Yuan (Y) zu 10 Jiao; 30 Yuan, in Yuan, des Yuan.

**Costa Rica:** Republik Costa Rica; costa-ricanisch, Costa-Ricaner. San José. *Währung:* der Colón (Cn.) zu 100 Céntimos; 30 Colones, in Colones, des Colón.

**Côte d'Ivoire:** Republik Côte d'Ivoire; ivoirisch, Ivoirer. Yamoussoukro. *Währung:* der CFA-Franc (CFA-Fr.); 30 Francs, in Francs, des Franc.

**Dänemark:** Königreich Dänemark. Kopenhagen. *Währung:* die dänische Krone (dKr.) zu 100 Öre; 30 Kronen, in Kronen, der Krone.

**Deutschland:** Bundesrepublik Deutschland. Bonn/Berlin. *Währung:* der Euro (€) zu 100 Cent; 30 Euro, in Euro, des Euro, die Euro.

**Djibouti:** Republik Djibouti. Djibouti. *Währung:* der Djibouti-Franc (D-Fr., Fr.) zu 100 Centimes; 30 Francs, in Francs, des Franc.

**Dominica:** Republik, mit Grossbritannien assoziiert. Roseau. *Währung:* der ostkaribische Dollar (EC-$) zu 100 Cent; 30 Dollar, in Dollars, des Dollars.

**Dominikanische Republik:** dominikanisch, Dominikaner. Santo Domingo. *Währung:* der dominikanische Peso (dom. P, P) zu 100 Centavos; 30 Pesos, in Pesos, des Peso.

**Ecuador:** Republik Ecuador; ecuadorianisch, Ecuadorianer. Quito. *Währung:* der Dollar ($) zu 100 Cent; 30 Dollar, in Dollars, des Dollars.

**El Salvador:** Republik El Salvador; salvadorianisch, Salvadorianer. San Salvador. *Währung:* der Colón (Cn.) zu 100 Centavos; 30 Colones, in Colones, des Colón.

**England:** siehe *Grossbritannien.*

**Eritrea:** Republik Eritrea; eritreisch, Eritreer. Asmara. *Währung:* der Nafka zu 100 Cent; 30 Nafka, in Nafka, des Nafka.

**Estland:** Estnische Republik; estnisch, Este. Tallinn. *Währung:* die estnische Krone (eKr.) zu 100 Sent; 30 Kronen, in Kronen, der Krone.

**Falklandinseln:** brit. Kronkolonie Falkland Islands and Dependencies. Port Stanley. *Währung:* das Pfund (FL-£, £) zu 100 Pence (p).

**Fidschi:** Republik Fidschi; fidschianisch, Fidschianer. Suva. *Währung:* der Fidschi-Dollar (F-$, $) zu 100 Cent; 30 Dollar, in Dollars, des Dollars.

**Finnland:** Republik Finnland; finnisch, Finne. Helsinki. *Währung:* der Euro (€) zu 100 Cent; 30 Euro, in Euro, des Euro, die Euro.

**Frankreich:** Französische Republik. Paris. *Währung:* der Euro (€) zu 100 Cent; 30 Euro, in Euro, des Euro, die Euro.

**Französisch-Guayana:** französisches Überseedepartement. (Cayenne.)

**Gabon:** Republik Gabon: gabonesisch, Gabonese. Libreville. *Währung:* der CFA-Franc (CFA-Fr.); 30 Francs, in Francs, des Franc.

**Gambia:** Republik Gambia; gambisch, Gambier. Banjul. *Währung:* der Dalasi (D) zu 100 Butut; 30 Dalasi, in Dalasi, des Dalasi.

**Georgien:** Republik Georgien; georgisch, Georgier. Tbilissi. *Währung:* der Lari zu 100 Tetris; 30 Lari, in Lari, des Lari.

**Ghana:** Republik Ghana; ghanesisch, Ghanese. Accra. *Währung:* der Cedi (C) zu 100 Pesewa; 30 Cedi, in Cedi, des Cedi.

**Gibraltar:** brit. Kronkolonie Gibraltar; gibraltarisch, Gibraltarer. Gibraltar. *Währung:* das Gibraltar-Pfund (Gib.-£, £) zu 100 Pence (p); 30 Pfund, in Pfund, des Pfund(e)s.

**Grenada:** Monarchie (brit.); grenadisch, Grenader. St. George's. *Währung:* der ostkaribische Dollar (EC-$, $) zu 100 Cent; 30 Dollar, in Dollars, des Dollars.

**Griechenland:** Griechische Republik; griechisch, Grieche. Athen. *Währung:* der Euro (€) zu 100 Cent; 30 Euro, in Euro, des Euro, die Euro.

**Grossbritannien:** Vereinigtes Königreich von Grossbritannien und Nordirland. London. *Währung:* das Pfund (£, Pfund Sterling) zu 100 Pence (p), Ez.: der Penny, Mz.: Pennys, wenn einzelne Pennystücke gemeint sind; 30 Pfund, in Pfund, des Pfund(e)s.

**Guatemala:** Republik Guatemala; guatemaltekisch, Guatemalteke. Guatemala-Stadt. *Währung:* der Quetzal (Q) zu 100 Centavos; 30 Quetzales, in Quetzales, des Quetzal.

**Guayana:** siehe *Guyana.*

**Guinea:** Republik Guinea; guineanisch, Guineaner. Conakry. *Währung:* der Guinea-Franc (G.-Fr.) zu 100 Centimes (Ct.); 30 Francs, in Francs, des Franc.

**Guinea-Bissau:** Republik Guinea-Bissau. Bissau. *Währung:* der CFA-Franc (CFA-Fr.); 30 CFA-Francs, in CFA-Francs, des CFA-Franc.

**Guyana:** Republik; guyanisch, Guyaner. Georgetown. *Währung:* der Guyana-Dollar (G-$, $) zu 100 Cent; 30 Dollar, in Dollars, des Dollars.

**Haiti:** Republik Haiti; haitianisch, Haitianer. Port-au-Prince. *Währung:* der Gourde (Gd.) zu 100 Centimes (Ct.); 30 Gourde, in Gourde, des Gourde.

**Holland:** siehe *Niederlande.*

**Honduras:** Republik Honduras; honduranisch, Honduraner. Tegucigalpa. *Währung:* die Lempira (Lp.) zu 100 Centavos; 30 Lempiras, in Lempiras, der Lempira.

**Hongkong:** chinesische Sonderverwaltungszone. *Währung:* der Hongkong-Dollar (HK-$, $) zu 100 Cent; 30 Dollar, in Dollars, des Dollars.

**Indien:** Republik Indien; indisch, Inder. Delhi. *Währung:* die indische Rupie (R) zu 100 Paise; 30 Rupien, in Rupien, der Rupie.

**Indonesien:** Republik Indonesien; indonesisch, Indonesier. Jakarta. *Währung:* die indonesische Rupiah (Rp.) zu 100 Sen; 30 Rupiah, in Rupiah.

**Irak, der:** Republik Irak; der Irak, im Irak, des Iraks, irakisch, Iraker. Bagdad. *Währung:* der irakische Dinar (irak. Din., Din.) zu 1000 Fils; 30 Dinar, in Dinar, des Dinar.

**Iran:** Islamische Republik Iran; iranisch, Iraner; Persien, persisch, Perser. Teheran. *Währung:* der Rial (Rl.) zu 100 Dinar; 30 Rial, in Rial, des Rial.

**Irland:** Republik Irland; irisch, Ire. Dublin. *Währung:* der Euro (€) zu 100 Cent; 30 Euro, in Euro, des Euro, die Euro.

**Island:** Republik Island; isländisch, Isländer. Reykjavik. *Währung:* die isländische Krone (iKr.) zu 100 Aurar (Öre); 30 Kronen, in Kronen, der Krone.

**Israel:** Staat Israel; israelisch, Israeli, des Israelis, die Israeli. Jerusalem. *Währung:* der Neue Schekel (Sch) zu 100 Agorot; 30 Schekel, in Schekel, des Schekel.

**Italien:** Italienische Republik. Rom. *Währung:* der Euro (€) zu 100 Cent; 30 Euro, in Euro, des Euro, die Euro.

**Jamaica:** Monarchie (brit.); jamaicanisch, Jamaicaner. Kingston. *Währung:* der Jamaica-Dollar (J-$, $) zu 100 Cent; 30 Dollar, in Dollars, des Dollars.

**Japan:** Tokio. *Währung:* der Yen zu 100 Sen; 30 Yen, in Yen, des Yen.

**Jemen:** Arabische Republik Jemen; jemenitisch, Jemenite, des Jemeniten. Sanaa. *Währung:* der Jemen-Rial (J-Rl., Rl.) zu 100 Fils; 30 Rial, in Rial, des Rial.

**Jordanien:** Haschemitisches Königreich Jordanien; jordanisch, Jordanier. Amman. *Währung:* der jordanische Dinar (jord. Din., Din.) zu 1000 Fils; 30 Dinar, in Dinar, des Dinar.

**Kambodscha:** kambodschanisch, Kambodschaner. Phnom Penh. *Währung:* der Riel (Ri.) zu 100 Sen; 30 Riel, in Riel, des Riel.

**Kamerun:** Republik Kamerun; kamerunisch, Kameruner. Yaoundé. *Währung:* der CFA-Franc (CFA-Fr.); 30 Francs, in Francs, des Franc.

**Kanada:** kanadisch, Kanadier. Ottawa. *Währung:* der kanadische Dollar (kan. $, $) zu 100 Cent; 30 Dollar, in Dollars, des Dollars.

**Kap Verde:** Republik; kapverdisch, Kapverdier. Praia. *Währung:* der kapverdische Escudo (K. Esc., Esc.) zu 100 Centavos.

**Kasachstan:** Republik Kasachstan; kasachisch, Kasache, Kasachin. Astana. *Währung:* der Tenge (T) zu 100 Tiyn; 30 Tenge, in Tenge, des Tenge.

**Katar:** Emirat Katar; katarisch, Katarer. Ad-Dauha. *Währung:* der Katar-Riyal (KR.) zu 100 Dirham; 30 Riyal, in Riyal, des Riyal.

**Kenya:** Republik Kenya; kenyanisch, Kenyaner. Nairobi. *Währung:* der Kenya-Shilling (KSh., Sh.) zu 100 Cent; 30 Shilling, in Shilling, des Shilling.

**Kirgistan:** Republik Kirgistan; kirgisisch, Kirgise, Kirgisin. Bischkek. *Währung:* der Som zu 100 Tyin; 30 Som, in Som, des Som.

**Kiribati:** Republik Kiribati; kiribatisch, Kiribatier. Bairiki. *Währung:* der australische Dollar (austr. $) zu 100 Cent; 30 Dollar, in Dollars, des Dollars.

**Kolumbien:** Republik Kolumbien; kolumbianisch, Kolumbianer. Bogotá. *Währung:* der kolumbianische Peso (kol. P, P) zu 100 Centavos; 30 Pesos, in Pesos, des Peso.

**Komoren, die:** Union der Komoren; komorisch, Komorer. Moroni. *Währung:* der Komoren-Franc (KFr.); 30 Francs, in Francs, des Franc.

**Kongo-Brazzaville:** Republik Kongo; kongolesisch, Kongolese. Brazzaville. *Währung:* der CFA-Franc (CFA-Fr.); 30 Francs, in Francs, des Franc.

**Kongo-Kinshasa:** Demokratische Republik Kongo; kongolesisch, Kongolese. Kinshasa. *Währung:* der kongolesische Franc (kong. Fr.); 30 Francs, in Francs, des Franc.

**Korea (Nordkorea):** Demokratische Volksrepublik Korea; (nord)koreanisch, (Nord-)Koreaner. Pjongjang. *Währung:* der Won (W) zu 100 Zeuns; 30 Won, in Won, des Won.

**Korea (Südkorea):** Republik Korea; (süd)koreanisch, (Süd-)Koreaner. Seoul. *Währung:* der Won (W) zu 100 Chon; 30 Won, in Won, des Won.

**Kroatien:** Republik Kroatien; kroatisch, Kroate. Zagreb. *Währung:* die Kuna (Ku.) (Mehrzahl: Kune) zu 100 Lipa; 30 Kune, in Kune, der Kuna.

**Kuba:** Republik Kuba; kubanisch, Kubaner. Havanna. *Währung:* der kubanische Peso (kub. P, P) zu 100 Centavos; 30 Pesos, in Pesos, des Peso.

**Kuwait:** Emirat Kuwait; kuwaitisch, Kuwaiter. Kuwait. *Währung:* der kuwaitische Dinar (kuw. Din., Din.) zu 1000 Fils; 30 Dinar, in Dinar, des Dinar.

**Laos:** Demokratische Volksrepublik Laos; laotisch, Laote, des Laoten. Vientiane. *Währung:* der Kip (K) zu 100 At; 30 Kip, in Kips, des Kip.

**Lesotho:** Königreich Lesotho; lesothoisch, Lesothoer. Maseru. *Währung:* der Loti (Mehrzahl: Maloti) zu 100 Lisente; 30 Maloti, in Maloti, des Loti.

**Lettland:** Lettische Republik; lettisch, Lette, Lettin. Riga. *Währung:* der Lats (Lts.) zu 100 Santimi; 30 Lats, in Lats, des Lats.

**Libanon:** Libanesische Republik; Libanese, des Libanesen. Es ist zu unterscheiden: Libanon (Land, ohne Artikel), der Libanon (Berg). Beirut. *Währung:* das libanesische Pfund (liban. £, £) zu 100 Piaster; 30 Pfund, in Pfund, des Pfund(e)s.

**Liberia:** Republik Liberia; liberianisch, Liberianer. Monrovia. *Währung:* der liberianische Dollar (lib. $, $) zu 100 Cent; 30 Dollar, in Dollars, des Dollars.

**Libyen:** Grosse libysche, arabische, sozialistische Volks-Jamahiriya; libysch, Libyer. Tripolis. *Währung:* der libysche Dinar (lib. Din., Din.) zu 1000 Dirham; 30 Dinar, in Dinar, des Dinar.

**Liechtenstein:** Fürstentum Liechtenstein; liechtensteinisch, Liechtensteiner. Vaduz. *Währung:* wie Schweiz.

**Litauen:** Litauische Republik; litauisch, Litauer. Vilnius. *Währung:* der Litas zu 100 Centas; 30 Litas, in Litas, des Litas.

**Luxemburg:** Grossherzogtum Luxemburg; luxemburgisch, Luxemburger. Luxemburg. *Währung:* der Euro (€) zu 100 Cent; 30 Euro, in Euro, des Euro, die Euro.

**Macau:** chinesische Sonderverwaltungszone. Macau. *Währung:* der Pataca (Pat.) zu 100 Avos. Als Zahlungsmittel gilt auch der Hongkong-Dollar (HK-$).

**Madagaskar:** Republik Madagaskar; madagassisch, Madagasse, des Madagassen. Antananarivo. *Währung:* der madagassische Franc (mad. Fr.); 30 Franc, in Francs, des Franc.

**Malawi:** Republik Malawi; malawisch, Malawier. Lilongwe. *Währung:* der malawische Kwacha (MK) zu 100 Tambala; 30 Kwacha, in Kwacha, des Kwacha.

**Malaysia:** Föderation Malaysia: malaysisch, Malaysier. Kuala Lumpur. *Währung:* der Ringgit (Rin.) zu 100 Sen; 30 Ringgit, in Ringgit, des Ringgit.

**Malediven, die:** Republik der Malediven; maledivisch, Maledivier. Male. *Währung:* die Rufiyaa (Ru.) zu 100 Laari, 30 Rufiyaa, in Rufiyaa, der Rufiyaa.

**Mali:** Republik Mali; malisch, Malier. Bamako. *Währung:* der CFA-Franc (CFA-Fr.); 30 Francs, in Francs, des Franc.

**Malta:** Republik Malta; maltesisch, Malteser. Valletta. *Währung:* die maltesische Lire zu 100 Cent; 30 Liri, in Liri, der Lire.

**Marokko:** Königreich Marokko; marokkanisch, Marokkaner. Rabat. *Währung:* der Dirham (Dh.) zu 100 Centimes; 30 Dirham, in Dirham, des Dirham.

**Mauretanien:** Islamische Republik Mauretanien; mauretanisch, Mauretanier. Nouakchott. *Währung:* der Ouguiya (Oug.) zu 5 Khoums.

**Mauritius:** Republik Mauritius. Port Louis. *Währung:* die Mauritius-Rupie (MR) zu 100 Cent; 30 Rupien, in Rupien, der Rupie.

**Mazedonien:** Republik Mazedonien; mazedonisch, Mazedonier. Skopje. *Währung:* der mazedonische Denar (maz. Den., Den.) zu 100 Deni; 30 Denar, in Denar, des Denar.

**Mexiko:** Vereinigte Mexikanische Staaten; mexikanisch, Mexikaner. Mexiko-Stadt. *Währung:* der Neue mexikanische Peso (mex. P, P) zu 100 Centavos; 30 Pesos, in Pesos, des Peso.

**Moçambique:** Republik Moçambique; mosambikanisch, Mosambikaner. Maputo. *Währung:* der Metical (MT) (Mehrzahl: Meticais) zu 100 Centavos.

**Moldau, die:** Republik Moldau; moldauisch, Moldauer. Chisinau. *Währung:* der Moldau-Leu (Mehrzahl: Lei) zu 100 Bani; 30 Lei, in Lei, des Leu.

**Monaco:** Fürstentum Monaco; monegassisch, Monegasse, des Monegassen. Monaco. *Währung:* wie Frankreich.

**Mongolei, die:** Republik Mongolei; mongolisch, Mongole, des Mongolen. Ulaanbaatar. *Währung:* der Tugrik (Tg.) zu 100 Mongo; 30 Tugrik, in Tugrik, des Tugrik.

**Montenegro:** Republik Montenegro; montenegrinisch, Montenegriner. Podgorica. *Währung:* der Euro (€) zu 100 Cent; 30 Euro, in Euro, des Euro, die Euro.

**Myanmar (Burma):** burmesisch, Burmese. Yangon (Rangun). *Währung:* der Kyat (K) zu 100 Pyas; 30 Kyat, in Kyat, des Kyat.

**Namibia:** namibisch, Namibier. Windhoek. *Währung:* der Namibia-Dollar (nam. $) zu 100 Cent; 30 Dollar, in Dollars, des Dollars. Der südafrikanische Rand (Rd.) ist ebenfalls gesetzliches Zahlungsmittel.

**Nauru:** Republik Nauru; nauruisch, Nauruer. Yaren. *Währung:* der australische Dollar (austr. $, $) zu 100 Cent; 30 Dollar, in Dollars, des Dollars.

**Nepal:** Königreich Nepal; nepalesisch, Nepalese, des Nepalesen. Kathmandu. *Währung:* die nepalesische Rupie (nep. R, R) zu 100 Paisa; 30 Rupien, in Rupien, der Rupie.

**Neukaledonien:** franz. Überseeterritorium im südwestlichen Pazifik; neukaledonisch, Neukaledonier. Nouméa. *Währung:* der CFP-Franc (CFP-Fr.) zu 100 Centimes. (CFP = Communauté française du Pacifique.)

**Neuseeland:** neuseeländisch, Neuseeländer. Wellington. *Währung:* der neuseeländische Dollar (ns. $, $) zu 100 Cent; 30 Dollar, in Dollars, des Dollars.

**Nicaragua:** Republik Nicaragua; nicaraguanisch, Nicaraguaner. Managua. *Währung:* der Córdoba (Crd.) zu 100 Centavos; 30 Córdoba, in Córdobas, des Córdoba.

**Niederlande, die:** Königreich der Niederlande; niederländisch (holländisch), Niederländer (Holländer). Amsterdam. *Währung:* der Euro (€) zu 100 Cent; 30 Euro, in Euro, des Euro, die Euro.

**Niger:** Republik Niger; nigrisch, Nigrer. Niamey. *Währung:* der Franc (CFA-Fr.); in 30 Francs, in Francs, des Franc.

**Nigeria:** Bundesrepublik Nigeria; nigerianisch, Nigerianer. Abuja. *Währung:* die Naira (N) zu 100 Kobo; 30 Naira, in Nairas, der Naira.

**Norwegen:** Königreich Norwegen. Oslo. *Währung:* die norwegische Krone (nKr.) zu 100 Öre; 30 Kronen, in Kronen, der Krone.

**Oman:** Sultanat Oman; omanisch, Omaner. Maskat. *Währung:* der omanische Rial (om. Rl., Rl.) zu 1000 Baiza; 30 Rial, in Rial, des Rial.

**Österreich:** Republik Österreich. Wien. *Währung:* der Euro (€) zu 100 Cent; 30 Euro, in Euro, des Euro, die Euro.

**Osttimor:** Republik Osttimor; timoresisch, Timorer. Dili. *Währung:* der Dollar (US-$, $) zu 100 Cent; 30 Dollar, in Dollars, des Dollars.

**Pakistan:** Islamische Republik Pakistan; pakistanisch, Pakistaner. Islamabad. *Währung:* die pakistanische Rupie (PR) zu 100 Paisa; 30 Rupien, in Rupien, der Rupie.

**Panama:** Republik Panama; panamaisch, Panamaer. Panama-Stadt. *Währung:* der Balboa (B) zu 100 Centésimos; 30 Balboas, in Balboas, des Balboa.

**Papua-Neuguinea** (Niugini): Inselstaat im westlichen Pazifik. Port Moresby. *Währung:* die Kina (K) zu 100 Toea; 30 Kina, in Kina, der Kina.

**Paraguay:** Republik Paraguay; paraguayisch, Paraguayer. Asunción. *Währung:* der Guarani (G) zu 100 Céntimos; 30 Guarani, in Guarani, des Guarani.

**Persien:** siehe *Iran.*

**Peru:** Republik Peru; peruanisch, Peruaner. Lima. *Währung:* der Neue Sol zu 100 Céntimos; 30 Soles, in Soles, des Sol.

**Philippinen, die:** Republik der Philippinen; philippinisch, Filipino, des Filipinos, die Filipinos. Manila. *Währung:* der philippinische Peso (P) zu 100 Sentimos; 30 Pesos, in Pesos, des Peso.

**Polen:** Republik Polen; polnisch, Pole, des Polen. Warschau. *Währung:* der Zloty (Zl.) zu 100 Groszy; 30 Zloty, in Zloty, des Zloty.

**Portugal:** Portugiesische Republik; portugiesisch, Portugiese, des Portugiesen. Lissabon. *Währung:* der Euro (€) zu 100 Cent; 30 Euro, in Euro, des Euro, die Euro.

**Rumänien:** Republik Rumänien; rumänisch, Rumäne, des Rumänen. Bukarest. *Währung:* der Leu (Mehrzahl: Lei) zu 100 Bani; 30 Lei, in Lei, des Leu.

**Russland:** Russische Föderation; russisch, Russe. Moskau. *Währung:* der Rubel (Rbl.) zu 100 Kopeken; 30 Rubel, in Rubel, des Rubels.

**Rwanda:** Republik Rwanda; rwandisch, Rwander. Kigali. *Währung:* der Rwanda-Franc (RwFr.) zu 100 Centimes; 30 Francs, in Francs, des Franc.

**Saint Lucia:** Monarchie (brit.). Castries. *Währung:* der ostkaribische Dollar (EC-$, $) zu 100 Cent; 30 Dollar, in Dollars, des Dollars.

**Saint Vincent:** Monarchie (brit.). Kingstown. *Währung:* der (ostkaribische) Dollar (EC-$, $) zu 100 Cent.

**Salomoninseln:** Republik Salomoninseln; die Salomonen. Honiara. *Währung:* der Salomonen-Dollar (sal. $, $) zu 100 Cent; 30 Dollar, in Dollars, des Dollars.

**Sambia:** Republik Sambia; sambisch, Sambier. Lusaka. *Währung:* der Kwacha (K) zu 100 Ngwee; 30 Kwacha, in Kwacha, des Kwacha.

**Samoa:** siehe *Westsamoa.*

**San Marino:** Republik San Marino; sanmarinesisch, Sanmarinese, des Sanmarinesen. San Marino. *Währung:* wie Italien.

**São Tomé und Príncipe:** Demokratische Republik São Tomé und Príncipe. São Tomé. *Währung:* die Dobra (Do.) zu 100 Centimos; 1000 Dobra = 1 Conto; 30 Dobra, in Dobra, der Dobra.

**Saudiarabien:** Königreich Saudiarabien; saudiarabisch, Saudiaraber (auch saudisch, der Saudi, die Saudi). Riad. *Währung:* der Riyal (Rl.) zu 100 Halalas; 30 Riyal, in Riyal, des Riyal.

**Schweden:** Königreich Schweden. Stockholm. *Währung:* die schwedische Krone (sKr.) zu 100 Öre; 30 Kronen, in Kronen, der Krone.

**Schweiz, die:** Schweizerische Eidgenossenschaft; schweizerisch, Schweizer. Bern. *Währung:* der Schweizerfranken (Fr.) zu 100 Rappen (Rp.); 30 Franken, in Franken, des Frankens.

**Senegal:** Republik Senegal; senegalesisch, Senegalese, des Senegalesen. Dakar. Es ist zu unterscheiden: Senegal (Land, ohne Artikel), der Senegal (Fluss). *Währung:* der CFA-Franc (CFA-Fr.); 30 Francs, in Francs, des Franc.

**Serbien:** Republik Serbien; serbisch, Serbe. Belgrad. *Währung:* der serbische Dinar (Din.) zu 100 Para; 30 Dinar, in Dinar, des Dinar.

**Seychellen, die:** Republik Seychellen; seychellisch, Seycheller. Victoria. *Währung:* die Seychellen-Rupie (SR, R) zu 100 Cent; 30 Rupien, in Rupien, der Rupie.

**Sierra Leone:** Republik Sierra Leone; sierra-leonisch, Sierra-Leoner. Freetown. *Währung:* der Leone (Le.) zu 100 Cent; 30 Leone, in Leone, des Leone.

**Simbabwe:** Republik Simbabwe: simbabwisch, Simbabwer. Harare. *Währung:* der Simbabwe-Dollar (sim. $, $) zu 100 Cent; 30 Dollar, in Dollars, des Dollars.

**Singapur:** Republik Singapur; singapurisch, Singapurer. Singapur. *Währung:* der Singapur-Dollar (sing. $, $) zu 100 Cent; 30 Dollar, in Dollars, des Dollars.

**Slowakei, die:** Slowakische Republik; slowakisch, Slowake. Bratislava (Pressburg). *Währung:* die slowakische Krone (slKr.) zu 100 Heller; 30 Kronen, in Kronen, der Krone.

**Slowenien:** Republik Slowenien; slowenisch, Slowene. Ljubljana. *Währung:* der Tolar (Tol.) zu 100 Stotinki; 30 Tolar, in Tolar, des Tolar.

**Somalia:** Somalische Demokratische Republik; somalisch, Somalier. Mogadiscio. *Währung:* der Somali-Shilling (sSh.) zu 100 Cent; 30 Shilling, in Shilling, des Shilling.

**Spanien:** Spanien. Madrid. *Währung:* der Euro (€) zu 100 Cent; 30 Euro, in Euro, des Euro, die Euro.

**Sri Lanka:** Republik Sri Lanka; sri-lankisch, Sri Lanker. Colombo. *Währung:* die Sri-Lanka-Rupie (sl. R, R) zu 100 Cent; 30 Rupien, in Rupien, der Rupie.

**Südafrika:** Republik Südafrika. Pretoria. *Währung:* der Rand (Rd.) zu 100 Cent, 30 Rand, in Rand, des Rand.

**Sudan, der:** Republik Sudan; sudanesisch, Sudanese. Khartum. *Währung:* der sudanesische Dinar zu 100 Piaster; 30 Dinar, in Dinar, des Dinar.

**Surinam:** Republik Surinam; surinamisch, Surinamer. Paramaribo. *Währung:* der Surinam-Gulden (S-hfl., hfl.) zu 100 Cent; 30 Gulden, in Gulden, des Guldens.

**Swasiland (Ngwana):** Königreich Swasiland; swasiländisch, Swasi(länder). Mbabane. *Währung:* Lilangeni (Mehrzahl: Emalangeni; E) zu 100 Cent.

**Syrien:** Arabische Republik Syrien: syrisch, Syrer. Damaskus. *Währung:* das syrische Pfund (syr. £, £) zu 100 Piaster; 30 Pfund, in Pfund, des Pfund(e)s.

**Tadschikistan:** Republik Tadschikistan; tadschikisch, Tadschike. Duschanbe. *Währung:* der Somoni zu 100 Dirachm; 30 Somoni, in Somoni, des Somoni.

**Taiwan:** taiwanisch, Taiwaner. Taipeh. *Währung:* der Neue Taiwan-Dollar (NT-$, $) zu 100 Cent; 30 Dollar, in Dollars, des Dollars.

**Tansania:** Vereinigte Republik Tansania; tansanisch, Tansanier. Dar es Salaam. *Währung:* der tansanische Shilling (tSh.) zu 100 Cent; 30 Shilling, in Shilling, des Shilling.

**Thailand:** Königreich Thailand; thailändisch, Thailänder. Bangkok. *Währung:* der Baht (B) zu 100 Satang; 30 Baht, in Baht, des Baht.

**Tibet:** tibetisch, Tibeter.

**Togo:** Republik Togo; togolesisch, Togolese. Lomé. *Währung:* der CFA-Franc (CFA-Fr.); 30 Francs, in Francs, des Franc.

**Tonga:** Königreich Tonga; tonganisch, Tonganer. Nukualofa. *Währung:* die Pa'anga (Pa.) zu 100 Seniti.

**Trinidad und Tobago:** Republik Trinidad und Tobago. Port of Spain. *Währung:* der Trinidad-und-Tobago-Dollar (TT-$, $) zu 100 Cent; 30 Dollar, in Dollars, des Dollars.

**Tschad:** Republik Tschad; tschadisch, Tschader. Ndjamena. *Währung:* der CFA-Franc (CFA-Fr.); 30 Franc, in Francs, des Franc.

**Tschechien:** Tschechische Republik; tschechisch, Tscheche. Prag. *Währung:* die tschechische Krone (tKr.) zu 100 Heller; 30 Kronen, in Kronen, der Krone.

**Tunesien:** Republik Tunesien; tunesisch, Tunesier. Tunis. *Währung:* der tunesische Dinar (tun. Din., Din.) zu 1000 Millimes; 30 Dinar, in Dinar, des Dinars.

**Türkei, die:** Republik Türkei; türkisch, Türke, des Türken. Ankara. *Währung:* die türkische Lira (Lir.) zu 100 Kurus; 30 Lira, in Lira, der Lira.

**Turkmenistan:** turkmenisch, Turkmene. Aschchabad. *Währung:* der Manat (M) zu 100 Tenge; 30 Manat, in Manat, des Manat.

**Tuvalu:** Republik Tuvalu; tuvalisch, Tuvalier. Funafuti. *Währung:* der australische Dollar (austr. $, $) zu 100 Cent; 30 Dollar, in Dollars, des Dollars.

**Uganda:** Republik Uganda; ugandisch, Ugander. Kampala. *Währung:* der ugandische Shilling (uSh.) zu 100 Cent; 30 Shilling, in Shilling, des Shilling.

**Ukraine, die:** ukrainisch, Ukrainer. Kiew. *Währung:* die Hrywna (Hr.) zu 100 Kopeken; 30 Hrywna, in Hrywna, der Hrywna.

**Ungarn:** Republik Ungarn; ungarisch, Ungar, des Ungarn. Budapest. *Währung:* der Forint (Ft.) zu 100 Filler; 30 Forint, in Forint, des Forint.

**Uruguay:** Republik Uruguay; uruguayisch, Uruguayer. Montevideo. *Währung:* der uruguayische Peso (ur. P, P) zu 100 Centésimos; 30 Pesos, in Pesos, des Peso.

**Usbekistan:** Republik Usbekistan; usbekisch, Usbeke. Taschkent. *Währung:* der Sum zu 100 Tijin; 30 Sum, in Sum, des Sum.

**Vanuatu:** Republik im südwestlichen Pazifik; umfasst die Neuen Hebriden. Port Vila. *Währung:* der Vatu (Vt.); 30 Vatu, in Vatu, des Vatu.

**Vatikanstadt, die:** Staat Vatikanstadt (der Vatikan); vatikanisch. *Währung:* wie Italien.

**Venezuela:** Republik Venezuela; venezolanisch, Venezolaner. Caracas. *Währung:* der Bolívar (Bol.) zu 100 Céntimos; 30 Bolívares, in Bolívares, des Bolívar.

**Vereinigte Arabische Emirate, die:** Föderation von sieben Emiraten auf der Arabischen Halbinsel. *Währung:* der Dirham (Dh.) zu 100 Fils; 30 Dirham, in Dirham, des Dirham.

**Vereinigte Staaten, die (USA, die):** Vereinigte Staaten von Amerika. Washington. *Währung:* der Dollar (US-$, $) zu 100 Cent; 30 Dollar, in Dollars, des Dollars.

**Vietnam:** Volksrepublik Vietnam; vietnamesisch, Vietnamese, des Vietnamesen. Hanoi. *Währung:* der Dong (D) zu 10 Hao = 100 Xu; 30 Dong, in Dong, des Dong.

**Weissrussland:** Republik Weissrussland; weissrussisch, Weissrusse. Minsk. *Währung:* der weissrussische Rubel (Rbl.) zu 100 Kopeken; 30 Rubel, in Rubel, des Rubels.

**Westsamoa:** Unabhängiger Staat Westsamoa; westsamoanisch, Westsamoaner. Apia. *Währung:* der Tala (T) zu 100 Sene; 30 Tala, in Tala, des Tala.

**Zentralafrika:** Republik Zentralafrika; zentralafrikanisch, Zentralafrikaner. Bangui. *Währung:* der CFA-Franc (CFA-Fr.); 30 Francs, in Francs, des Franc.

**Zypern:** Republik Zypern; zypriotisch, Zypriote. Nikosia. *Währung:* das zypriotische Pfund (zy. £, £) zu 100 Cent; 30 Pfund, in Pfund, des Pfund(e)s.

# Gliedstaaten oder Provinzen

## Vereinigte Staaten von Amerika

Gliedstaaten (mit Hauptstadt)

| | | | |
|---|---|---|---|
| Alabama (AL) | Montgomery | Missouri (MO) | Jefferson City |
| Alaska (AK) | Juneau | Montana (MT) | Helena |
| Arizona (AZ) | Phoenix | Nebraska (NE) | Lincoln |
| Arkansas (AR) | Little Rock | Nevada (NV) | Carson City |
| Colorado (CO) | Denver | New Hampshire (NH) | Concord |
| Connecticut (CT) | Hartford | New Jersey (NJ) | Trenton |
| Delaware (DE) | Dover | New Mexico (NM) | Santa Fe |
| District | | New York (NY) | Albany |
| of Columbia (DC) | Washington | North Carolina (NC) | Raleigh |
| Florida (FL) | Tallahassee | North Dakota (ND) | Bismarck |
| Georgia (GA) | Atlanta | Ohio (OH) | Columbus |
| Hawaii (HI) | Honolulu | Oklahoma (OK) | Oklahoma City |
| Idaho (ID) | Boise | Oregon (OR) | Salem |
| Illinois (IL) | Springfield | Pennsylvania (PA) | Harrisburg |
| Indiana (IN) | Indianapolis | Rhode Island (RI) | Providence |
| Iowa (IA) | Des Moines | South Carolina (SC) | Columbia |
| Kalifornien (CA) | Sacramento | South Dakota (SD) | Pierre |
| Kansas (KS) | Topeka | Tennessee (TN) | Nashville |
| Kentucky (KY) | Frankfort | Texas (TX) | Austin |
| Louisiana (LA) | Baton Rouge | Utah (UT) | Salt Lake City |
| Maine (ME) | Augusta | Vermont (VT) | Montpelier |
| Maryland (MD) | Annapolis | Virginia (VA) | Richmond |
| Massachusetts (MA) | Boston | Washington (WA) | Olympia |
| Michigan (MI) | Lansing | West Virginia (WV) | Charleston |
| Minnesota (MN) | St. Paul | Wisconsin (WI) | Madison |
| Mississippi (MS) | Jackson | Wyoming (WY) | Cheyenne |

**Volksrepublik China**

Links Provinzen, rechts dazugehörige Hauptstadt in der neuen Pinyin-
Lautumschrift.

| | | |
|---|---|---|
| Anhui | Hefei | *Autonome Regionen:* |
| Fujian | Fuzhou | |
| Gansu | Lanzhou | Guangxi | Nanning |
| Guangdong | Guangzhou | Innere Mongolei | Hohhot |
| Guizhou | Guiyang | (Nei Monggol) | |
| Hainan | Haikou | Ningxia | Yinchuan |
| Hebei | Shijiazhuang | Xinjiang | Urumqi |
| Heilongjiang | Harbin | Tibet (Xizang) | Lhasa |
| Henan | Zhengzhou | | |
| Hubei | Wuhan | | |
| Hunan | Changsha | | |
| Jiangsu | Nanjing | *Regierungsunmittelbare Städte:* |
| Jiangxi | Nanchang | |
| Jilin | Changchun | Chongqing |
| Liaoning | Shenyang | Peking (Beijing) |
| Qinghai | Xining | Schanghai (Shanghai) |
| Shaanxi | Xian | Tianjin |
| Shandong | Jinan | |
| Shanxi | Taiyuan | |
| Sichuan | Chengdu | |
| Yunnan | Kunming | *Sonderverwaltungszone:* |
| Zhejiang | Hangzhou | |
| | | Hongkong |
| | | Macau |

# Republik Indien

Gliedstaaten (mit Hauptstadt)

| Andhra Pradesh | Hyderabad | Punjab | Chandigarh |
|---|---|---|---|
| Arunachal Pradesh | Itanagar | Rajasthan | Jaipur |
| Assam | Dispur | Sikkim | Gangtok |
| Bihar | Patna | Tamil Nadu | Chennai |
| Chhattisgarh | Raipur | Tripura | Agartala |
| Goa | Panaji | Uttaranchal | Dehradun |
| Gujarat | Ahmedabad/ | Uttar Pradesh | Lucknow |
|  | Gandhinagar | Westbengalen | Kolkata |
| Haryana | Chandigarh |  |  |
| Himachal Pradesh | Simla |  |  |
| Jammu und Kaschmir | Srinagar | *Unionsterritorien:* |  |
| Jharkhand | Ranchi |  |  |
| Karnataka | Bangalore | Delhi | Delhi |
| Kerala | Trivandrum | Andamanen | Port Blair |
| Madhya Pradesh | Bhopal | und Nikobaren |  |
| Maharashtra | Mumbai | Chandigarh | Chandigarh |
| Manipur | Imphal | Dadra | Silvassa |
| Meghalaya | Shillong | und Nagar Haveli |  |
| Mizoram | Aizawl | Daman und Diu | Daman |
| Nagaland | Kohima | Lakshadweep | Kavaratti |
| Orissa | Bhubaneswar | Pondicherry | Pondicherry |

# Richtlinien für Abkürzungen

In Übereinstimmung mit einem Entscheid der Schweizerischen Depeschenagentur und den Empfehlungen und Regeln, die im Duden niedergelegt sind, schreiben wir Abkürzungen wie folgt:

1. Sofern die Abkürzung aus *mehr als drei* Buchstaben besteht *und als Wort gelesen* werden kann, wird nur der erste Buchstabe gross geschrieben, der Rest klein: Muba, Suva, Gatt, Nato, Comecon, Unesco, Fifalpa.
   Als *Ausnahmen* gelten EFTA (zur Wahrung der optischen Parität gegenüber der EWG), IATA sowie alle *neu auftretenden Abkürzungen* dieser Art, *bis sie geläufig sind.*

2. Abkürzungen mit *nur drei oder weniger* Buchstaben erhalten in der Regel die Gross- bzw. die Kleinbuchstaben der ausgeschriebenen Wortformen; in Grossbuchstaben geschrieben werden Abkürzungen mit mehr als drei Buchstaben, wenn diese Buchstaben einzeln ausgesprochen werden: AG, RS, EG, BBf (Büro für Baubewilligungsfragen), BfS (Bundesamt für Statistik), BfU (Beratungsstelle für Unfallverhütung), DPA, GUS, MAN, IGNM, VHTL.
   *Ausnahmen:* Uno, Ufo (unidentified flying object), Abc (= Alphabet), Plc, Pty.

3. Die als Wort gelesenen *und* die buchstabenweise gesprochenen Versalabkürzungen erhalten keinen Punkt. Dies gilt auch für fremdsprachige Abkürzungen wie für Abkürzungen mit einzelnen Kleinbuchstaben im Innern: CGT, SNCF, GmbH, SA, SpA.

4. Mehrteilige Abkürzungen (d. h., m. a. W., m. E.) müssen am Anfang eines Satzes ausgeschrieben werden: Das heisst..., Mit anderen Worten..., Meines Erachtens...

5. Das Adelsprädikat von ist am Satzanfang weder ausgeschrieben noch abgekürzt zu verwenden. Richtig ist: Richard von Weizsäcker sah sich genötigt...; Weizsäcker sah sich genötigt...

6. Nicht berührt werden von dieser Regelung die gewöhnlichen Wortabkürzungen, die *in vollem Wortlaut gesprochen* werden: usw., gefl., bzw., ggf.

7. Ebenfalls nicht berührt von dieser Regelung werden militärische Abkürzungen, die Abkürzungen von Massen, Gewichten und Himmelsrichtungen, der Währungen (siehe *Ländernamen und ihre Ableitungen, Hauptstädte und Währungen*) und der chemischen Grundstoffe, die zum Teil eigenen Gesetzen folgen: Füs Bat 26, kg, m, s, h, km/h, lb (ohne Plural-s), dB, kWh, U./min, mb, NW, NNW, Lit., sFr., Na, $H_2SO_4$.

# Liste häufig vorkommender Abkürzungen

Festgelegte Schreibweise von Abkürzungen mit drei oder mehr Buchstaben:

| | |
|---|---|
| ACS | Automobilclub der Schweiz |
| ADB | Asiatische Entwicklungsbank (Asian Development Bank) |
| AeCS | Aeroclub der Schweiz |
| AFTA | Asiatische Freihandelszone (Asean Free Trade Area) |
| Aidec | Arbeitsgemeinschaft für europäische industrielle Entwicklung und industrielle Zusammenarbeit |
| Aids | Acquired Immune Deficiency Syndrome |
| Akzo | Algemene Kunstzijde Unie & Organon; multinationale Chemiegruppe, Sitz Arnheim |
| Alalc | Lateinamerikanische Freihandelsassoziation |
| ANC | African National Congress (südafrikanische Partei) |
| Ansa | Agenzia nazionale stampa associata (italienische Nachrichtenagentur) |
| Anzus | Australia, New Zealand, United States (Pazifikpakt) |
| ARE | Bundesamt für Raumentwicklung |
| ARK | Asylrekurskommission |
| Asean | Association of South East Asian Nations |
| Astag | Schweizerischer Nutzfahrzeugverband |
| Atel | Aare-Tessin AG für Elektrizität |
| AUC | Autodefensas Unidas de Colombia (kolumbianische Rebellenbewegung) |
| Avianca | kolumbianische Luftverkehrsgesellschaft |
| AVIG | Arbeitslosenversicherungsgesetz |
| BAD | Afrikanische Entwicklungsbank (Banque africaine de développement) |
| BAK | Bundesamt für Kultur |
| BAV | Bundesamt für Verkehr |
| Bawi | Bundesamt für Aussenwirtschaft |
| BAZL | Bundesamt für Zivilluftfahrt |
| BBf | Büro für Baubewilligungsfragen |
| BBT | Bundesamt für Berufsbildung und Technologie |
| Belapan | Weissrussische Nachrichtenagentur |
| Belga | Agence télégraphique belge de presse (belgische Presseagentur) |
| Benelux | Wirtschaftsgemeinschaft Belgien, Niederlande, Luxemburg |
| BfF | Bundesamt für Flüchtlinge |
| BfS | Bundesamt für Statistik |
| BfU | Beratungsstelle für Unfallverhütung |
| BFU | Büro für Flugunfalluntersuchung |
| BIZ | Bank für Internationalen Zahlungsausgleich |

| | |
|---|---|
| BIP | Bruttoinlandprodukt |
| BSP | Bruttosozialprodukt |
| Buwal | Bundesamt für Umwelt, Wald und Landschaft |
| BVet | Bundesamt für Veterinärwesen |
| CEO | Vorsitzender der Geschäftsleitung (Chief Executive Officer) |
| Cern | Conseil (Centre) européen de la recherche nucléaire |
| CFO | Finanzchef (Chief Financial Officer) |
| CIA | Central Intelligence Agency |
| Cogema | Compagnie Générale des Matières Nucléaires |
| Comsat | Communications Satellite Corporation |
| COO | Geschäftsführer (Chief Operating Officer) |
| Cospar | Committee on Space Research |
| CRIF | Jüdischer Repräsentativrat in Frankreich |
| | (Conseil représentatif israélite français) |
| CSFB | Credit Suisse First Boston |
| Dasa | DaimlerChrysler Aerospace AG |
| DJIA | Dow Jones Industrial Average |
| DNA | Desoxyribonukleinsäure (desoxyribonucleic acid) |
| EAPC | Euroatlantischer Partnerschaftsrat |
| Eawag | Eidgenössische Anstalt für Wasserversorgung, Abwasserreinigung |
| | und Gewässerschutz |
| EBK | Eidgenössische Bankenkommission |
| EBRD | Europäische Bank für Wiederaufbau und Entwicklung |
| | (European Bank for Reconstruction and Development) |
| Ecafe | Wirtschaftskommission für Asien und den Fernen Osten |
| Ecosoc | Wirtschafts- und Sozialrat (der Uno) |
| EDA | Eidgenössisches Departement für auswärtige Angelegenheiten |
| EDI | Eidgenössisches Departement des Innern |
| EDK | Erziehungsdirektorenkonferenz |
| EFD | Eidgenössisches Finanzdepartement |
| EFTA | Europäische Freihandelsassoziation (die) |
| EIU | Economist Intelligence Unit |
| EJPD | Eidgenössisches Justiz- und Polizeidepartement |
| Eldo | Europäische Organisation zur Entwicklung von Raketen |
| ELN | Ejército de Liberación Nacional |
| | (kolumbianische Rebellenbewegung) |
| Empa | Eidgenössische Materialprüfungs- und Forschungsanstalt |
| EMRK | Europäische Menschenrechtskonvention |
| Enel | Ente Nazionale per l'Energia Elettrica (das) |
| Eni | Ente Nazionale Idrocarburi (das) |
| ENIT | Ente Nazionale Italiano Turismo (das) |
| EPA | (Warenhausunternehmen, ursprünglich Einheitspreis-AG) |
| EPFL | Ecole polytechnique fédérale de Lausanne |
| EPU | European Payment Union (Europäische Zahlungsunion) |

| | |
|---|---|
| ESA | Europäische Weltraumorganisation (European Space Agency). *Synonyme:* Europäische Raumfahrtagentur, Europäische Raumfahrtbehörde, Europäische Weltraumagentur, Europäische Weltraumbehörde |
| Escap | UN Economic and Social Commission for Asia and the Pacific |
| ESO | Europäische Südsternwarte (European Southern Observatory) |
| EStV | Eidgenössische Steuerverwaltung |
| ETA | Baskische Untergrundorganisation |
| ETH | Eidgenössische Technische Hochschule |
| EuGH | Europäischer Gerichtshof |
| Euratom | Europäische Atomgemeinschaft |
| EVD | Eidgenössisches Volkswirtschaftsdepartement |
| EWS | Europäisches Währungssystem |
| Farc | Fuerzas Armadas Revolucionarias de Colombia (kolumbianische Rebellenbewegung) |
| FATF | Financial Action Task Force on Money Laundering |
| FBI | Federal Bureau of Investigation |
| FDA | Food and Drug Administration |
| Fegentri | Fédération internationale des gentlemen riders |
| Fide | Internationaler Schachverband |
| Fidesz | Ungarische Jungdemokraten (ungarische Partei) |
| FIEJ | Internationaler Zeitungsverlegerverband |
| Fifa | Internationaler Fussballverband (Fédération Internationale de Football Association) |
| Fifalpa | International Federation of Airline Pilots Associations |
| Fina | Internationaler Amateurschwimmverband |
| Fisa | Internationaler Ruderverband |
| FSB | Russischer Inlandgeheimdienst (Federalnaja sluschba besopasnosti) |
| GCC | Golfkooperationsrat (Gulf Cooperation Council) |
| GmbH | Gesellschaft mit beschränkter Haftung |
| GPS | Global Positioning System |
| GTZ | Deutsche Gesellschaft für technische Zusammenarbeit |
| GUS | Gemeinschaft Unabhängiger Staaten |
| GVO | gentechnisch veränderte Organismen |
| Heks | Hilfswerk der evangelischen Kirchen der Schweiz |
| HRW | Human Rights Watch |
| IAEA | Internationale Atomenergieagentur |
| IATA | Internationaler Luftverkehrsverband |
| IBFG | Internationaler Bund freier Gewerkschaften |
| ICAO | Internationale Zivilluftfahrtorganisation |
| ICC | Internationaler Strafgerichtshof (International Criminal Court) |
| ICEM | Zwischenstaatliches Komitee für europäische Auswanderung |
| ICTY | Uno-Kriegsverbrechertribunal für Jugoslawien (International Criminal Tribunal for the former Yugoslavia) |

| | |
|---|---|
| IDB | Interamerikanische Entwicklungsbank (Inter-American Development Bank) |
| IEA | Internationale Energie-Agentur (International Energy Agency) |
| Ifor | Implementation Force (internationale Truppe zur Durchsetzung des Friedens in Bosnien-Herzegowina) |
| Igad | Intergovernmental Authority on Development (Entwicklungszusammenarbeit am Horn von Afrika) |
| Igeho | Internationale Fachmesse für Gemeinschaftsverpflegung, Hotellerie und Restauration |
| ILA | Internationale Luft- und Raumfahrtschau Berlin |
| ILO | Internationale Arbeitsorganisation (International Labour Organization) |
| ILO | Internationales Arbeitsamt (International Labour Office) |
| IMF | Internationaler Währungsfonds |
| INA | Irakische Nachrichtenagentur |
| Intelsat | International Telecommunications Satellite Consortium |
| IOK | Internationales Olympisches Komitee |
| IPI | Internationales Presseinstitut |
| IPO | Börsengang (Initial Public Offering) |
| Irna | Iranische Nachrichtenagentur (Iranian News Agency) |
| Isaf | Internationale Afghanistan-Schutztruppe (International Security Assistance Force) |
| ISC | International Students Committee St. Gallen (ISC-Symposium) |
| ISS | Internationale Raumstation (International Space Station) |
| ITTO | Internationale Tropenholz-Organisation |
| KaWeDe | Kunsteisbahn und Wellenbad Dählhölzli (Bern) |
| KEDO | Korean Peninsula Energy Development Organization |
| Kfor | Internationale Kosovo-Schutztruppe (Kosovo Stabilization Force) |
| KOF | Konjunkturforschungsstelle der ETH Zürich |
| KSA | Eidgenössische Kommission für die Sicherheit von Kernanlagen |
| LHC | Large Hadron Collider ([Phys.] Teilchenbeschleuniger) |
| LSVA | leistungsabhängige Schwerverkehrsabgabe |
| LTTE | Liberation Tigers of Tamil Eelam (tamilische Rebellenbewegung) |
| Mefa | Metzgereifachausstellung |
| Muba | Mustermesse Basel; heute: Messe Basel |
| MvZ | Meisterschaft von Zürich («Züri-Metzgete») |
| MWSt | Mehrwertsteuer |
| MWStV | Mehrwertsteuerverordnung |
| Nafta | (das) Nordamerikanische Freihandelszone, umfassend Mexiko, die USA und Kanada (North American Free Trade Agreement) |
| Nasa | Nationale Luft- und Raumfahrtbehörde (USA) |
| Nato | Nordatlantikpakt-Organisation |
| Neat | neue Eisenbahn-Alpentransversale |
| NYSE | New York Stock Exchange |

| | |
|---|---|
| Oapec | Organisation arabischer erdölexportierender Länder |
| | (Organization of Arab Petroleum Exporting Countries) |
| OAS | Organisation Amerikanischer Staaten |
| OECD | Organisation für wirtschaftliche Zusammenarbeit und Entwicklung |
| OIC | Organisation der islamischen Konferenz |
| | (Organization of Islamic Conference) |
| Olma | Ostschweizerische land- und milchwirtschaftliche Ausstellung |
| Opec | Organisation erdölexportierender Länder |
| | (Organization of the Petroleum Exporting Countries) |
| ORTF | Office de radiodiffusion-télévision française |
| PAC | Pan Africanist Congress |
| PAL | Farbfernsehsystem (phase alternating line) |
| PfP | Partnerschaft für den Frieden (Partnership for Peace) |
| PSI | Paul-Scherrer-Institut |
| PwC | PricewaterhouseCoopers |
| Qantas | Queensland and Northern Territory Aerial Services |
| | (australische Luftfahrtgesellschaft) |
| RNA | Ribonukleinsäure (ribonucleic acid) |
| RTVG | Radio- und Fernsehgesetz |
| SAC | Schweizer Alpenclub |
| Salt | Gespräche über die Begrenzung der strategischen Rüstung |
| | (Strategic Arms Limitation Talks) |
| Secam | Farbfernsehsystem (séquentiel à mémoire) |
| Seco | Staatssekretariat für Wirtschaft |
| SEK | Schweizerischer Evangelischer Kirchenbund |
| SEV | Schweizerischer Eisenbahn- und Verkehrspersonal-Verband |
| Sfor | Stabilization force (verkleinerte Nachfolgetruppe |
| | der internationalen Truppe zur Durchsetzung des Friedens |
| | in Bosnien-Herzegowina [Ifor]) |
| Sfusa | Schweizer Freunde der USA |
| Shape | Supreme Headquarters Allied Powers Europe |
| SMI | Swiss-Market-Index |
| SNBA | SN Brussels Airlines (Nachfolgerin der Swissair-Tochter Sabena) |
| | (belgische Fluggesellschaft) |
| SNMI | Swiss-New-Market-Index |
| Sohyo | japanische Gewerkschaft |
| SOK | Schweizerisches Olympisches Kommitee |
| SPC | Schweizerisches Paralympisches Komitee |
| | (Swiss Paralympics Committee) |
| SPI | Swiss-Performance-Index |
| Steweag | Steirische Wasserkraft- und Elektrizitäts-AG, Graz |
| SUK | Schweizerische Universitätskonferenz |
| Sunfed | Special United Nations Fund for Economic Development |
| Suva | Schweizerische Unfallversicherungsanstalt |

| | |
|---|---|
| Swissmem | Verband der Schweizer Maschinen-, Elektro- und Metallindustrie |
| SWX | Schweizer Börse (Swiss Exchange) |
| TaV | Teilautonomie für Volksschulen |
| TCS | Touringclub der Schweiz |
| TIM | Telecom Italia Mobile |
| TUC | Trades Union Congress (britischer Gewerkschaftsbund) |
| Uefa | Europäischer Fussballverband |
| Unctad | United Nations Conference on Trade and Development |
| Unef | United Nations Expeditionary (Emergency) Forces |
| UNEF | Union nationale des étudiants français |
| Unep | Umweltprogramm der Vereinten Nationen (UN Environment Programme) |
| Unesco | Organisation der Vereinten Nationen für Erziehung, Wissenschaft und Kultur |
| UNFCCC | Uno-Team der Klimakonvention (UN Framework Convention on Climate Change) |
| UNHCR | United Nations High Commissioner for Refugees |
| Unicef | Internationaler Kinderhilfsfonds der Vereinten Nationen (der Unicef) |
| UNIL | Université de Lausanne (Universität Lausanne) |
| Unita | Angolanische Rebellenorganisation |
| Unmik | Uno-Verwaltung in Kosovo (UN Interim Administration Mission in Kosovo) |
| Unmovic | Uno-Kommission für Überwachung, Verfizierung und Inspektion (United Nations Monitoring, Verification and Inspection Commission) (vormals Unscom) |
| Uno | Vereinte Nationen (Organisation der Vereinten Nationen [United Nations Organization]) |
| Unprofor | Uno-Schutztruppen (United Nations Protection Force) |
| UNRWA | United Nations Relief and Works Agency |
| Unscom | Uno-Überwachungskommission; heute: Unmovic |
| UNSMA | Uno-Mission für Afghanistan (UN Special Mission to Afghanistan) |
| UPU | Weltpostverein (Universal Post Union) |
| UVEK | Eidgenössisches Departement für Umwelt, Verkehr, Energie und Kommunikation |
| VBS | Eidgenössisches Departement für Verteidigung, Bevölkerungsschutz und Sport |
| VCS | Verkehrsclub der Schweiz |
| Volg | Verband ostschweizerischer landwirtschaftlicher Genossenschaften |
| VöV | Verband öffentlicher Verkehr |
| VSM | Verband Schweizer Metzgermeister |
| VSS | Verband der Schweizer Studierendenschaften |
| VSUD | Vereinigung schweizerischer Unternehmen in Deutschland |
| WEF | World Economic Forum |

| | |
|---|---|
| Weko | Schweizerische Wettbewerbskommission |
| WHO | Weltgesundheitsorganisation (World Health Organization) |
| WMO | Weltorganisation für Meteorologie (World Meteorological Organization) |
| WSL | Eidgenössische Forschungsanstalt für Wald, Schnee und Landschaft |
| WTO | Welthandelsorganisation (World Trade Organization) |
| Wust | Warenumsatzsteuer |
| WWC | Weltkirchenrat (World Council of Churches) |
| WWF | World Wide Fund for Nature |
| WWU | Wirtschafts- und Währungsunion |
| Zensosen | Gewerkschaft der Schiffbauer in Japan |
| ZFS | Zurich Financial Services |
| Züspa | Genossenschaft Zürcher Spezialausstellungen; heute: Messe Zürich |

# Abkürzungen von Ländernamen im Sport und in der Schachspalte

| | | | | | | |
|---|---|---|---|---|---|---|
| Ägy | = | Ägypten | | Lit | = | Litauen |
| Alg | = | Algerien | | Lux | = | Luxemburg |
| And | = | Andorra | | Mar | = | Marokko |
| Arg | = | Argentinien | | Maz | = | Mazedonien |
| Arm | = | Armenien | | Mex | = | Mexiko |
| Ase | = | Aserbeidschan | | Mol | = | Moldau |
| Äth | = | Äthiopien | | Neus | = | Neuseeland |
| Au | = | Australien | | Nig | = | Nigeria |
| Be | = | Belgien | | N'irl | = | Nordirland |
| Bos | = | Bosnien-Herzegowina | | N'kor | = | Nordkorea |
| Br | = | Brasilien | | No | = | Norwegen |
| Bul | = | Bulgarien | | Ö | = | Österreich |
| Chi | = | China | | Pak | = | Pakistan |
| Dä | = | Dänemark | | Ph | = | Philippinen |
| De | = | Deutschland | | Pol | = | Polen |
| Ecu | = | Ecuador | | Por | = | Portugal |
| Est | = | Estland | | Ru | = | Rumänien |
| Färöer | = | Färöer | | Rus | = | Russland |
| Fi | = | Finnland | | SA | = | Südafrika |
| Fr | = | Frankreich | | Sch | = | Schottland |
| Gb | = | Grossbritannien | | Sd | = | Schweden |
| Geo | = | Georgien | | S'kor | = | Südkorea |
| Gr | = | Griechenland | | Slk | = | Slowakei |
| Ho | = | Holland | | Sln | = | Slowenien |
| Ind | = | Indien | | SM | = | San Marino |
| Irl | = | Irland | | Sp | = | Spanien |
| Isl | = | Island | | Sz | = | Schweiz |
| Isr | = | Israel | | Trk | = | Turkmenistan |
| It | = | Italien | | Tsch | = | Tschechien |
| Jam | = | Jamaica | | Tü | = | Türkei |
| Jap | = | Japan | | Uk | = | Ukraine |
| Jem | = | Jemen | | Un | = | Ungarn |
| Jug | = | Jugoslawien | | USA | = | Vereinigte Staaten von Amerika |
| Ka | = | Kanada | | | | |
| Kas | = | Kasachstan | | Usb | = | Usbekistan |
| Ken | = | Kenya | | Ven | = | Venezuela |
| Kol | = | Kolumbien | | W'russ | = | Weissrussland |
| Kro | = | Kroatien | | Zyp | = | Zypern |
| Lett | = | Lettland | | | | |
| Lie | = | Liechtenstein | | | | |

Andere Länder mit kurzen Namen (wie Irak, Iran) werden nicht abgekürzt.

# Die Umsetzung der Rechtschreibreform in der NZZ

# Inhaltsverzeichnis

In der NZZ werden seit Montag, 15. Mai 2000, die neuen Regeln der deutschen Rechtschreibung in einer von uns als sinnvoll erachteten Form angewandt. Die Änderungen betreffen die Bereiche Laute und Buchstaben, Getrennt- und Zusammenschreibung, Schreibung mit Bindestrich, Gross- und Kleinschreibung, Zeichensetzung sowie Trennung am Zeilenende. Als Nachschlagewerk ist für die NZZ die jeweils neuste Ausgabe von Duden Band 1 («Die deutsche Rechtschreibung») verbindlich – und zwar in seiner traditionsbezogenen Version. Das heisst, wo Duden die hergebrachten Formen zulässt, werden in der Regel diese angewandt. Im folgenden Text sind die Entscheide des Rats für deutsche Rechtschreibung vom Februar 2006 berücksichtigt.

## Laute und Buchstaben

Wenn in Zusammensetzungen drei gleiche Buchstaben zusammentreffen, bleiben jeweils alle drei erhalten: Schifffahrt, Schifffracht, Fasssockel, Süssstoff. Den-noch, Drit-tel und Mittag werden wie bisher geschrieben und getrennt. Wir setzen aber *in Nomen* bei drei gleichen Vokalen einen Bindestrich: Armee-Einheit, aber: armeeeigen. (Unübersichtliche Wortgebilde können wie bisher gekuppelt werden.) Zusammentreffen dreier gleicher Buchstaben

Bei folgenden Wörtern werden Konsonanten verdoppelt: Ass (wegen: Asse), Karamell (wegen: Karamelle), Messner (wegen: Messe) (wir bleiben im Normalfall bei der schweizerischen Schreibweise Mesmer), Mopp (wegen: moppen), nummerieren (wegen Nummer), Tipp (wegen: tippen), Stepp[tanz] (wegen: steppen), Tollpatsch (wegen: toll; die Herleitung ist falsch, hat sich aber «volksetymologisch» durchgesetzt); Stuckatur, Stuckateur (wegen: Stuck). Wir schreiben aber auch die Verdoppelung bei Saisonnier, Maisonnette und Ordonnanz. Verdoppelung von Konsonanten

Gemäss den reformierten Rechtschreibregeln wird in folgenden Wörtern ä statt e geschrieben: Bändel (wegen: Band), behände (wegen: Hand), Gämse (wegen: Gams), belämmert (wegen: Lamm), gräulich (wegen: Grauen), Quäntchen (wegen: Quantum), schnäuzen (wegen: Schnauz), Stängel (wegen: Stange), überschwänglich (wegen: Überschwang), verbläuen (wegen: blau). Umgekehrt wird das Wort Wächte zu Wechte (wegen: wehen). Zu den bisherigen Schreibweisen aufwendig und Schenke sind, so die neuen Schreibregeln, auch die Varianten aufwändig und Schänke möglich. Umlautschreibung

Wir schreiben überschwänglich, halten aber an aufwendig und Schenke fest. Wir bleiben bei Quentchen und ebenso bei den Wörtern Gemse, Stengel, behende. Die verschiedenen Bedeutungen der Homonyme gräulich und greulich wollen wir auch weiterhin im Schriftbild sichtbar machen (also weiterhin: Greuel).

Fremdwörter Für die Schweiz gilt speziell, dass bei Fremdwörtern aus den andern Landessprachen die an der Herkunftssprache ausgerichtete Form als Vorzugsvariante gilt. Wir schreiben also Accessoire, Apéritif, Bouquet (Wein), Communiqué, Décharge, Décolleté, Menu, Négligé, Portemonnaie, Parfum. – Wörter, die sich in verdeutschter bzw. akzentloser Schreibweise gut eingebürgert haben, sind so zu setzen: Billett, Bukett (Blumen), Defilee, Detail, Eklat, Karamell, Klischee, Klub, Necessaire, Püree, Separee, Soiree, Soufflee und Tournee.

Fremdwörter mit den Buchstabengruppen ph, th, rrh und gh *Fremdwörter mit den Buchstabengruppen ph, th, rrh und gh,* die neu zu f, t, rr und g werden, deutschen wir nur selektiv ein. Bei der ph- bzw. f-Schreibung bei -phon, -graph usw. halten wir uns meistens an die vom Rechtschreibe-Duden empfohlene Form: Fotografie und Grafiker (aber Photovoltaik und [entgegen Duden-Empfehlung] Graphologe) oder Mikrofon (aber Grammophon). Wir bleiben auch bei Panther, Spaghetti und Thunfisch und wollen weiterhin zwischen Phantasie (Einbildungskraft, Vorstellungskraft) und Fantasie (in der Musik ein freies, improvisationsähnliches Instrumentalstück) unterscheiden.

Englische Wörter mit der Endung -y Bei *englischen Wörtern mit der Endung* -y (Baby, Hobby, Lady usw.) lautete schon früher die Mehrzahlendung nur noch zum Teil wie im Englischen (Babys, Hobbys, aber Ladys oder Ladies). Nun richtet sich die Mehrzahl dieser Wörter optisch nach der Einzahl, das heisst, für die Mehrzahl wird bloss ein s angehängt statt -ies. Also: Babys, Hobbys, Ladys. In englischen Ausdrücken oder Redewendungen gilt selbstverständlich *-ies*.

Einzelfälle Zu den Einzelfällen gezählt werden können die folgenden Wörter: Föhn (für heisser Fallwind *und* für Heisslufttrockner), Zierrat, Jähheit, Rohheit, Zähheit, rau, Raufaser (unverändert bleiben Hoheit und Rauheit). Wir verwenden wie bisher Albtraum und Albdrücken und bleiben bei selbständig und Selbständigkeit.

Wie Gnu oder Kakadu schreiben wir auch Känguru.

In Abweichung von unserem Grundsatz, die alten Schreibweisen zu bevorzugen, ist, wenn es verwandte Wörter auf -z gibt, die z-Schreibung Hauptvariante. Wie bei Finanz, finanziell; Tendenz, tendenziell wird also geschrieben (wie Substanz) substanziell, (wie Potenz) potenziell, Potenzial, (wie Essenz) essenziell.

## Getrennt- und Zusammenschreibung

Verbindungen aus Verb (Infinitiv) und Verb *Verbindungen aus Verb (Infinitiv) und Verb* werden in der Regel getrennt geschrieben: laufen lernen, arbeiten gehen, baden kommen, lesen üben. Bei Verbindungen mit bleiben und lassen verwenden wir in übertragener Bedeutung die Zusammenschreibung: sitzenbleiben (nicht versetzt werden), stehenlassen (nicht länger beachten, sich abwenden), liegenbleiben (unerledigt bleiben), liegenlassen (vergessen, nicht beachten). Ebenso: kennenlernen (Erfahrung mit etwas oder mit jemandem haben).

*Verbindungen aus Nomen und Verb* werden mit Ausnahme weniger Fälle, deren erste Bestandteile der Verbindung die Eigenschaft selbständiger Nomen verloren bzw. deren Zuteilung zu selbständigen Nomen nicht akzeptiert worden ist (eislaufen, kopfstehen, leidtun, nottun, standhalten, stattfinden, stattgeben, statthaben, teilhaben, teilnehmen, wundernehmen), getrennt geschrieben; das Nomen wird dabei gross: Auto fahren, Rad fahren, Modell sitzen, Schlange stehen, Schlittschuh laufen, Zeitung lesen (aber: das Autofahren, das Radfahren, das Modellsitzen usw.). Bei der Konjugation heisst es dann logischerweise: ich fahre Rad, ich laufe Schlittschuh. Es bleiben weiter zusammen: heimgehen, irregehen, preisgeben und ein paar weitere, aber unspektakuläre Fälle. In den folgenden Fügungen sind Zusammenschreibung wie auch Getrenntschreibung richtig. Wir verwenden die Getrenntschreibung aber nur dort, wo das Nomen ergänzt wird: achtgeben / grösste Acht geben, achthaben / grosse Acht haben, haltmachen / einen Halt machen, masshalten / genaues Mass halten. Aber: viel staubsaugen (diese Tätigkeit oft ausüben) oder viel Staub saugen (eine grosse Menge an Staub saugen).

*Verbindungen mit sein* werden getrennt geschrieben: auf sein, beisammen sein, da sein, fertig sein, vorbei sein, vorüber sein, zufrieden sein usw. Dies auch in allen Konjugationsformen: ich bin auf gewesen, da er noch auf war; sie ist da gewesen, als Hanspeter da war.

Einige Verbindungen mit einem adjektivischen ersten Bestandteil können sowohl getrennt wie zusammengeschrieben werden, wenn ein einfaches (d. h. nicht abgeleitetes oder zusammengesetztes) Adjektiv eine Eigenschaft des Verbs bezeichnet: Die Türe kann offen bleiben. Die Frage kann offenbleiben (muss nicht beantwortet werden). Den Platz frei halten. Eine Person freihalten (für deren Unterhalt aufkommen). Das Essen warm halten. Sich jemanden warmhalten (sich jemandes Gunst erhalten). Seine Arbeit schlecht machen (in schlechter Qualität). Die Arbeit der Kollegen schlechtmachen (herabsetzen). – Wir schreiben weiterhin getrennt: fertig stellen, übrig bleiben, übrig lassen, verloren gehen, geschenkt bekommen.

Zusammengeschrieben wird, wenn die Verbindung eine neue Gesamtbedeutung erhält: krankschreiben, freisprechen (für nicht schuldig erklären), heimlichtun (geheimnisvoll tun), richtigstel-

Verbindungen aus Nomen und Verb

Verbindungen mit sein

Verbindungen aus Adjektiv und Verb

len (berichtigen), pleitegehen usw. Kann nicht klar entschieden werden, ob es sich um eine neue Gesamtbedeutung handelt oder nicht, ist das Manuskript verbindlich.

In allen anderen Fällen gilt die Getrenntschreibung, vor allem bei erweiterten (zusammengesetzten) Adjektiven: sonnenblumengelb anmalen, dingfest machen, schachmatt setzen.

Gross schreiben, klein schreiben – im Sinne von «in grosser/kleiner Schrift schreiben» und «mit grossem/kleinem Anfangsbuchstaben schreiben» – werden der Einfachheit halber einheitlich getrennt geschrieben. *Bitte beachten:* Teamarbeit wird bei uns grossgeschrieben (wichtig genommen). Aber: Teamarbeit wird bei uns sehr gross geschrieben.

Verbindungen aus Partikel und Verb In der Wortart Partikel sind die nicht beugbaren Wörter zusammengefasst. Dazu gehören Präpositionen, Adverbien, Konjunktionen und Interjektionen. Sind die Verbpartikel formgleich mit Präpositionen (z. B. an-, durch-, nach-, zuwider-), wird die Verbindung zusammengeschrieben: anbringen, durchfallen, nachlaufen, zuwiderhandeln.

Bei Verbpartikeln, die formgleich sind mit Adverbien, ist zu unterscheiden, ob die Partikel ein selbständiges Adverb ist oder nicht. In der Regel handelt es sich um eine *Verbpartikel,* wenn diese in der Verbindung betont wird. Dann wird die Verbindung zusammengeschrieben: Mit dem Auto rückwärtsfahren. Sie werden demnächst zusammenziehen (in eine gemeinsame Wohnung). Bei einer Verbindung mit einem *selbständigen Adverb* kann dieses auch unbetont sein. Die Wortgruppe wird dann getrennt geschrieben: Mit dem Auto rückwärts parkieren. Sie werden demnächst zusammen ausfahren (miteinander ausfahren).

Nicht mehr als frei vorkommende Wörter bezeichnet werden können beispielsweise abhanden-, bevor-, dar-, inne- oder auch erste Bestandteile wie fehl-, heim-, irre-, wahr- usw. Also: abhandenkommen, bevorstehen, darlegen usw.

Verbindungen mit Partizip Die Partizipform wird zusammengeschrieben, wenn die Infinitivform ebenfalls zusammengeschrieben wird: abwärtsgehend (wegen abwärtsgehen), herunterfallend (wegen herunterfallen), zuwiderhandelnd (wegen zuwiderhandeln) usw.

Wenn die Infinitivform getrennt geschrieben wird, kann bei adjektivischem Gebrauch getrennt oder zusammengeschrieben werden: die Rat suchenden Bürger / die ratsuchenden Bürger, eine allein erziehende Mutter / eine alleinerziehende Mutter, der selbst gebackene Kuchen / der selbstgebackene Kuchen. Wir verwenden in der Regel die zusammengeschriebene Form. Aber zur Unterscheidung zwischen wörtlicher und übertragener Bedeutung: das frisch gebackene Brot, der frischgebackene Ehemann. Ebenso: die (gerade jetzt) Fleisch fressenden Tiere, eine fleischfressende Pflanze (Gattung).

Wird die *gesamte* Verbindung erweitert oder gesteigert, dann darf diese nur zusammengeschrieben werden: ein schwerwiegenderer Vorfall, eine *äusserst* notleidende Bevölkerung.

Wir schreiben weiterhin zusammen: gutgelaunt, insonderheit, nichtssagend, sogenannt, vielsagend und ebenso eine Handvoll.

Wenn das Nomen aus einer Wortgruppe verkürzt worden ist, gilt wie bisher Zusammenschreibung: hitzebeständig (= gegen Hitze beständig); jahrelang (= mehrere Jahre lang). Eine Verkürzung liegt auch vor, wenn der bestimmte Artikel eingespart worden ist: siegessicher (= des Sieges sicher); herzerquickend (= das Herz erquickend); durstlöschend (= den Durst löschen).

Gleichrangige (nebengeordnete) Adjektive oder Verbindungen, deren erster Bestandteil bedeutungsverstärkend oder bedeutungsabschwächend ist, werden zusammengeschrieben: blaugrau, bitterböse, erzkonservativ, feuchtwarm, grundehrlich usw. Verbindungen mit Adjektiv

In Verbindungen mit einem einfachen unflektierten Adjektiv als graduierender Bestimmung ist Getrenntschreibung richtig und Zusammenschreibung wieder zulässig: allgemein gültig / allgemeingültig, schwer verständlich / schwerverständlich, schwer verletzt / schwerverletzt. Also auch: die Schwerbehinderten, die Schwerkranken, die Schwerverletzten.

Nur getrennt geschrieben werden diese Verbindungen, wenn der erste Bestandteil erweitert oder gesteigert ist: leichter verdaulich, *höchst* erfreulich, *sehr* schwer verletzt. In Zweifelsfällen ist die Akzentuierung entscheidend: er ist h\u0332öchstpersönlich gekommen / dies ist eine höchst pers\u0332önliche Angelegenheit.

*Verbindungen mit nicht* können sowohl getrennt wie zusammengeschrieben werden: nicht öffentlich / nichtöffentlich, nicht operativ / nichtoperativ. Der Einfachheit halber bleiben wir bei der zusammengesetzten Form. Bezieht sich das *nicht* aber auf eine grössere Einheit, beispielsweise auf den ganzen Satz, dann wird die Verbindung getrennt geschrieben: Die Versammlung findet nicht öffentlich statt. Verbindungen mit nicht

In den anderen Fällen wird getrennt geschrieben: eisig kalt, winzig klein, kochend heiss, gelblich grün, gestochen scharf.

*Verbindungen mit wie, so, zu* und ebenfalls die zugehörigen *ebenso, genauso* und *allzu* werden in Fügungen mit Adjektiven einheitlich getrennt geschrieben. Beispiele: wie viel, wie viele; so viel, ebenso viel, so viele, ebenso viele; zu viel, allzu viel, zu viele, allzu viele; allzu schwer (so dass bleibt). Wie bisher gilt Zusammenschreibung, wenn eine Verbindung mit *so* zu einer *Konjunktion* (Bindewort) geworden ist. Sie leitet dann einen Neben- Verbindungen mit wie, so, zu satz ein: Soviel ich weiss, ist Elisabeth Leiterin dieses Teams. Sobald ich in dieser Angelegenheit etwas Neues erfahre, teile ich es dir mit.

Verbindungen mit *irgend* werden einheitlich zusammengeschrieben. Beispiele: irgendjemand, irgendeiner, irgendetwas, irgendwas.

## Schreibung mit Bindestrich

Ausser in den hier aufgeführten Fällen dient der Bindestrich wie bisher zur besseren Lesbarkeit langer oder unübersichtlicher zusammengesetzter Wörter.

Verbindungen mit Ziffern *Verbindungen mit Ziffern:* Zweiteilige Zusammensetzungen mit Ziffern schreiben wir mit Bindestrich. Es bestand hier immer ein Unterschied zwischen dem, was im Schreibmaschinenunterricht, und dem, was in der Typographie gelehrt wurde. Nun also: 40-Tonner, 8-Zylinder, 17-jährig, eine 17-Jährige, 99-prozentig, 3- bis 4-mal oder 3–4-mal. Auch: 3-fach, das 3-Fache. Ohne Ziffern aber: dreifach, das Dreifache.

Bei der Zahlenschreibung, ob Buchstaben oder Ziffern, halten wir uns an folgende Regeln:

– Kurze Zahlen (ein- oder zweisilbige) werden in allgemeinen Texten in Buchstaben gesetzt, längere in Ziffern.

– Bei Nummern, Jahreszahlen, Mass- und Währungsangaben und beim Datum werden auch kurze Zahlen in Ziffern gesetzt.

– Kurze Zahlen werden zudem in Ziffern gesetzt, wenn sie mit längeren im gleichen Zusammenhang stehen oder wenn die Zahlen Vergleichswert haben wie in Sportberichten, im Wirtschaftsteil, in Tabellen usw.: Die Vorlage wurde mit 24 gegen 5 Stimmen (nicht mit 24 gegen fünf Stimmen) abgelehnt. Die Mannschaft hat mit 3 Toren Vorsprung gewonnen.

– Ziffernschreibung und gewisse Abkürzungen (km, h usw.) oder Sonderzeichen (%, £ usw.) bedingen einander. Erlaubt sind 12 km, 12 Kilometer, zwölf Kilometer. Nicht erlaubt ist zwölf km.

Bindestrich zur Hervorhebung von Wortteilen *Bindestrich zur Hervorhebung von Wortteilen:* Damit der Bindestrich seine Wirkung nicht verliert, sollte er ausserhalb der Grundregel (Wortverbindungen mit mehr als drei Wörtern) nur dann eingesetzt werden, wenn sonst eine Verwechslung möglich wäre oder der Sinn der Wortverbindung nicht verstanden werden könnte.

## Gross- und Kleinschreibung

Grossschreibung am Satzanfang *Grossschreibung am Satzanfang:* Nach einem *Doppelpunkt* könnte der erste Buchstabe eines vollständigen Satzes gross oder klein geschrieben werden. Beispiel für die Neuregelung: Zufrieden schaute er in den Garten: Alles wuchs und gedieh. / Zufrieden schaute er in den Garten: alles wuchs und gedieh.

Kleinschreibung bleibt allerdings, wenn nur eine Aufzählung, eine Wortgruppe oder ein Einzelwort folgt. Beispiele: «Welche Zeitung wünschen Sie: die NZZ, die ‹NZZ am Sonntag› oder das hiesige Lokalblatt?» Sie wollte nur noch eins: den ganzen Tag im Schatten des Baumes liegen.

Wir schreiben bei vollständigen Hauptsätzen, die einem Doppelpunkt folgen, den Satzanfang gross, bei unvollständigen klein. Also: Das hatte man der Kleinen eingeschärft: Nie solle sie sich von einem Fremden etwas schenken lassen. / Eines war ihm nicht gelungen: die Schüler zur Pünktlichkeit zu erziehen.

Bei *Nomen in festen Wendungen mit Verben* ist die Schreibung konsequenter. Früher zum Beispiel: Angst haben, dagegen angst machen. Nun: Angst haben, Angst machen; ebenfalls: Pleite machen; ausser Acht lassen, ausser aller Acht lassen; Rad fahren, Auto fahren, Zug fahren; in Bezug auf, mit Bezug auf. Klein bleiben bloss einige Verbindungen mit sein: angst sein (mir ist angst), feind sein, leid sein, pleite sein, pleite werden (aber: pleitegehen), schade sein, schuld sein, spinnefeind sein. *Ausnahmen:* sich in acht nehmen, ausser acht lassen, die wir weiterhin klein schreiben. Klein- und Zusammenschreibung auch bei zugunsten, zulasten, vonseiten, und Klein- sowie Getrenntschreibung bei recht haben, recht erhalten.

Nomen in festen Wendungen mit Verben

Bezeichnungen von *Tageszeiten* werden in Verbindung mit heute, gestern, morgen usw. gross geschrieben. Also: heute Abend, gestern Nachmittag, übermorgen Mittag (doch natürlich: heute früh, und wie bisher: heute Sonntag). *Dienstagabend:* meine Dienstagabende sind alle belegt; er ist für Dienstagabend bestellt; aber dienstagabends oder dienstags abends spielen wir Karten; am, jeden Dienstagabend; eines schönen Dienstagabends.

Tageszeiten

*Nominalisierte Adjektive in festen Wendungen:* Nominalisierte Adjektive werden in allen Fällen gross geschrieben. Es gehören dazu: auf dem Trockenen sitzen; im Dunkeln tappen; den Kürzeren ziehen; ins Reine schreiben; ins Lächerliche ziehen; auf dem Laufenden bleiben; es ist das Beste, was ich kenne. – Zudem: im Allgemeinen, im Folgenden, im Übrigen, im Verborgenen, nicht im Geringsten, sich des Nähern entsinnen, etwas des Nähern erläutern. Wir verwenden die Kleinschreibung bei: binnen kurzem, seit kurzem, vor kurzem, seit langem, vor langem, seit längerem, vor längerem, von nahem, von neuem, seit neuestem, von weitem, von gutem, bis auf weiteres, ohne weiteres, sich zu eigen machen. Und als Ausnahme: sein eigen nennen.

Nominalisierte Adjektive in festen Wendungen

Für *Superlative* gilt die gleiche Grundregel wie für nominalisierte Adjektive. Klein geschrieben werden aber Superlative mit am. Sie werden in eine Reihe gestellt mit den Steigerungsformen: schnell, schneller, am schnellsten; hoch, höher, am höchsten usw. Bei Wendungen mit *aufs* wird der Grossschreibung der Vorzug gegeben: es ist am besten, wenn du gehst; es ist das Beste, wenn du gehst; nicht im Geringsten; zum Besten wenden; zum Besten geben; aufs Beste erledigen.

Bei den *Ordnungszahlen* wird konsequent die Grundregel für nominalisierte Adjektive angewendet, da die Ordnungszahlen, grammatisch gesehen, Adjektive sind: Heute besitzt bald jeder Zweite ein Handy. Die Nächste, bitte! Der Dritte im Bunde. Sie war die Erste, die bedient wurde (= der Reihe nach; also Gleichsetzung mit dem Rang: Er war der Dritte in diesem Rennen).

*Unbestimmte Zahladjektive* bleiben in nominalisierter Verwendung klein: ein, ander, viel, wenig, und zwar in allen Flexionsformen, also auch: der eine, die andere, vieles, das meiste, die wenigsten, zum wenigsten. Für alle übrigen unbestimmten Zahladjektive gilt Grossschreibung, wenn sie nominalisiert sind. Dasselbe gilt für Adjektive, wenn sie inhaltlich Demonstrativpronomen nahekommen. Grossschreibung gilt also in diesen Fällen: Ich muss noch Verschiedenes erledigen. Alles Übrige, alles Weitere erledige ich morgen. Sie sagte das Gleiche. Merke dir Folgendes. Ich habe noch nie Derartiges, etwas Derartiges erlebt.

In *Fügungen mit Präpositionen* werden endungslose Sprachbezeichnungen gross geschrieben: eine Zusammenfassung in Deutsch, auf gut Deutsch gesagt, sich auf Französisch unterhalten. Ohne Präposition wie bisher in der Regel klein; es gibt aber noch die oft kniffligen Unterschiede: deutsch sprechend (wie?) / Deutsch sprechend (welche Sprache?). Grossschreibung oder Kleinschreibung ist richtig. Wir lassen beide Möglichkeiten gelten. Aber natürlich: sein Deutsch, das Deutsch(e).

Bei *Paarformeln zur Personenbezeichnung* gilt zur Personenbezeichnung nur noch Grossschreibung: . . . richtet sich an Junge und Alte / . . . richtet sich an Jung und Alt (in beiden Fällen). Im gleichen Sinne: Gross und Klein; Hoch und Niedrig; mein Ein und (mein) Alles; jenseits von Gut und Böse u. ä. Daneben schreiben wir weiterhin gross: Anzeige gegen Unbekannt. – In den Spezialfällen an Kindes Statt, Hungers sterben gilt entgegen der Regelung Grossschreibung, da es sich um Substantive handelt.

Die Schreibung der Eigennamen bleibt unverändert. Wobei aus *einem* Wort bestehende Eigennamen nie problematisch sind, da sie als Nomen in der Schreibweise diesen folgen. Hier sind darum nur mehrwortige Eigennamen aufgeführt. Zu den wirklichen

Eigennamen gehören: *Personennamen, geographische und astronomische Eigennamen* (Vereinigte Staaten von Amerika, Rotes Meer, Weisse Lütschine, Grosser Wagen, der Halleysche Komet, Schwarzes Loch), *Eigennamen von Objekten unterschiedlicher Art* (das Blaue Band [Orden], der Fliegende Pfeil [Pferdename]), *Eigennamen von Institutionen, Organisationen, Einrichtungen* (Eidgenössische Technische Hochschule, Internationales Olympisches Komitee), *Zeitungen, Zeitschriften und dergleichen* («Neue Zürcher Zeitung») sowie *inoffizielle Eigennamen, Kurzformen, Abkürzungen von Eigennamen* (Schwarzer Kontinent, Vereinigte Staaten, ORF = Österreichischer Rundfunk).

Die *Grossschreibung mehrteiliger Eigennamen* hatte sich in den vergangenen Jahrzehnten ausgedehnt in Richtung auch der Grossschreibung irgendwelcher fester Begriffe, wenn die Kombination von Adjektiv und Nomen nur häufig genug vorkam (war das nun der Stille Ozean oder waren das Stille Gewässer und Stille Reserven). Allerdings fehlte zunehmend die einheitliche Handhabung. In unserem Blatt gelten jetzt in dieser Kategorie der mehrteiligen festen Begriffe nur noch als Eigennamen Wörter der vier Gruppen *Titel:* Technischer Direktor, der Erste Staatsanwalt, Heiliger Vater; *besondere Kalendertage:* der Weisse Sonntag, der Erste Mai, der Heilige Abend; *geschichtliche Ereignisse:* die Französische Revolution, der Zweite Weltkrieg, der Kalte Krieg (für die Epoche 1948 bis 1989/91), hingegen kann es *auch* künftig kalte Kriege zwischen verfeindeten Gesellschaftsmächten oder Staaten geben; *klassifizierende Benennungen der Biologie:* die Schwarze Witwe, das Fleissige Lieschen, der Rote Milan.

Bei *Ableitungen von Personennamen auf -isch und -sch* wird nicht mehr unterschieden, ob die Person als Schöpfer oder Verursacher (persönliche Zugehörigkeit oder Leistung = Grossschreibung) dahinter steht oder der Begriff bloss nach der Person benannt wird (= Kleinschreibung). Diese Ableitungen werden einheitlich klein geschrieben (ohmsches Gesetz, ohmscher Widerstand). Wenn aber der Name aus irgendwelchen Gründen hervorgehoben werden soll, gilt Grossschreibung. Wir verzichten in diesem Fall dabei auf die Möglichkeit, einen Apostroph zu setzen (Ohmsches Gesetz, Ohmscher Widerstand). – Gross geschrieben wird auch, wenn die Fügung als Ganzes ein Eigenname ist: Meyersche Verlagshandlung, Halleyscher Komet. (Nicht betroffen von dieser Regelung sind die von Personennamen abgeleiteten Adjektive auf -istisch, -esk und -haft und die Zusammensetzungen mit vor-, nach- u. a.: darwinistische Auffassungen, kafkaeske Gestalten, eulenspiegelhaftes Treiben, vorlutherische Bibelübersetzungen.)

Grossschreibung mehrteiliger Eigennamen

Ableitungen von Personennamen auf -isch und -sch

Bei der *Grossschreibung der Anredepronomen* wird die höfliche Anrede Sie (Ihnen, Ihre usw.) gross geschrieben werden. Bei der vertraulichen Anrede du (dir, deine) und ihr in Briefen ist die Kleinschreibung üblich, sie darf aber auch weiterhin gross geschrieben werden. Bei Zeitungsartikeln stellt sich dieses Problem kaum. Oft muss auch entgegen den Regeln bei zitierten Texten je nach Originalfassung die Gross- oder die Kleinschreibung angewendet werden. In der Geschäftskorrespondenz bleiben wir in der vertraulichen Anrede beim gross geschriebenen Du.

## Zeichensetzung

Komma bei und: Weiterhin wird bei mit *und* sowie *oder* usw. verbundenen vollständigen Hauptsätzen ein Komma gesetzt. – Bei *Infinitiv- und Partizipgruppen (-sätzen)* halten wir an der bisherigen Regelung mit Komma fest. Entgegen der früheren Regelung sind aber auch *vorangehende Infinitive in der Funktion des Subjekts* ebenfalls mit Komma vom übrigen Satz zu trennen: Ruhig zu bleiben, ist ihm nicht leichtgefallen.

Bei der Kombination von Komma und Anführungszeichen geht es um die Kommas in den folgenden Satztypen: «Hinaus!», schrie er ihm entgegen. «Was willst du hier?», fragte sie ihn freundlich. Sie fragte freundlich: «Was wünschen Sie?», und reichte ihm die Hand. Sie sagte freundlich: «Ich komme gleich wieder», und eilte hinaus.

Für ausgefallenes e wird der Apostroph gesetzt, wenn sich die Kurzform des Pronomens *es* an ein vorangehendes Wort anlehnt: *Wie geht's dir? Sie macht's gut* usw. Nicht hingegen bei den Formen der 1. Person Einzahl: *ich komm, ich geh, ich fahr.*

## Worttrennung am Zeilenende

*Trennung von st und ck:* Wie bisher sp wird ebenfalls st getrennt, ck wird nicht mehr in k-k aufgelöst, sondern wie ch als Einheit behandelt und kommt auf die nächste Zeile: Wes-te (wie Wes-pe), meis-tens, Fens-ter; ste-cken (wie ste-chen), Zu-cker, tro-cken, Flü-ckiger. Absolutheit gibt es allerdings auch hier nicht. Beispielsweise gilt in Zusammensetzungen Erdöl-staaten und nicht Erdöls-taaten oder in Fremdwörtern kon-stant, Kon-stellation, Kon-stituante, Kon-striktion, kon-struieren.

Verbindungen mit r
und l sowie gn und
kn in Fremdwörtern

*Verbindungen mit r und l sowie gn und kn in Fremdwörtern,* also sogenannte Verbindungen von Stummlauten und Fliesslauten, bleiben gemäss der bisherigen Trennregelung zusammen: Hy-drant, Qua-drat, zy-klisch, Si-gnal.

Zusammengesetzte Wörter werden nach ihren Bestandteilen getrennt: Haus-tür, Mein-eid, berg-ab. Dies gilt auch für die deutschen Wörter war-um, wor-auf, her-ein, hin-über, her-unter und andere sowie für eine ganze Reihe von geographischen Namen: Aar-au, Heris-au zum Beispiel. Ebenso trennen wir die aus dem Altgriechischen und aus dem Lateinischen stammenden Wörter nach bisheriger Manier: Päd-agogik, Heliko-pter, Chir-urg, Hekt-aren, inter-essant, Dem-agog, Phil-ippinen, Phil-an-throp.

## Schreibweisen mehrgliedriger englischer und amerikanischer Fremdwörter

Die im amtlichen Regelwerk und in Wörterbüchern enthaltenen Angaben zur Schreibweise mehrgliedriger englischer und amerikanischer Fremdwörter im deutschen Satz sind mehrdeutig. Sie lassen eine klare Vorzugsschreibung vermissen und sind für die Wahrung einheitlicher Schreibweisen kaum brauchbar. Mit den folgenden Regeln lehnen wir uns deshalb enger an die Praxis der von den deutschsprachigen Agenturen vorgeschlagenen Schreibweisen an, die allerdings von Zufällen und Gegensätzen nicht frei sind. Für den Gebrauch in der NZZ gilt daher:

*Nomen und Nomen (Nominalisierung und Nomen)*
- Zusammensetzungen aus Nomen werden mit Bindestrich geschrieben; beide Bestandteile beginnen mit Grossbuchstaben: Body-Art, Centre-Court, Country-Music, Hedge-Fund, Image-Design, Sex-Appeal. Und entgegen Duden oder Wahrig nur mit *einem* Bindestrich: Candlelight-Dinner.
- Verbindungen, die auch in der Ursprungssprache zusammengeschrieben werden, oder geläufige Ausdrücke können zusammengeschrieben werden: Beautyfarm, Braindrain, Brainstorming, Chewinggum, Dressman, Dufflecoat, Shoppingcenter, Showbusiness, Swimmingpool.

*Adjektiv und Nomen*
- Verbindungen aus Adjektiv und Nomen werden getrennt geschrieben, beide Wörter gross: Big Band, Blue Chips, Compact Disc, Corned Beef, Fast Food, Joint Venture, Multiple Choice, Open End.
- Verbindungen, die auch in der Ursprungssprache zusammengeschrieben werden, oder geläufige Ausdrücke können zusammengeschrieben werden: Aftershave, Afrolook, Hardcover, Hardware, Smalltalk, Software.

*(Nominalisiertes) Verb und Adverb*
- In der Regel in einem Wort und gross werden Begriffe geschrieben, deren zweiter Bestandteil ein Adverb ist: Blackout, Comeback, Countdown, Layout, Playback, Turnaround.
- Ein Bindestrich (mit folgender Kleinschreibung) kann gesetzt werden zur Vermeidung schlecht lesbarer Schriftbilder oder

wenn schon die Ursprungssprache einen Bindestrich enthält: Check-in, Go-in, Kick-down, Kick-off, Knock-out, Know-how, Make-up.

*Durchkupplungen*

Durchkupplung tritt bei mindestens dreigliedrigen Begriffen ein; oft enthalten zwei Bestandteile solcher Begriffe schon in der Ursprungssprache einen Bindestrich. Bei Durchkupplungen werden der Anfangsbuchstabe und alle Nomen gross geschrieben: Duty-free-Shop, Full-Time-Job, Go-go-Girl, Price-Earnings-Ratio.

*Anreihende Verbindungen*

Einen Spezialfall bilden zusammengehörende anreihende Verbindungen. Sie werden gekuppelt und unterschiedlich geschrieben: bye-bye!; fifty-fifty machen; eine Fifty-fifty-Teilung; das Walkie-Talkie benützen.

*Zusammensetzungen aus Fremdwörtern und deutschen Wörtern*

– Leicht lesbare Fügungen werden zusammengeschrieben: Abfallrecycling, Computerfachmann, Familiensplitting, Fitnessprogramm, Showeinlagen, Tweedanzug.

– Unübliche Fügungen oder längere Wörter werden gekuppelt: Adventure-Unternehmung, Hedging-Strategien, Underground-Zeitungen, Weekend-Ausflug.

– Mehrgliedrige fremdsprachige Ausdrücke erhalten beim Anfügen eines deutschen Wortes Bindestriche (Durchkupplung): Abend-Make-up, Corned-Beef-Büchse, Happy-End-Zuversicht, Multiple-Choice-Verfahren, No-Future-Generation, Over-the-Counter-Präparat, Walkie-Talkie-Handhabung, World-Series-Turnier.

*Beibehaltung englischer Schreibweise*

– Soll die rein englische Schreibweise beibehalten werden, sind diese Ausdrücke oder Wendungen vorzugsweise mit Anführungszeichen oder kursiv zu setzen: «managed trade», «midterm blues», «quality time», *on the rocks, top class team.*

– Für Titel, Namen und namenähnliche Begriffe sind Anführungszeichen oder Kursivsetzung nicht nötig, können aber aus andern als sprachlich-technischen Gründen erwünscht sein: Chief Financial Officer, Membership Action Plan, Organization of African Unity, Revolutionary United Front, Women's World Cup, «Longstreet Carnival», «Peace Support Operations», Love Train.

## Abkürzungen, Firmennamen, Wortbilder

Für die Verwendung von Abkürzungen und zur Schreibweise von Firmennamen bestehen schon seit Jahren hausinterne Regeln, die von den Schreibweisen der Agenturen abweichen. Bei den Abkürzungen gilt für uns:

- Sofern die Abkürzung aus *mehr als drei Buchstaben* besteht *und als Wort gelesen* werden kann, wird nur der erste Buchstabe gross geschrieben, der Rest klein: Muba, Suva, Gatt, Nato, Unesco, Fifalpa.
  Als Ausnahmen gelten EFTA (zur Wahrung der optischen Parität gegenüber der EWG), IATA sowie alle neu auftretenden Abkürzungen dieser Art, bis sie geläufig sind.
- Abkürzungen mit *nur drei oder weniger Buchstaben* erhalten in der Regel die Gross- bzw. die Kleinbuchstaben der ausgeschriebenen Wortformen; in Grossbuchstaben geschrieben werden Abkürzungen mit mehr als drei Buchstaben, wenn diese Buchstaben einzeln ausgesprochen werden: AG, RS, EG, BBf (Büro für Baubewilligungsfragen), BfS (Bundesamt für Statistik), BfU (Beratungsstelle für Unfallverhütung), aber BFU (Büro für Flugunfalluntersuchung), DPA, GAV, GUS, MAN, IGNM, VHTL.
  Ausnahmen: Uno, Ufo (unidentified flying object), Abc (= Alphabet), Plc (public limited company).
- Die als Wort gelesenen und die buchstabenweise gesprochenen Versalabkürzungen erhalten keinen Punkt. Dies gilt ebenso für fremdsprachige Abkürzungen wie für Abkürzungen mit einzelnen Kleinbuchstaben im Innern: SA (Société Anonyme), CGT, SNCF, UdSSR, GmbH, SpA (Società per Azioni).
  – Ausnahme: S. à r. l. (Société à responsabilité limitée).
- Mehrteilige Abkürzungen (d. h., m. a. W., z. B.) müssen am Anfang eines Satzes ausgeschrieben werden: Das heisst . . ., Mit anderen Worten . . ., Zum Beispiel . . .
- Das Adelsprädikat von ist am Satzanfang weder ausgeschrieben noch abgekürzt zu verwenden. Richtig ist: Richard von Weizsäcker sah sich genötigt . . . – Weizsäcker sah sich genötigt . . .
- Nicht berührt werden von dieser Regelung die gewöhnlichen Wortabkürzungen, die in vollem Wortlaut gesprochen werden: usw., gefl., bzw., ggf.
- Ebenfalls nicht berührt von dieser Regelung werden militärische Abkürzungen, die Abkürzungen von Massen, Gewichten und Himmelsrichtungen, der Münzbezeichnungen und der chemischen Grundstoffe, die zum Teil eigenen Gesetzen folgen: Füs Bat 26, kg, m, s, h, km/h, lb (ohne Plural-s), dB, kWh, U./min, mb, NW, NNW, bFr., Na, $H_2SO_4$.
  Grundsätzlich bleiben wir im Textteil bei der von der Logik der Sprache begründeten Schreibweise. In der Regel übernehmen

wir die Logos von Firmen, Vereinen, Institutionen usw. nur zurückhaltend. So lassen wir beispielsweise die symbolischen Kreuzfittings von +GF+ (Georg Fischer) weg. Auf Versalschreibweisen wie VOLVO, MIGROSBANK oder unsprachliche Wortbildformen wie StrassenBahn, LeserInnen verzichten wir.

# Glossar

Aus dem Hexen-Einmaleins der schwarzen Kunst.

**Abbreviatur.** Lateinisch für Abkürzung, z. B. (zum Beispiel), ev. (evangelisch) oder evtl. (eventuell).

**Additive Farben.** Jeder Körper reflektiert Licht. Das Licht besteht aus unterschiedlich langen elektromagnetischen Schwingungen, die über das Auge im Gehirn Reize auslösen: wir sehen Farben. Mit den Grundfarben Rot, Grün, Blau lassen sich theoretisch alle sichtbaren Farben bilden, wobei alle drei Farben, zu gleichen Teilen übereinander projiziert, Weiss ergeben.

**Akzidenz.** Lat. accidens – das Zufällige, das Veränderliche. Bezeichnung für Drucksachen kleineren Umfangs für Private, Betriebe, Verwaltungen usw. Die Bezeichnung Akzidenz bürgerte sich ein, da die Drucker im 15. Jahrhundert hauptsächlich mit der Herstellung von Büchern beschäftigt waren und andere Arbeiten, eben Akzidenzarbeiten, nur gelegentlich zur Ausführung gelangten.

**Anilox-Hochdruck.** Mit Anilox-Hochdruck bezeichnet man ein Hochdruckverfahren, das mit einer aus der Tiefdrucktechnik entlehnten, sehr einfachen Farbzuführung arbeitet. Eine nach Art eines Rasters mit kleinen Vertiefungen überzogene Farbwalze wird im Überschuss eingefärbt, und eine Rakel entfernt anschliessend die überschüssige Farbe.

**Antiqua-Schrift.** Als Antiqua-Schriften bezeichnet man Schriftarten, deren Buchstaben an den Strichenden kleine Endstriche (Serifen) tragen. Die Grundform der Antiqua-Schriften geht auf die antike römische Capitalis-Schrift zurück: Die Grossbuchstaben sind dieser Schrift entlehnt, die Kleinbuchstaben (Gemeine) stammen von der karolingischen Minuskel. Neben den Serifen sind wechselnde Strichstärken häufiges Merkmal der Antiqua-Schriften. Ihr Vorteil: Sie lassen sich in Lauftexten besonders gut lesen. Berühmte Beispiele sind die <u>Times</u> (als klassisches Vorbild), die **Bodoni** und die <u>Garamond</u>.

**Auflösung.** In der Optik ist die Auflösung ein Mass für die Fähigkeit von Ein- und Ausgabegeräten oder Filmen, zwei benachbarte Punkte noch getrennt voneinander darzustellen. Die Auflösung hängt von den physikalischen Eigenschaften des darstellenden beziehungsweise aufnehmenden Geräts oder Materials ab und findet zumeist ihre Grenze in der Wellenlänge des verwendeten Lichts. Man gibt die Auflösung in der Regel mit Punkten pro Zoll (dots per inch; dpi) oder in Linien pro Millimeter an. Eine Zeitung hat z. B. 1200 dpi.

**Ausschiessen** («Imposition»). Imposition-Software bringt die Einzelseiten auf einer Druckplatte so in Position, dass sie nach dem Falzen in der richtigen Reihenfolge stehen.

**Bleisatz.** Eine Methode zur Herstellung von Drucken, bei der einzelne Lettern

(Einzelbuchstaben) zu einem Druckstock zusammengesetzt werden. Nach dem Abdruck kann der Druckstock wieder in seine Einzelteile zerlegt werden, und die Lettern stehen für den Neugebrauch zur Verfügung (Druck mit beweglichen Lettern). Man unterscheidet den Handsatz, die älteste Form, und den Maschinensatz. Ein Setzer musste bei der Lehrabschlussprüfung im Handsatz 1650 Zeichen pro Stunde setzen können.

**Blitzer.** Unbedruckte weisse Stellen zwischen anstossenden Farbflächen bei Druckerzeugnissen nennt man Blitzer. Das Papier ist hier sichtbar. Solche Stellen treten durch ungenaue Einrichtung der Druckmaschine oder durch Formveränderung des Papiers während des Drucks auf.

**Blocksatz.** Wörter und Zwischenräume einer Zeile werden durch unsichtbare Keile so ausgerichtet, dass die untereinander stehenden Zeilen links und rechts bündig sind.

**Bogenoffset.** Den Offsetdruck als heute dominierendes Flachdruckverfahren setzt man in den Varianten Bogenoffset und Rollenoffset ein. Beim Bogenoffset bedrucken Maschinen einzelne geschnittene Bögen.

**Brotschrift.** Mit Brotschrift bezeichnet man die für den Lauftext in Büchern, Zeitschriften und Zeitungen verwendete Schriftart bis zu einer Grösse von 12 Punkt bzw. 4,2 mm. Der Begriff wird darauf zurückgeführt, dass in Zeiten des Bleisatzes die Schriftsetzer pro Setzen von 1000 Buchstaben Lauftext ihren Grundlohn erzielten.

**CIELab-Farbraum.** Im Jahr 1976 von der Commission Internationale de l'Eclairage (CIE) definiert, besitzt der Farbraum CIELab ein dreidimensionales, rechtwinkliges Koordinatensystem. Die senkrechte Koordinate L gibt die Helligkeit einer Farbe an, die zwei ebenen Koordinaten a und b den Farbwert und die Sättigung auf einer Rot-Grün- beziehungsweise einer Blau-Gelb-Achse. Der CIELab-Farbraum gilt als besonders geeignet zur Darstellung von Farbdifferenzen, da geometrische Abstände darin annähernd den empfindungsmässigen Farbunterschieden entsprechen.

**CMYK.** Subtraktives Farbmodell, bestehend aus den vier Grundfarben Cyan, Magenta, Yellow und Black. Das K im Namen steht für «key», Schlüssel, weil es sich dabei um eine errechnete Tiefzeichnung handelt. Subtraktiv, weil in der Mischung die drei Farben CMY alles Licht absorbieren und Schwarz ergeben.

**Color-Proof.** Um die Farben eines Druckerzeugnisses in verbindlicher Weise vorab zu kontrollieren, dient der Color-Proof, der sich auch in räumlicher Entfernung vom Druckort anfertigen lässt. Voraussetzung für einen aussagekräftigen Color-Proof ist aber die sichere Kontrolle des Preprint-Prozesses mit einem Color-Management-System, das ebenfalls die verwendete Druckmaschine sowie das für den Druck vorgesehene Papier einschliesst.

**Computer-to-Plate.** Bei diesem Verfahren werden Daten aus dem Computer direkt ohne das Übertragungsmedium Film auf die Druckplatte belichtet.

**Computer-to-Print oder -to-Press.** Dies sind Druckverfahren, die z. B. unter Anwendung von Laserdruck ohne Druckplatten auskommen.

**Datenkompression.** In der Computertechnik bezeichnet man mit Kompression die Verringerung des von Daten beanspruchten Speicherplatzes der Informationen. Man unterscheidet zwischen Kompressionsverfahren, die mit (mehr oder weniger akzeptablem) Verlust an Informationen einhergehen (JPEG für Bilder und MP3 für Musik) und verlustfreien Verfahren (MNP5).

**Dickte.** Gesamtbreite eines Buchstabens, inkl. Fleisch, also Leerraum links und rechts des Zeichens.

**Digitaldruck.** Mit Digitaldruck bezeichnet man allgemein Druckverfahren, bei denen die Informationen direkt vom Computer aufs Papier gebracht werden, ohne dass eine Druckvorlage erzeugt wird.

**Druckvorstufe.** Unter dem Begriff Druckvorstufe fasst man die Gesamtheit der Arbeitsgänge zusammen, die von dem zu druckenden Ausgangsmaterial – Texte, Bilder – bis zur fertigen Druckvorlage erforderlich sind. Dazu gehören Seitenlayout, Satzherstellung und Bildverarbeitung, gegebenenfalls auch Seiten- und Bogenmontage sowie die Belichtung von Filmen zur Druckplattenherstellung.

**Duplexbilder.** Duplexbilder setzt man ein, um den Tonwertumfang (Bereich zwischen hellsten und dunkelsten Tönen) eines Graustufenbilds im Druck zu vergrössern.

**Durchschuss.** Im Bleisatz Bezeichnung für das Blindmaterial, das zwischen die einzelnen Zeilen von Hand «eingeschossen» wurde.

**EPS.** EPS steht für Encapsulated Postscript. Es handelt sich um ein Element der Seitenbeschreibungssprache Postscript, entwickelt für den Datenaustausch in der Druckvorstufe. Das reine EPS-Format ist nicht auf dem Bildschirm darstellbar und liefert daher in den meisten Fällen ein Vorschaubild im TIFF-Format. EPS-Bilder können ohne Qualitätsverlust vergrössert werden.

**Farbmanagement.** Mit Farbmanagement bezeichnet man die Steuerung der Farbwiedergabe in einem digitalen grafischen Produktionsprozess. Die verschiedenen Ein- und Ausgabegeräte vom Scanner bis zur Druckmaschine arbeiten gerätebedingt mit unterschiedlichen Farbräumen. Um die Farbdarstellung über die Produktion hinweg zu vereinheitlichen, werden Farbprofile für die beteiligten Geräte und Verfahren gebildet.

**Farbprofil.** Als Element des Color-Managements gibt das Farbprofil eines Bildein- oder -ausgabegeräts (Scanner, Bildschirm, Druckmaschine usw.) an, wie sich die von dem Gerät gelieferten Farbinformationen im Verhältnis zu einem übergeordneten, geräteunabhängigen Farbsystem (etwa dem Farbraum CIELab) verhalten.

**Feuchtwerk.** Das Feuchtwerk in Offsetdruckmaschinen hat die Aufgabe, die nichtdruckenden Stellen der Form mit einem dünnen Film aus Feuchtmittel – Wasser mit einem Anteil an Isopropylalkohol und weiteren Zusätzen – zu überziehen.

**Flachdruck.** Darunter fasst man alle Druckverfahren zusammen, bei denen druckende Bereiche der Druckplatte auf gleicher oder nahezu gleicher Ebene mit den nichtdruckenden Partien liegen. Das Verfahren beruht auf der Tatsache, dass man auf der druckenden Oberfläche oleophile (ölfreundliche) und hydrophile (wasserfreundliche) Bereiche schaffen kann. Bei der Färbung der Platte nehmen nur die oleophilen Flächen die Druckfarbe an und erzeugen so das Druckbild.

**Flattersatz.** Im Gegensatz zum Blocksatz sind die Zeilen frei auslaufend, und der Wortzwischenraum ist konstant gleich gross. Es gibt drei Arten: rechts- und linksbündig, der Mittelachsensatz (zentriert) Flattersatz linksbündig ist etwa gleich gut lesbar wie Blocksatz, braucht etwa gleich viel Raum und wirkt freier.

**Fleisch.** Nichtdruckender Teil eines Buchstabens. Seitlicher Raum, damit sich die Buchstaben nicht berühren.

**Fotosatz.** Auch Lichtsatz genannt. Der unmittelbare Nachfolger des Bleisatzes setzte sich ab etwa 1975 breit durch. Erst wurde die Schrift durch eine Belichtung mit Negativschriftscheiben auf Film oder Fotopapier ermöglicht, später wurde die Technik abgelöst durch die Digitalisierung der Schrift in einzelne Pixel.

**Fraktur.** Die Schriftform Fraktur entstand 1517 und war bis ins 20. Jahrhundert die gängige Schriftform in Deutschland. Auch in den Nachbarländern östlich und südöstlich von Deutschland war die Fraktur zeitweise verbreitet. Im Jahre 1946 löste bei der NZZ die Antiqua die Fraktur ab. Ihren Namen (lateinisch für «Bruch») trägt die Schrift nach den gebrochenen Linienzügen, in denen sie ursprünglich mit der Hand geschrieben wurde.

**Gradation.** Die Gradation (auch Gammawert) eines Bildes – etwa einer Fotografie oder einer in einem Computer gespeicherten elektronischen Darstellung – gibt an, in welcher Abstufung die Grauwerte des Originals wiedergegeben werden. Man spricht auch von einer weichen bis harten Darstellung.

**Grammatur.** Die Grammatur eines Papiers wird in Gramm pro Quadratmeter gemessen. Die Grammaturen von Papier reichen von 7 bis ungefähr 225 g/m$^2$. Beim für die NZZ verwendeten Papier beträgt die Grammatur in der Regel 45 g/m$^2$.

**Gummituch.** Das um einen Zylinder gespannte Gummituch ist das Kernelement des Offsetdrucks. Es überträgt das Druckbild von der Druckform auf das Papier. Vom Absetzen der Farbe auf das Tuch stammt auch die englische Bezeichnung Offsetdruck (Absetzdruck).

**Handsatz.** Mit Handsatz wird der von Hand hergestellte Satz mit einzelnen Lettern bezeichnet. Der Setzer nimmt Einzelbuchstaben, Satzzeichen und Abstandselemente aus dem Setzkasten und stellt sie mit dem Winkelhaken zu einer Zeile zusammen.

**Hochdruck.** Im Hochdruck (auch Buchdruck genannt) werden die erhöhten Teile der Druckform eingefärbt. Diese geben beim Druckvorgang einen Teil der Druckfarbe auf das zu bedruckende Material ab.

**Hochzeit.** Als Hochzeit bezeichnet man scherzhaft ein im laufenden Text fälschlich doppelt gesetztes Wort.

**Hurenkind.** Die letzte Zeile eines Absatzes am Beginn einer neuen Spalte. Für die logische Lesbarkeit keine angenehme Sache. In flüchtig gemachten Zeitungen (Boulevardpresse) und Magazinen dennoch anzutreffen. Der Name stammt von früher, als man dies mit einem Misstritt deutete. (Siehe auch *Waisenkind*).

**InDesign.** Bei dem Softwarepaket InDesign handelt es sich um ein neueres

Programm für Layout und Satz am Computer, vergleichbar mit Quark-XPress.

**Initial.** Das Initial ist ein am Beginn eines Textes oder Absatzes aus dem übrigen Satzbild besonders herausgehobener Buchstabe. Es ist grösser als die Textschrift, so dass bis zu drei Zeilen belegen kann.

**JPEG.** JPEG ist ein Verfahren zur Komprimierung von Bilddaten in der RGB-Darstellung, das die Dateigrössen um bis zu 95% verringern kann. JPEG ist lizenzfrei und international genormt (ISO 10 918). Es kann zum Verlust von Bilddaten kommen.

**Jungfer.** In der traditionellen Sprache der Metteure ist eine Jungfer ein fehlerlos gesetztes Manuskript.

**Kalibrierung.** Zur korrekten Reproduktion von Bildern sollten alle Geräte so aufeinander abgestimmt werden, dass die numerisch festgelegten Werte für CMYK übereinstimmen.

**Kernen.** Das Unterschneiden eines einzelnen Buchstabens. Im Gegensatz dazu wird das generelle Verändern des Buchstabenabstandes einer Schrift mit «Tracking» bezeichnet, deutsch heisst dies Laufweite.

**Laufrichtung.** Die Laufrichtung von Papier ist die Richtung, in der es durch die Papiermaschine läuft. Dies ist in der Regel auch die bevorzugte Faserrichtung im Papier, und in dieser Richtung ist es meist steifer und dimensionsstabiler.

**Layout.** Mit dem englischen Begriff Layout bezeichnet man den Entwurf, nach dem sowohl Druckerzeugnisse wie auch Radio- und Fernsehsendungen gestaltet werden.

**Leiche.** Vergessenes Wort oder vergessener Textteil.

**Metteur.** Berufsbezeichnung im Bleisatz für den Mann, der zusammen mit dem Redaktor den Umbruch besorgte. Heute eher mit Layouter bezeichnet.

**OCR.** «Optical Character Recognition» oder optische Erkennung von Buchstaben.

**Pagina.** Seitenzahl.

**PDF.** Mit der Abkürzung PDF bezeichnet man das sogenannte Portable Document Format, ein Dateiformat. PDF dient zum Austausch und zur Verarbeitung elektronisch gespeicherter, formatierter Dokumente mit Text und Bild, unabhängig von der verwendeten Hard- und Software. Als Besonderheit sind Texte und Grafiken in Vektor-Form gespeichert, so dass die Auflösung ihrer Darstellung nur von dem Ausgabegerät (Bildschirm, Drucker) abhängt.

**Pixel.** Kunstwort aus «Picture» und «Element». Kleinste darstellbare quadratische Einheit am Bildschirm. Eine Pixelgrafik besteht aus lauter solchen Einheiten, die in der Vergrösserung erst sichtbar werden.

**Pixelformat.** Format für die Speicherung von Bilddaten, bei dem jeder Bildpunkt im Rahmen der gegebenen Auflösung durch entsprechende Daten repräsentiert wird. Bildverarbeitungsprogramme wie Photoshop verwenden das Pixelformat; das meistverwendete ist TIFF.

**Postscript.** Postscript ist eine Seitenbeschreibungssprache, die sich in der digitalen Druckvorstufe durchgesetzt hat. Sie beschreibt Dokumente weitgehend geräteunabhängig, so dass etwa die Auflösung eines Bildes erst im Ausgabegerät festgelegt wird.

**Recycling-Papier.** Bei Recycling-Papier handelt es sich um zu 100 Prozent aus Altpapier hergestelltes Papier. Altpapierfasern sind auf diese Weise etwa drei- bis fünfmal wiederverwendbar. Soll das Recycling-Papier rein weiss sein, so muss man durch sogenanntes De-Inking mit Chemikalien die Druckfarben aus dem Altpapier entfernen und das Fasermaterial zusätzlich einem Bleichprozess unterziehen. Bei der Herstellung von sogenannten Umweltschutzpapieren verzichtet man zwar auf das De-Inking, benötigt aber unbedrucktes weisses Papier als Rohstoff, um einen Weissgrad von 40 bis 50 Prozent zu erreichen.

**RGB.** Additives Farbmodell aus den Grundfarben Rot, Grün, Blau. Mit diesen Farben arbeiten alle Bildschirme. Additiv deshalb, weil es sich um Lichtfarben handelt. In der Mischung ergeben alle drei Farben Weiss. Vergleiche auch das subtraktive Farbmodell *CMYK*.

**RIP.** Die Abkürzung RIP steht für Raster-Image-Processor (engl. Raster-Bildprozessor), mit dem Daten aus der Druckvorstufe für die Herstellung von Druckplatten aufbereitet werden. Die wichtigste Funktion dabei ist die Erzeugung der Raster für den Druck von Bildern und anderen grafischen Elementen.

**Scanner.** Als Gerät zur Erfassung von Bilddaten arbeitet der Scanner (engl. «Abtaster») durch optische Abtastung der zu erfassenden Vorlage.

**Schöndruck.** Das erste Bedrucken eines noch unbedruckten Papierbogens heisst Schöndruck. Der zweite Druckgang auf der Rückseite des bedruckten Bogen wird Widerdruck genannt.

**Schriftsatz.** Mit Schriftsatz bezeichnet man das Zusammenstellen von Schriftzeichen zu formatiertem Text als Material für die Herstellung von Druckvorlagen. Bis zur Erfindung von Setzmaschinen erfolgte der Schriftsatz von Hand mit einzelnen Typen. Die erste Umwälzung im Schriftsatz brachte die 1882 von Ottmar Mergenthaler patentierte Zeilensetzmaschine Linotype.

**Schriftschnitt.** (normal, *kursiv*, **fett**, usw.). Die Stärke, Lage und Breite einer Schrift. Es gibt dafür unterschiedliche Bezeichnungen, z. B. für die Stärke mager und fett.

**Serife.** Eine Serife ist ein kleiner Endstrich am Ende der Striche von Buchstaben. Dieses Gestaltungsmerkmal ist typisch für die sogenannten Antiqua-Schriften, die sich auf Schriften des antiken Rom zurückführen lassen. Serifen kommen dem Wahrnehmungsmechanismus des Auges entgegen und fördern die Lesbarkeit.

**Sonderfarben.** Sonderfarben (Spot-Colors oder Schmuckfarben) setzt man für Farbtöne oder Effekte ein, die sich mit den üblichen Mitteln des farbigen Drucks, das heisst durch Mischung der verwendeten Grundfarben (zumeist Cyan, Magenta, Gelb und Schwarz), nicht realisieren lassen. Beispiele hierfür sind Leuchtfarben, Gold oder Silber. Für den Druck einer Sonderfarbe ist eine zusätzliche Druckstation erforderlich.

**Sperren.** W e s e n t l i c h e s Vergrössern der Buchstabenzwischenräume. Wenn die Zwischenräume nur wenig vergrössert werden, spricht man von Spationieren.

**Subtraktive Farbmischung.** Die subtraktive Farbmischung ist die Mischung von Farbstoffen. Absorbiert ein Körper einen Teil des weissen unbunten Lichts, dann treffen auf unserer Netzhaut nicht mehr alle Strahlen ein: Wir sehen daher eine entsprechende Farbe.

**Tabloid.** Zeitungsformat in der halben Zeitungsgrösse. Es gibt dafür keine fixe Grösse, weil Zeitungen unterschiedliche Formate besitzen.

**Tiefdruck.** Dieses Druckverfahren verwenden Rotationsdruckmaschinen hoher Leistung. Die druckenden Elemente liegen hier in Form von Näpfchen in der Oberfläche des Tiefdruckformzylinders vor. Das Druckbild wird in aller Regel durch elektromechanische Gravur mit einem Diamantstichel auf den Zylinder übertragen. Beim Druckvorgang wird der Druckzylinder vollkommen eingefärbt. Dann streift ein Rakelmesser die überschüssige Farbe von der Oberfläche ab, und die Farbe verbleibt nur noch in den Vertiefungen. Dann presst eine gummierte Walze die Papierbahn gegen den Druckzylinder, und die in den Näpfchen zurückgebliebene Farbe wird an das Papier abgegeben.

**TIFF.** TIFF (Tagged Image File Format) ist ein viel verwendetes Dateiformat für Bilder, das 1986 definiert wurde. Es ist ein sogenanntes Rasterformat, das für jeden Bildpunkt Informationen über seine Helligkeit und seinen Farbton enthält. Das TIFF unterstützt verschiedene Farbigkeiten von Schwarzweiss bis zur vollen Farbe in RGB-Darstellungen.

**Waisenkind.** Die erste Zeile eines Absatzes am Schluss einer Spalte. In Deutschland heisst dieses Vorkommnis «Schusterjunge».

**Wegschlagen.** Mit Wegschlagen bezeichnet man das Eindringen von Binde- und Lösungsmittelanteilen der Druckfarbe in das Papier während der Trocknung. Pigmente und Harzanteile bleiben an der Oberfläche und bilden eine Farbschicht, die später verhärtet.

**Weiterverarbeitung.** Darunter fasst man im Druck die Arbeitsgänge zusammen, die nach dem eigentlichen Druckvorgang zu dem fertigen Druckerzeugnis führen. Je nach Art des Produkts gehören dazu das Falten, Zusammenlegen und Beschneiden der bedruckten Bögen sowie das Binden und gegebenenfalls auch das Verpacken.

**Widerdruck.** Das Bedrucken der Rückseite eines bereits auf der Vorderseite bedruckten Papierbogens heisst Widerdruck. Der erste Druckgang wird Schöndruck genannt.

**Zeitungsformate.** Für das Format von Tageszeitungen haben sich verschiedene Standardgrössen herausgebildet. Die wichtigsten sind: Berliner Format 315 mm × 470 mm, Rheinisches Format 350 mm × 510 mm, Nordisches Format 400 mm × 570 mm. Die NZZ wird im Schweizer Format 320 mm × 470 mm gedruckt.

# Technische Regeln
für das Schreiben von Artikeln in Word,
für das Redigieren und für die direkte Eingabe
von Texten ins System (News Editor)

Auswärtige Autoren schreiben und senden ihre Artikel heute meistens in Textprogrammen wie Word oder als unformatierte Texte in E-Mail-Programmen wie Microsoft Outlook oder Mozilla Thunderbird. Folgend ein paar Hinweise, die vor allem für das Schreiben in *Word-Dokumenten* dienlich sind:

1. Für die Artikelgrösse massgebend ist die *Zeichenzahl inklusive Leerschläge*. Word zeigt dies an unter Datei → Eigenschaften → Register Statistik → Buchstaben (mit Leerzeichen). Eine NZZ-Seite umfasst etwa 17 000 Zeichen.

2. Die gross geschriebenen Umlaute Ä, Ö und Ü werden auf der Schweizer Tastatur am einfachsten über das Umlautzeichen (¨) und den entsprechenden Grossbuchstaben A, O oder U gesetzt. Diese Umlaute erhält man auch, indem vorgängig Caps Lock aktiviert wird. Die Zeichen selber sind auf der Tastatur ersichtlich. Weitere Möglichkeiten: Ä = Alt und die Ziffernfolge 0196 (numerische Tastatur) oder Alt und 142; Ö = Alt und 0214 oder Alt und 153; Ü = Alt und 0220 oder Alt und 154.

3. Es ist zu unterscheiden zwischen einem Bindestrich (-) und einem Gedankenstrich (–). Im Programm Word kann der Gedankenstrich gesetzt werden über Ctrl und das Minuszeichen der numerischen Tastatur. In Word und in vielen anderen Programmen ist dieses Zeichen ebenfalls erhältlich über Einfügen → Symbol oder über die Tastenkombination Alt und 0150 der numerischen Tastatur.

4. In unserem Blatt verwenden wir als Anführungszeichen die in der Schweiz übliche französische Form der Guillemets (« und »). (Im deutschen Sprachraum wird oft » und « geschrieben.) Die einfachen Anführungszeichen sind ‹ und ›. Und innerhalb der einfachen Anführung wird mit ‚ und mit ' an- bzw. abgeführt. Als Apostroph verwenden wir das Zeichen '. All diese Zeichen können im Word-Dokument über Einfügen → Symbol eingesetzt werden. Dienlich dazu sind aber auch folgende Tastenkombinationen:

« = Alt und 0171 oder Alt und 174
» = Alt und 0187 oder Alt und 175
‹ = Alt und 0139
› = Alt und 0155
‚ = Komma oder Alt und 0130
' = Alt und 0145
' = Alt und 0146 (= Apostroph)

Für jeden Artikel muss im System News NT ein sogenannter *Frachtbrief* angelegt werden, der so ausführlich und so korrekt wie nötig auszufüllen ist. Es ist dabei wichtig, dass er einen *sinnvollen Kurztext* enthält. Der *Terminwunsch* sollte *realistisch* sein. Wichtig ist ebenfalls die *richtige Angabe des Ausgabetags* (bei Stehsatz: 00.00.00; kein Löschdatum eintragen bzw. Löschdatum eliminieren), der *Layoutseiten-Zuordnung* und der Spaltenbreite des Titels und der Anzahl der Bilder. Beim Ausfüllen des Frachtbriefes besonders zu beachten sind die vollständigen *Einträge bei Fremdautoren* (Vornamen und Namen). Fehlerhafte Angaben belasten die Honorarabteilung, erschweren die nachträgliche Suche und sind beschämend, wenn sie in externen Datenbanken auftauchen. Beim Redigieren ist unbedingt darauf zu achten, dass unter «Redaktor» tatsächlich das *eigene* Kürzel aufgeführt ist.

*Bitte beachten:* Das Korrektorat liest nach Tagesangabe und Umbruchzeit. Die Tagesangabe muss – mit Ausnahme der 00.00.00-Angabe – dem Erscheinungstag entsprechen. Muss der Artikel aus Umbruchgründen früher gelesen werden, so ist dies nach dem Verabschieden des Artikels in den Status «kdr» mit dem Korrektorat zu besprechen.

Bei *Zahlen* ist darauf zu achten, dass sich *Dezimalstellen* von *Tausenderstellen* unterscheiden. Der Punkt darf, weil missverständlich, in beiden Fällen nicht verwendet werden. (Der Punkt wird nur dort anstelle des Kommas gebraucht, wo eine Währung in eine Unterwährung geteilt wird. Dies entspricht schweizerischem Usus. Also Fr. 1.45 = 1 Franken und 45 Rappen; oder € 13.95 = 13 Euro und 95 Cent. Aber 12,45 Rappen oder 37,31 Cent [es gibt keine Unterwährung von Rappen oder von Cent] [beachte auch im *alphabetischen Verzeichnis* das Kapitel *Franken/Fr.*].) Im gelieferten Satz werden Dezimalstellen durch Punkt oder Komma, Tausenderstellen dagegen oft durch Apostroph oder Leerschlag abgetrennt: 36,384 Millionen (= sechsunddreissig Millionen dreihundertvierundachtzigtausend), 36'384 Millionen oder 36 384 Millionen (= sechsunddreissig Milliarden dreihundertvierundachtzig Millionen).

Nach *Autor-Initialen,* die wir *immer in Kursiv* setzen, soll der eigentliche Text *nicht* mit Kursiv beginnen.

*Auszeichnungen von Namen mit Titeln.* Der Vorname und der abgekürzte Titel sind mit dem Familiennamen kursiv zu setzen: *Prof. Dr. Hans Bühlmann, Mgr. Enrico Bassani. Ausgeschriebene* Titel dürfen aber nicht ausgezeichnet werden: Bundesrichter *Karl Hartmann,* Kantonsrat *Dr. Kellermann.*

Bei Texten, die *direkt ins Satzsystem* eingegeben werden, ist zu beachten, dass *zusätzliche* Arbeit und Zeit nur dann erspart werden kann, wenn folgende typographische Punkte berücksichtigt werden (siehe auch *Merk-Würdiges*):
a) Es ist zu unterscheiden zwischen Null (0) und Buchstabe (O), zwischen Ziffer 1 und Buchstabe l, zwischen Bindestrich (Divis) und Gedankenstrich (-/–).

b) Ausser der Taste für normalen, variablen Wortzwischenraum gibt es eine Taste für den festen, *engeren* Zwischenraum (Viertelgeviert). Diese Taste bewirkt zudem, dass die beiden den Zwischenraum einschliessenden Wörter oder Zeichen *am Zeilenende nicht auseinandergerissen werden.* Das Viertelgeviert (im Programm News Editor auch mit der Tastenkombination Ctrl und 4 erhältlich) ist also in folgenden Fällen zu verwenden: zur Gliederung von Zifferngruppen mit fünf und mehr Stellen (10_000, 100_000, 1_000_000) (im Lauftext sind viergliedrige Zahlen ohne Abstand zu setzen: 6344); nach Ordnungszahlen (1._März, 18._Auflage, 20._Jahrhundert); nach *einfachen* Abkürzungen (St._Gallen, M._Neuenschwander) und *innerhalb mehrteiliger* Abkürzungen (H._P. Gut, Affoltern a._A., Büren a._d._A., z._B., u._a., d._h., i._V., S._à_r._l., a._a._O.); zwischen Zahl und abgekürzter Masseinheit, sofern diese nur *einen* Buchstaben oder nur *eine* Ziffer umfasst (10_000_l, 5_g, 28_t, 600_000_$, 100_Mio._£, 5200_Mrd._$, 1200_m³, 20_°C [aber 20° ohne Zwischenraum], 1_Fr., 8_kg [aber gewöhnlicher Wortzwischenraum bei 23 Fr., 68 kg]).

c) Im Lexikon des Satzsystems nicht enthaltene Wörter werden mit einer roten Wellenlinie markiert. Diese Wörter können fehlerhaft sein. Sie müssen manuell getrennt werden (Tastenkombination: Ctrl und - [Bindestrich]), wenn das fragliche Wort am Zeilenanfang steht und die obere Zeile überdurchschnittlich weite Wortzwischenräume aufweist. – *Achtung:* Die im Lexikon vorhandenen Wörter erhalten mit der Tastenkombination Ctrl und - ein *Trennverbot!*

Nachträgliche *Korrekturen* sind, wenn irgend möglich, auf einem Ausdruck anzubringen, der von einem bereits korrigierten Artikel stammt. Dieser Ausdruck ist zur Korrekturausführung dem Korrektorat zuzustellen. Kann jedoch die Ausführung der Hauskorrektur nicht abgewartet werden, so ist der Ausdruck mit allfälligen Korrekturen schnellstmöglich an das Korrektorat zu adressieren. Verwirrung aus gegensätzlichen Korrekturen kann so vermieden werden.

Der diensttuende Redaktor ist mitverantwortlich für die Richtigkeit der *während des Abschlusses* nach Korrekturen auf dem Layout *umgesetzten Titel und Legenden,* da der Revisor meist zu spät merkt, oft gar nicht merken kann, was umgesetzt worden ist. *Zurückhaltung* bei Titeländerungen und stilistischen Korrekturen auf dem Layout bewirkt einen reibungslosen Ablauf des Abschlusses.

*Titel,* spätere *Änderungen im Titel oder im Text* sowie das «*Täfeli*» sollten besonders deutlich geschrieben werden, am besten in Druckbuchstaben. Die in den Inhaltsverzeichnissen zu den Artikeln angegebene Seitenzahl muss mit dem Umbruch übereinstimmen.

# Merk-Würdiges

Damit in Texten beim Korrigieren nicht übermässig viele satztechnische Korrekturen vorgenommen werden müssen, sollten bereits beim Schreiben mit dem Satzsystem einige typographische Regeln beachtet werden, die in den meisten Fällen auch in Programmen wie Microsoft Word oder OpenOffice.org Writer bereits zu berücksichtigen sind. In Kürze ein paar Beispiele:

**Abkürzungen**

Grossbuchstabenabkürzungen erhalten in der Regel keinen Punkt, ebenfalls nicht Abkürzungen, in denen Gross- und Kleinbuchstaben gemischt sind (AG, ZH, AHV, PTT, GmbH, BfU, BFU). Aber, als Beispiel auch für andere Sprachen, französisch noch oft: S. A. (in der NZZ: SA).

Bei Abkürzungen, die als Kurzwörter gelesen werden, sobald sie geläufig sind, ist gewöhnlich nur der erste Buchstabe gross (Agfa, Biga, Unesco) (Ausnahmen: IATA und EFTA [wegen EWG/EU]). (Siehe auch *He 1374 ff.*)

**Anführungszeichen**

Reihenfolge der Anführung: erste Anführung « », zweite Anführung ‹ ›, dritte Anführung ‚ '. Innerhalb eines Satzes also « ‹ , ' › ». Ist ein ganzer Satz oder mehr als ein Satz angeführt, ist das schliessende Anführungszeichen nach dem Punkt zu setzen. Wird nur ein Satzteil angeführt, steht das schliessende Anführungszeichen vor dem Punkt. Schliessendes Anführungszeichen in jedem Fall vor dem Komma einfügen. (*He 1531* und *1535*.)

Buch-, Werk- und Zeitungstitel werden immer angeführt, wenn sie nicht durch eine andere Schriftart hervorgehoben sind (abweichende Regelungen in Fussnoten und Literaturverzeichnissen sind möglich). Nicht angeführt werden die Bezeichnungen von Fahrzeugen (Autos, Flugzeugen, Raketen) sowie Firmennamen. (Vgl. *He 1533*.)

Werk- und Zeitungstitel müssen in der Regel dekliniert werden *(He 157)*. Der Artikel wird aus den Anführungszeichen herausgenommen, wenn er in der Deklination eine andere Form erhält; unter Umständen bleibt er auch ganz weg (die Zeitung «Der Landbote», die Redaktion des «Landboten», in Schillers «Räubern»). (Ausnahmen siehe *He 158*.)

Abgekürzte Zeitungsnamen werden in der Regel angeführt («AZ», «SN», «TA») (Ausnahmen NZZ bzw. NZZaS).

**Apostroph**

Der Apostroph (') (Auslassungszeichen) steht meistens anstelle eines oder zweier weggelassener Buchstaben. Er wird ohne Leerraum vor, zwischen oder hinter den Rest des gekürzten Wortes gesetzt.

Weiteres über Apostroph siehe auch (am Satzanfang) *He 1106*, (allg. Regeln) *1364–1371*, (bei Personennamen auf s-Laut) *153–155*.

**Auslassungspunkte**

Vor und zwischen den Auslassungspunkten ist ein Viertelgeviert (oder ein Achtelgeviert) zu setzen (bei einer 10-Punkt-Schrift beispielsweise ist ein Geviert 10 Punkt und ein Viertelgeviert 2½ Punkt breit). Stehen die Auslassungspunkte am Satzende und ersetzt der letzte Punkt den Schlusspunkt, steht vor den Punkten ein Viertelgeviert, nach den Punkten ein Wortkeil: «Letztes Wort... Neuer Satz.»

Stehen die Punkte zwischen Gesprächsfetzen, wird in der Regel vor und nach den Punkten ein Leerschlag gesetzt: «Ist ja toll ... hmhm.» Auch: «Ist ja toll ... hmhm.»

Werden Wortteile ausgelassen, steht vor den Punkten ein Viertelgeviert und nach den Punkten ein Wortkeil: «Einen solchen Sch... habe ich schon lange nicht mehr gesehen.»

*Bitte beachten:* Wichtig ist hier nur, dass vor und hinter den Punkten ein proportional angemessener Zwischenraum ist.

Anführungszeichen, schliessendes Anführungszeichen, Komma oder Ausrufezeichen usw. werden direkt an die Punkte angeschlossen: «... / ...» / ..., / ...! / ...? / (...) / [...].

Wenn ein ganzer Satz ausgelassen wird, stehen im Normalfall die Punkte nach dem Satzschlusspunkt in Klammern (in literarischen Arbeiten auch in eckigen Klammern): «Letztes Wort. [...] Neuer Satz.» (Vgl. auch *He 1523 ff.*)

## Auszeichnungen

Auszeichnungen werden überwiegend verwendet, um wichtige Textpassagen hervorzuheben und um eine Lesehilfe zu geben. Auszeichnungen im Textteil werden im Normalfall mit *kursiver* Schrift und im Inseratebereich mit **halbfetter** Schrift dargestellt.

*Bitte beachten:* Damit die gewünschte Funktion der Auszeichnung erhalten bleiben kann, sollten zu viele Auszeichnungen hintereinander vermieden werden. – Die Satzzeichen werden ebenfalls am Ende eines ausgezeichneten Textteils in der Auszeichnungsschrift gesetzt. Wird ein gemischt gesetzter Textteil von Klammern oder von Anführungszeichen eingeschlossen, so werden in der Regel beide Klammern und meist auch beide Anführungszeichen aus der Grundschrift gesetzt.

## Bindestrich (Divis) (siehe unter *Strich*)

## Bruchziffern

In Verbindung mit Zahlen oder Wörtern werden diese ohne Zwischenraum gesetzt: 82½, ¾fach. (Aber: 3½-jährig.)

Brüche können auf zwei Arten dargestellt werden, und zwar für den Normalfall mit einem schrägen Bruchstrich wie bei den Beispielen oben oder für mathematische Formeln mit einem waagrechten Bruchstrich.

## Et-Zeichen (&)

Das Zeichen & anstelle des Wortes «und» darf nur in Firmennamen verwendet werden. Kühne & Nagel. Vor und nach dem & einen Wortkeil setzen.

## Fremdsprachige Substantive

Fremdsprachige Substantive sind im deutschen Text gross zu setzen: Résumé, Belcanto, Review. Substantivische Wortgruppen nach Duden: eine Terra incognita, ein Modus Vivendi, die Ultima Ratio. Für die Schreibung mehrgliedriger amerikanischer oder englischer Wortgruppen siehe *Umsetzung der Rechtschreibreform in der NZZ.* Angeführte, eingeklammerte oder kursiv gesetzte fremdsprachige Substantive können klein bleiben.

**Fussnoten/Fussnotenzeichen**
Das erste Wort einer Fussnote wird gross geschrieben *(He 1103),* und die Fussnote ist mit einem Punkt abzuschliessen.

Als Fussnoten- und Anmerkungszeichen sind normalerweise hochgestellte Ziffern ohne Klammern anderen Möglichkeiten wie z. B. Sternen vorzuziehen.

*Bitte beachten:* Im Duden 1 sind im Kapitel Textverarbeitung unter dem Titel «Fussnoten- und Anmerkungszeichen» die Regeln festgehalten, wie Fussnotenziffern beim Zusammentreffen mit Satzzeichen zu setzen sind. Die NZZ weicht allerdings von dieser Richtlinie ab (siehe *Fussnotenzeichen* im alphabetischen Verzeichnis des «Vademecums»).

**Gedankenstrich/Halbgeviertstrich** (siehe unter *Strich*)

**Gradzeichen (°)**
Wird das Gradzeichen zusammen mit einem Buchstabensymbol verwendet, so wird das Gradzeichen von der Zahl durch ein Viertelgeviert getrennt und dem Buchstaben zugeordnet: 15 °C; ohne abgekürzte Massangabe keinen Abstand zwischen Ziffer und Zeichen tasten: 15° unter null.

*Bitte beachten:* In Fachbeiträgen wird oft auf das Gradzeichen vor dem Buchstaben der Skala verzichtet (−5 C, 80 R, 21 F). Kelvin immer ohne Gradzeichen (273,15 K).

Weiteres über Gradzeichen siehe auch *He 1360.*

**Klammern runde ( ) und eckige [ ]**
Für erklärende Zusätze werden in der Regel die runden Klammern verwendet. Im Bericht steht: «Die Bodenbeschaffenheit der Gemeinde Benken (Kanton Zürich) ist durch die Nagra geprüft worden.» – Eckige Klammern kennzeichnen Zusätze innerhalb von Zusätzen sowie Anmerkungen oder Weglassungen des Autors: Im Bericht steht: «Die Bodenbeschaffenheit [. . .] ist durch die Nagra geprüft worden.»

Mitten im Satz kann ein in Klammern gesetztes Fragezeichen oder Ausrufezeichen auf eine fragwürdige oder erwähnenswert scheinende Aussage hinweisen: Über die Anflugroute wurde am Runden Tisch eine Einigung (?) gefunden. Die Bodenbeschaffenheit ist durch die Nagra (!) geprüft worden.

Weiteres über Klammern siehe auch *He 1527 ff.*

**Kupplung oder Zusammenschreibung** (siehe unter *Strich*)

**Malzeichen (×)**
Anstelle des Malzeichens darf nicht der Kleinbuchstabe x verwendet werden: Jeep Cherokee 4×4. Zwischen zwei Zahlen wird das Zeichen ohne Abstand gesetzt: Eine Fläche von 4×6 Metern. (Auch: eine Fläche von 4 mal 6 Metern.) Aber: 2× 4-Zimmer-Wohnung (es handelt sich um zwei Wohnungen mit je vier Zimmern) und 2×4-Zimmer-Wohnung (es handelt sich um eine Wohnung mit insgesamt 8 Zimmern). 4-mal 1500 m, 4-mal-100-m-Staffel, ebenfalls 4×100-m-Staffel (siehe auch unter «Sport»). (Französisch: × = fois; 4 fois 400 m.)

*Bitte beachten:* Bei Todesanzeigen Fuchs × (nicht Fuchs x). Das × bezeichnet in Studentenverbindungen eine chargierte Person (beispielsweise × = Präsident, ×× = Quästor, ××× = Aktuar, ×××× = Archivar).

**Mathematische Zeichen**

Die Zeichen +, ×, – (Halbgeviertstrich/Gedankenstrich/Minuszeichen) und = werden zusammen mit Ziffern ohne Viertelgeviert zwischen Zeichen und Ziffern gesetzt. Zusammen mit Wörtern wird vor und nach dem Zeichen ein Wortkeil gesetzt.

**Paragraphenzeichen (§)**

Das Zeichen § darf nur in Verbindung mit einer Zahl und ohne Artikel (der oder die) verwendet werden und ist mit einem Viertelgeviert Abstand zu setzen: (Einzahl) § 4, (Mehrzahl) §§ 8–12, aus § 24 geht hervor . . ., in § 24 liest man . . ., der Paragraph 24 . . ., im Paragraphen 24 . . .

**Prozentzeichen (%) / Promillezeichen (‰)**

Diese Zeichen werden in der NZZ ohne Abstand zwischen Ziffer(n) und Zeichen verwendet (34%). In Verbindung mit einem nachfolgenden Wort entfällt daher das Divis zwischen der Ziffer und dem Wort (5%-Anleihe). Das Prozentzeichen ist im laufenden Text im Wirtschaftsteil oder bei häufigem Vorkommen zu verwenden, sonst ist das ausgesetzte Wort vorzuziehen.

Weiteres über Prozent- und Promillezeichen siehe auch *He 763, 1003, 1326, 1359 f.* und *1410*.

**Schrägstrich (/)** (siehe unter *Strich*)

**Sport**

200-m-Lauf (ist ein Lauf auf einer 200 Meter langen Strecke): Wenn ein zwei- oder mehrteiliges Vorderglied Einzelbuchstaben, Abkürzungen oder Ziffern enthält, wird es mit einem Divis ans Grundwort angeschlossen *(He 1360)*.

110 m Hürden (ist ein Lauf auf einer 110 Meter langen und mit Hürden versehenen Strecke – nicht 110 Meter lange Hürden!): ohne Divis, weil sich die Zahl nicht auf «Hürden» bezieht.

3:12:8,7: zwischen Stunden, Minuten und Sekunden immer einen Doppelpunkt setzen. Ein Komma nur vor Sekundenteilen.

Edi Meier / Karl Müller, Meier/Müller: Viertelgevierte oder Wortkeile vor und nach dem Schrägstrich bei mehrwortigen Paaren – kein Abstand vor und nach dem Schrägstrich, wenn nur Einzelnamen aufgezählt werden.

(Siehe auch unter *Strich*:) FC Zürich - Bellinzona oder FC Zürich – Bellinzona: Wortkeile vor und nach dem Divis bzw. dem Halbgeviertstrich. (Divis und Halbgeviertstrich stehen für «gegen». Das Divis ist dem Halbgeviertstrich, der mit dem Gedankenstrich verwechselt werden könnte, vorzuziehen. In der NZZ nur Divis.)

Huber s. Keller: (s. = schlägt) Wortkeile vor und nach s.

**Strich**

*Divis (Bindestrich)*

In der Druckindustrie wird der kürzeste der waagrechten Striche (-) (etwa ein Viertelgeviert) Divis genannt und zum Trennen oder zum Verbinden von Wörtern verwendet. In diesen Fällen wird das Divis ohne Zwischenraum gesetzt. Bei Sportberichten kann anstelle des Wortes «gegen» der Gedankenstrich (–) (Halbgeviertstrich) verwendet werden, wobei vor und nach dem Strich ein Wortkeil getastet wird: Lugano – Basel. Oft wird dafür – so bei der NZZ – auch das Divis mit Wortzwischenraum gesetzt: Lugano - Basel (ist zu bevorzugen). Analog zur Verwendung bei Sportberichten wird der Gedankenstrich bzw. das Divis oft auch bei Zweier- oder Dreierbeziehungen verschiedenster Art gebraucht: das Trio Müller-Meier-Frei (NZZ) oder das Trio Müller–Meier–Frei, im Raum Bern - Zürich - Basel (da keine Strecke!), das Joint Venture Delta Air Lines-Panam (NZZ) oder das Joint Venture Delta Air Lines - Panam. Weiteres über Gedankenstrich bzw. Divis siehe auch *He 1411–1416* bzw. *He 1302–1361, 1428* und *1702–1704.*

*Gedankenstrich/Halbgeviertstrich*

Satzteile oder Zwischensätze werden vielfach nicht zwischen Kommas oder Klammern, sondern zwischen Gedankenstriche gestellt, wobei vor und nach dem Gedankenstrich ein Wortkeil getastet wird. Bei auf Mittelachse gesetzten Titeln gehört ein Gedankenstrich nicht an den Anfang der neuen Zeile, sondern an das Ende der oberen.

Das Wort «bis» wird oft durch den Gedankenstrich ersetzt. Dabei steht dieser ohne Zwischenraum zwischen den Wörtern oder Zahlen: Route Bern–Lausanne (= Streckenstrich), 5000–8000 Fr. (5000 bis 8000 Franken). *Bitte beachten:* Wer «von» sagt, muss auch «bis» sagen. Also nicht von Basel–Genf; sondern Basel–Genf oder von Basel bis Genf.

Wird der Gedankenstrich als Minuszeichen verwendet, darf zwischen ihm und der Ziffer auch kein Leerraum gesetzt werden. Temperatur in Zürich –7 °C. (Von dieser Regel kann die tabellarische Gestaltung abweichen.)

Weiteres über Gedankenstrich siehe auch *He 1411–1416* und *1516–1522.*

*Geviertstrich*

Der Geviertstrich (—) wird benötigt, um in Tabellen bei den Währungen die beiden Nullen nach Komma oder Punkt zu ersetzen. Er dient im Englischen als Gedankenstrich (em dash).

*Kupplung oder Zusammenschreibung*

Gut lesbare Zusammensetzungen von zwei oder drei Einzelwörtern (oder vier einsilbigen Einzelwörtern) im Normalfall ohne Divis setzen: Vermittlungsbemühungen, Eisenbahnfahrplan.

Mit Divis zu setzen sind Doppelbegriffe, wenn das Divis anstelle des Bindewortes «und» steht (Ingenieur-Kaufmann, Sekretärin-Buchhalterin), und Zusammensetzungen, die fremdartige Ausdrücke, Marken- oder Personennamen enthalten (Weekend-Ausflug, Ford-Vertretung, Schubert-Konzert, Richter-Skala, General-Guisan-Quai, Kaspar-Escher-Haus). – Weiteres über Kupplung oder Zusammenschreibung siehe auch *He 1131* und *1333–1361.*

*Schrägstrich (/)*

Der Schrägstrich zur Verbindung aufeinanderfolgender Zahlen (2005/06) oder Hausnummern (Seefeldstrasse 18/20, Rütihofstrasse 1/3) oder in Doppelbezeichnungen (Ecke Rennweg/Bahnhofstrasse) wird ohne Zwischenraum verwendet. Ebenfalls in Sportresultaten (Hlasek/Rosset s. Forget/Leconte 6:2, 6:4, 6:1).

Bei Wortgruppen und in ähnlichen Fällen ein Viertelgeviert (oder einen Wortkeil) vor und nach dem Schrägstrich setzen: W. Müller / K. Meier; Das Wasser rauscht', / das Wasser schwoll.

Mehr zum Schrägstrich siehe bei «Sport» und *He 1327, 1343* und *1417–1419.*

## Zusammenfassung

Striche haben unterschiedliche Aufgaben und Formen. Was ihre Aufgabe im Text betrifft, kann man grob zwischen Satzzeichen, Hilfszeichen und Begriffszeichen unterscheiden (siehe auch Tabelle bei He 1411); darüber hinaus bestehen noch Verwendungen, die nicht klar einer dieser drei Gruppen zuzuordnen sind. Bei den waagrechten Strichen wird im gepflegten Satz gewöhnlich zwischen dem kurzen Divis (-), dem etwas längeren Halbgeviertstrich (–) und dem langen Geviertstrich (—) unterschieden. Für tabellarischen Satz steht oft auch ein Minuszeichen zur Verfügung, das die gleiche Breite aufweist wie das Pluszeichen (+). Es wird verwendet, wenn diese Zeichen in einer Tabelle untereinander zu stehen kommen. Auf der Schreibmaschine gibt es in der Regel allerdings nur eine Art Strich. Gute Betriebssysteme und Programme aber stellen heute mindestens die drei ersten der oben erwähnten Sorten zur Verfügung.

## Viertelgeviert und Wortkeil

Die mit der Leertaste getippten Wortzwischenräume (Wortkeile) ergeben im Blocksatz (der Text ist links- und rechtsbündig abgeschlossen) von Zeile zu Zeile unterschiedlich grosse Wortabstände. Um den Abstand zwischen Zeichen auf eine bestimmte Breite fixieren zu können, müssen Viertelgevierte, Halbgevierte, Gevierte oder mit dem System bestimmte Festabstände verwendet werden. Der nichtaktive ([noch] nicht austreibende) Wortkeil entspricht gewöhnlich dem Wert eines Drittelgevierts bzw. dem Innenraum des Buchstabens n der jeweiligen Schrift.

Geviert, Halbgeviert und Viertelgeviert sind die Bezeichnungen für den festen Ausschluss, wobei zum Beispiel das Geviert einer 8-Punkt-Schrift genau 8 Punkt breit ist (so breit wie zwei nebeneinanderstehende Ziffern), das Halbgeviert 4 Punkt (so breit wie eine Ziffer) und das Viertelgeviert 2 Punkt (nicht ganz so breit wie ein Punkt oder ein Komma).

Das Viertelgeviert statt der Leertaste ist zu verwenden:

zur Gliederung von Zahlen mit fünf oder mehr Stellen (10.000, 100.000, 1.000.000 usf.); in Tabellen muss bereits bei vierstelligen Zahlen ein Viertelgeviert gesetzt werden, wenn sich in der gleichen Kolonne noch Zahlen mit fünf oder mehr Stellen befinden;

nach ein- und zweistelligen Ordnungszahlen im fortlaufenden Text (1. April, 23. Runde, 12. Jahrestag);

nach dem Punkt bei Einbuchstabenabkürzungen und nach dem Punkt *innerhalb* mehrstelliger Abkürzungen (H. Graf, E. T. A. Hoffmann, S. A., z. B., d. h., Affoltern a. A., Büren a. d. A., Stein a. Rh.);

156

zwischen der Abkürzung von Sankt und dem dazugehörenden Wort (St. Florian, St. Gallen [aber nicht abkürzen: sankt-gallisch, im Sankt-Gallischen]); vor oder nach *Einbuchstaben*abkürzungen (800 l, 27 g, 3421 t, $ 741.30, £ 2.50) oder wenn eine *einzelne Zahl* vor einer abgekürzten Masseinheit, Währung oder dergleichen steht (5 km/h, 9 kg, 4 Fr.).
(Siehe auch unter *Auslassungspunkte*, *Gradzeichen* und *Mathematische Zeichen*.)
*Bitte beachten:* Bei 250 Mio. (oder Mrd.) Fr. ist als Wortabstand ein Wortkeil zu setzen (*keine Einbuchstaben*abkürzung und *keine einzelne Zahl* vorhanden), hingegen gewöhnlich zweimal ein Viertelgeviert zum Beispiel bei 1 Mrd. Fr. oder bei 250 Mio. $ (*Einzelzahl* bzw. *Einbuchstaben*abkürzung). – Wenn in der oberen Zeile zu grosse Wortabstände entstehen, entweder nur zwischen Mio. (oder Mrd.) und der Einbuchstabenabkürzung ($, £, t, g usw.) ein Viertelgeviert setzen oder nur zwischen der Einzelzahl und Mio. (oder Mrd.). Die Verbindung von Mio. oder Mrd. mit einer Einzelzahl *und* einer Einbuchstabenabkürzung mit Viertelgevierten untrennbar machen.

## Ziffern/Zahlen/Zahlwörter

Ein- oder zweisilbige Zahlen (eins bis zwölf, dreizehn, neunzehn, zwanzig, hundert, tausend) werden normalerweise ausgeschrieben, sofern es sich um *vereinzelte* Zahlenangaben handelt, die nicht als exakte Werte von Bedeutung sind (ein Empfang für hundert Gäste, die drei neuen Modelle von Nissan; aber: ein neuer Flugzeugtyp mit 100 Passagierplätzen, Benzinpreis um 3 Rappen erhöht).
*Bitte beachten:* Ziffern und ausgeschriebene Zahlen mit Vergleichswert nicht mischen (richtig: sie bewilligten den Kredit mit 83 gegen 12 Stimmen; beim Unfall starben 7 Menschen, und 23 weitere wurden zum Teil schwer verletzt); in Verbindung mit Zeichen und Abkürzungen Zahlen immer in Ziffern (3 cm, 100 Fr., 12 $, 4%); Ziffern in Verbindung mit einem Wort werden mit Divis gesetzt (12-pfündig, 3-jährig, der 3-Jährige).
Weiteres über Ziffern und Zahlwörter siehe auch *He* zu Ziffern *1401–1409,* (Trennung) *1325 f.,* (Kupplungsbindestrich) *1358–1361;* zu Zahlwörter (Schreibung) *1151–1153.*

Für Ihre Notizen: